Peter Schäfer
Die Geburt des Judentums
aus dem Geist des Christentums

Tria Corda

Jenaer Vorlesungen zu Judentum,
Antike und Christentum

Herausgegeben von

Walter Ameling, Karl-Wilhelm Niebuhr
und Meinolf Vielberg

6

Peter Schäfer

Die Geburt des Judentums aus dem Geist des Christentums

Fünf Vorlesungen zur Entstehung
des rabbinischen Judentums

Mohr Siebeck

Peter Schäfer, geboren 1943. Dr. phil., Dres. h.c.; 1984–2008 Professor für Judaistik an der Freien Universität Berlin, seit 1998 an der Universität Princeton. 1994 Leibniz-Preis und 2006 Mellon Distinguished Achievement Award.

ISBN 978-3-16-150256-9
ISSN 1865-5629 (Tria Corda)

Die Deutsche Bibliothek verzeichnet diese Publikation in der Deutschen Nationalbibliographie; detaillierte bibliographische Daten sind im Internet über *http://dnb.d-nb.de* abrufbar.

© 2010 Mohr Siebeck Tübingen.

Das Werk einschließlich aller seiner Teile ist urheberrechtlich geschützt. Jede Verwertung außerhalb der engen Grenzen des Urheberrechtsgesetzes ist ohne Zustimmung des Verlags unzulässig und strafbar. Das gilt insbesondere für Vervielfältigungen, Übersetzungen, Mikroverfilmungen und die Einspeicherung und Verarbeitung in elektronischen Systemen.

Das Buch wurde von Martin Fischer in Tübingen aus der Garamond Antiqua gesetzt, von Gulde-Druck in Tübingen auf alterungsbeständiges Werkdruckpapier gedruckt und von der Buchbinderei Nädele in Nehren gebunden.

Für Lily, Sebastian, Maximilian, Otto, Marie und Sophia

Vorwort

Das Verhältnis von Judentum und Christentum in der Spätantike ist eines der am meisten diskutierten Themen nicht nur in der Theologie, sondern in allen Disziplinen, die sich mit den gewaltigen und weitreichenden Umbrüchen in den ersten Jahrhunderten christlicher Zeitrechnung befassen. Beteiligt sind daran, neben der Theologie (mit ihren Fachgebieten Neues Testament und Alte Kirchengeschichte), die Judaistik, die Alte Geschichte, die Klassische Philologie und die Archäologie. Leider haben diese Disziplinen in der Vergangenheit weitgehend unabhängig voneinander gearbeitet, in stolzer Selbstgenügsamkeit ihrer eigenen Wissenschaftstradition verpflichtet und allzu oft in Unkenntnis dessen, was sich auf den anderen Gebieten abspielt. Ein Musterbeispiel für diesen beklagenswerten Zustand sind die Alte Kirchengeschichte und die Judaistik mit dem Schwerpunkt des rabbinischen Judentums: Obwohl beide geographisch und chronologisch denselben Bereich abdecken, wissen die jeweiligen Fachvertreter wenig voneinander, beherrschen mitunter nicht einmal die einschlägigen Sprachen, die zur Kenntnis der anderen „Disziplin" nötig sind. Allzu starr etablierte Fachgrenzen verhindern den zum Nutzen der Sache unabdingbaren Austausch.

Die von der Universität Jena veranstaltete *Tria Corda*-Vorlesungsreihe hat sich zum Ziel gesetzt, genau diesem Missstand abzuhelfen und die Disziplinen in ein fruchtbares Gespräch miteinander zu bringen, die die Antike und

Spätantike im weitesten Sinne zum Gegenstand haben. Als Walter Ameling im Namen der beteiligten Kollegen bei mir anfragte, ob ich bereit wäre, die *Tria Corda*-Vorlesungen des Jahres 2009 zu halten, habe ich begeistert zugestimmt – nicht nur, weil mir die Zusammenführung der Judaistik mit ihren Nachbardisziplinen seit langem ein Herzensanliegen ist, sondern auch, weil es sich so fügte, dass ich das akademische Jahr 2007–08 im Wissenschaftskolleg zu Berlin verbrachte und mein Forschungsprojekt dort genau dem hier verhandelten Thema gewidmet war. Dass die Entstehung des Christentums nicht ohne das antike Judentum erklärt werden kann, darf heute als Allgemeinplatz gelten; und auch die Tatsache, dass „Judentum" und „Christentum" nicht von Anfang an als zwei festumrissene „Religionen" neben- oder besser gegeneinander standen, hat sich inzwischen herumgesprochen. Dass aber auch das rabbinische Judentum der ersten nachchristlichen Jahrhunderte sich erst langsam herausbildete und dass dieser Prozess der Selbstfindung nicht unabhängig von der Entstehung des Christentums gesehen werden kann – diese Einsicht hat erst in den letzten Jahren begonnen, sich in der Forschung durchzusetzen.

Es sind eben diese möglichen Rückwirkungen des entstehenden und sich dogmatisch entfaltenden Christentums auf das rabbinische Judentum, denen die in diesem Band versammelten Vorlesungen sich zuwenden. Alle behandelten Themen gehen nicht von systematisch oder historisch vorgegebenen Fragestellungen aus (oder versuchen gar, vorgefasste Thesen zu „beweisen"), sondern nehmen bestimmte, sorgfältig ausgewählte rabbinische Texte zum Ausgangspunkt und stellen diese in einen größeren religions- und kulturgeschichtlichen Zusammenhang. Der Leser ist also aufgefordert, sich auf die Exegese nicht immer leicht verständlicher rabbinischer Diskurse einzulassen, kann aber auch die daraus gezogenen Schlussfolgerungen und weiterführenden Einsichten immer selbst am (ins Deutsche übersetzten) Originaltext überprüfen.

Den Anfang macht die viel diskutierte Erzählung vom verschwundenen Messiasbaby im Jerusalemer Talmud. Dies ist ein rätselhafter Text, der in archaischem, fast mythischem Gewand auftritt, sich selbst genügsam und ohne jeden Versuch einer eigenen Erklärung. Die nachfolgenden drei Vorlesungen konzentrieren sich auf Auseinandersetzungen zwischen Rabbinen und *minim,* d. h. allen Arten von Dissidenten und Häretikern, bezüglich der Frage des einen Gottes oder einer möglichen Vielzahl von Göttern – sei es in Gestalt des griechisch-römischen Pantheons oder der sich im Christentum herauskristallisierenden Trinität. Vor allem die im Christentum allmählich konkrete Gestalt annehmende Idee einer göttlichen Zweiheit (Vater und Sohn) bzw. Dreiheit (Vater, Sohn und Heiliger Geist) hat im rabbinischen Judentum deutlichere Spuren hinterlassen als bisher meist angenommen. Die Hebräische Bibel gab den bibelfesten und offensichtlich auch des Hebräischen kundigen „Häretikern" eine aus der Sicht der Rabbinen unerwünschte und gefährliche Vorlage, benutzt sie doch neben dem Tetragramm *JHWH* als Gottesbezeichnung auch den Begriff *Elohim,* der sprachlich ein Plural ist, also die Vorstellung mehrer Götter nahelegen könnte. Die Rabbinen hatten offensichtlich alle Hände voll zu tun, die daraus resultierenden Angriffe der „Häretiker" abzuwehren. Daneben spielen Vorstellungen eine wichtige Rolle, die sich aus dem Menschensohn des Danielbuches im Judentum und im Christentum entwickelten, und schließlich tritt uns in bestimmten, genauer einzugrenzenden Quellen die Gestalt eines höchsten Engels mit Namen Metatron entgegen, der sogar den Beinamen „Kleiner Gott" erhält.

Die möglichen Überschneidungen solcher und ähnlicher innerhalb des rabbinischen Judentums propagierter Ideen mit christlichen Vorstellungen liegen auf der Hand (dass die Mehrheit der Rabbinen sie vehement ablehnte, spricht nicht dagegen, sondern unterstreicht im Gegenteil ihre Brisanz). Diese Überschneidungen werden besonders auch im letzten Kapitel sichtbar, in dem ein klassischer rabbinischer Midrasch vorgestellt wird, der ganz unbefangen den Gedanken des stellvertretenden Sühneleidens des Messias (wieder) in das Judentum einführt – als ob es die erfolgreiche Usurpation dieser Vorstellung im Christentum nie gegeben hätte.

Die Grenzen zwischen „Rechtgläubigkeit" und „Häresie" erweisen sich innerhalb des spätantiken Judentums wie auch innerhalb des entstehenden Christentums als fließend, und damit werden auch die Grenzen zwischen „Judentum" und „Christentum" in der Spätantike durchlässig. Mehr noch: Nicht nur definiert sich dieses Christentum im Rückgriff auf das zeitgenössische Judentum und in der aktiven Auseinandersetzung mit ihm, auch das rabbinische Judentum findet zu sich selbst erst im Austausch mit dem Christentum – und dies in dem doppelten Sinne der Abstoßung und Anziehung: der Ausscheidung von (ursprünglich im Judentum angelegten) Elementen, die das Christentum usurpieren und verabsolutieren sollte, sowie der stolzen und selbstbewussten Wiederaneignung eben solcher religiöser Traditionen, trotz oder auch gerade wegen ihrer christlichen Usurpation. In diesem Sinne können wir es wagen, nicht nur von der „Geburt des Christentums aus dem Geist des Judentums" (so der Titel der ursprünglichen Vorlesungsreihe) zu sprechen, sondern umgekehrt auch von der „Geburt des Judentums aus dem Geist des Christentums".

Alle Vorlesungen mit Ausnahme der letzten sind Ergebnisse meines am Wissenschaftskolleg durchgeführten Forschungsprojektes; das letzte Kapitel wurde eigens für diesen Band verfasst. Ich danke den Kollegen in Jena für die Einladung zu den Vorlesungen und die Gelegenheit, meine neusten Forschungsergebnisse einem breiteren Publikum vorzustellen. Die Diskussionen im Anschluss an die Vorlesungen waren intensiv und inspirierend. Die Woche in Jena war für meine Frau und mich ein ganz besonderes Erlebnis: Wir haben einen Teil Deutschlands und auch der deutschen Universitätslandschaft kennen und schätzen gelernt, der uns bisher unbekannt war.

Mein besonderer Dank gilt dem Wissenschaftskolleg zu Berlin, das mir ein wunderbares Jahr des Forschens und des ungezwungenen Austauschs mit Vertretern anderer Fachdisziplinen geschenkt hat. Die hier vorgelegten Überlegungen fassen auf Deutsch die Kernpunkte eines ursprünglich auf Englisch geschriebenen Manuskriptes zusammen, an dem ich noch weiterarbeite; sie sind also gewissermaßen ein Versuchsballon, den ich hiermit der Öffentlichkeit übergebe.

Die zügige Drucklegung des Buches wurde durch die tatkräftige Mithilfe von Karl-Wilhelm Niebuhr und seiner Mitarbeiter in Jena wesentlich erleichtert. Herr Alexander Lucke, Doktorand am Lehrstuhl für Altes Testament der Universität Jena, hat sich dabei besondere Verdienste erworben.

Ich widme dieses Bändchen in Dankbarkeit und Liebe der jüngsten Generation meiner Familie, meinen Enkelkindern.

Princeton und Berlin, im Oktober 2009   Peter Schäfer

Inhaltsverzeichnis

Vorwort VII
Abkürzungsverzeichnis XV

1. Warum verschwand das Messiasbaby?
   Die Geburt des Christentums aus dem Geist des
   Judentums................................ 1
2. Rabbi Simlai und die Häretiker
   Ein Gott oder mehrere Götter? 33
3. Der alte und der junge Gott 65
4. Rav Idit und die Häretiker
   Gott und Metatron 97
5. Der leidende Messias Efraim 133

Abbildungen 179
Abbildungsnachweis 185
Bibliographie 187
Stellenregister 195
Sachregister 203

Abkürzungsverzeichnis

Abb.	Abbildung
Apg	Apostelgeschichte
ArOr	Archiv Orientální
b	Babylonischer Talmud (Bavli)
b.	ben (Sohn des)
BKV	Bibliothek der Kirchenväter
BSOAS	Bulletin of the School of Oriental and African Studies
CBQ	Catholic Biblical Quarterly
Dan	Daniel
Dtn	Deuteronomium
Eph	Brief an die Epheser
Ex	Exodus
Ez	Ezechiel
FJB	Frankfurter Judaistische Beiträge
fol.	folio
Gen	Genesis
Heb	Brief an die Hebräer
Hld	Hoheslied
HTR	Harvard Theological Review
HUCA	Hebrew Union College Annual
j	Jerusalemer Talmud (Jeruschalmi)
JANES	Journal of the Ancient Near Eastern Society

JBL	Journal of Biblical Literature
Jer	Jeremia
Jes	Jesaja
Jesch.	Jeschurun
Jos	Josua
JJS	Journal of Jewish Studies
Joh	Evangelium des Johannes
JSHRZ	Jüdische Schriften aus hellenistisch-römischer Zeit
JSJ	Journal for the Study of Judaism
JWCI	Journal of the Warburg and Courtauld Institute
Klgl	Klagelieder
1 Kön	1. Buch der Könige
2 Kön	2. Buch der Könige
Koh	Kohelet (Prediger)
Kol	Kolumne
1 Kor	1. Brief an die Korinther
2 Kor	2. Brief an die Korinther
Lk	Evangelium des Lukas
MJTh	Marburger Jahrbuch Theologie
Mk	Evangelium des Markus
Ms.	Manuskript
Mt	Evangelium des Matthäus
Num	Numeri
Offb	Offenbarung des Johannes
1 Petr	1. Petrusbrief
Phil	Brief an die Philipper
Ps	Psalmen
R.	Rabbi
RdQ	Revue de Qumran
REJ	Revue des études juives
RHR	Revue de l'histoire des religions
Röm	Brief an die Römer

Sach	Sacharja
2 Sam	2. Buch Samuel
Sir	Jesus Sirach
Spr	Sprüche
USQR	Union Seminary Quarterly Review
V.	Vers
VigChr	Vigiliae Christianae
Weish	Weisheit Salomos
Z.	Zeile
Zef	Zefanja

1. Warum verschwand das Messiasbaby?
Die Geburt des Christentums aus dem Geist des Judentums

Ich beginne mit einigen kurzen technischen Bemerkungen. Die Vorlesungsreihe in Jena ist aus meinem neuen Forschungsprojekt erwachsen, das ich im Jahr 2007–08 am Wissenschaftskolleg in Berlin begonnen habe. Es geht, wie der Titel der Reihe sagt, um die Geburt des Christentums aus dem Geist des Judentums oder, genauer, die Wirkung, die das entstehende Christentum auf das Judentum hatte, die Art und Weise, in der sich das aus dem Judentum herauswachsende Christentum in den jüdischen Quellen der ersten nachchristlichen Jahrhunderte widerspiegelt. Die einzelnen Kapitel werden sich mit verschiedenen Aspekten dieser Frage beschäftigen; aber alle sind so aufgebaut, dass sie sich auf einige wenige Schlüsseltexte der rabbinischen Literatur beziehen und diese interpretieren.

Daher zunächst einige Worte zum zeitlichen Rahmen und der Natur der rabbinischen Quellen. Es geht um die Periode, die wir rabbinisches Judentum nennen, die klassische Epoche des Judentums von ca. 70 n. Chr. (die Eroberung Jerusalems und die Zerstörung des Tempels durch die Römer) bis zur ersten Hälfte des 7. Jh. (die Eroberung Palästinas durch die Araber). Die selbsternannten Helden dieses Judentums sind die Rabbinen, die uns ein enormes literarisches Erbe hinterlassen haben: die Mischna, einen um 200 n. Chr. redigierten Gesetzeskodex; die Midraschim (Kommentare zu biblischen

Büchern, redigiert vom 3. Jh. n. Chr. bis weit ins Mittelalter hinein); und die beiden Talmudim, die Interpretationen der Mischna durch die späteren Rabbinen im Jerusalemer Talmud (*Talmud Jeruschalmi*), redigiert im 5. Jh. n. Chr. in Palästina, sowie im babylonischen Talmud (*Talmud Bavli*), redigiert im 7. Jh. in Babylonien.

Die Unterscheidung zwischen den beiden Zentren jüdischen Lebens in der Antike – mit der Mischna, den überwiegend palästinischen Midraschim und dem Jerusalemer Talmud auf der einen sowie dem babylonischen Talmud auf der anderen Seite – ist von grundlegender Bedeutung für das Thema dieses Kapitels und auch für die folgenden Kapitel. Die jüdischen Gemeinden Palästinas und Babyloniens lebten nämlich unter sehr verschiedenen politischen und sozialen Bedingungen: erstere unter römischer und später byzantinischer Oberhoheit, mit dem wachsenden Einfluss der christlichen Religion, die das jüdische Leben in Palästina zunehmend dominieren und bedrohen sollte; letztere unter persischer (genauer sassanidischer) Oberhoheit und zusammen mit einer christlichen Gemeinde, die immer mehr als fünfte Kolonne des byzantinischen Reiches betrachtet wurde und einer Reihe von Verfolgungen durch die Sassaniden ausgesetzt war. Es liegt nahe, dass diese sehr unterschiedlichen Bedingungen, unter denen die palästinischen und die babylonischen Juden lebten, sich auch auf deren Einstellung zur christlichen Schwesterreligion auswirkten. Aufgrund der besonderen und prekären Lage der Christen im sassanidischen Reich konnten die babylonischen Juden sich eine ausgesprochen konfrontative und sogar direkt feindliche Haltung leisten – und sie taten dies auch.[1] So ist es nicht von

---

[1] Vgl. dazu ausführlich meine Monographie *Jesus im Talmud*, Tübingen: Mohr Siebeck, 2007 (2. Auflage 2010).

ungefähr, dass wir nur im babylonischen Talmud direkte und hässliche Angriffe nicht nur auf das Christentum finden, sondern auch auf Jesus selbst und seine Mutter Maria: etwa, dass Jesus nicht der Sohn einer Jungfrau war, sondern einer Hure, und zwar ausgerechnet mit einem römischen Soldaten als seinem wirklichen Vater; dass er völlig zu Recht hingerichtet wurde; und dass er auf ewig damit bestraft ist, in der Hölle in siedendem Kot zu sitzen. Wir finden nichts dergleichen in palästinischen Quellen – nicht nur weil diese sich solche unverblümten Angriffe angesichts der wachsenden christlichen Dominanz im Heiligen Land nicht leisten konnten, sondern auch, weil sie sehr viel näher an den Geburtswehen des entstehenden Christentums waren. Während die babylonischen Juden sich mit einer mehr oder weniger definierten christlichen *Religion* konfrontiert sahen, erlebten ihre palästinischen Glaubensgenossen das Christentum während seiner Geburt, die allerdings nicht durch einen genau definierten Zeitpunkt markiert war, sondern sich über einen längeren Zeitraum erstreckte – bis es schließlich eine eigene Religion werden sollte. Die palästinischen Quellen sind dementsprechend sehr viel weniger direkt als ihre babylonischen Entsprechungen, zurückhaltender und häufig doppelsinnig oder sogar zweideutig.

Ich werde im Folgenden eine dieser doppelsinnigen Quellen analysieren, einen berühmten Text im Traktat Berakhot („Segenssprüche") des palästinischen Talmud. In einer Diskussion über die verschiedenen Namen des Messias wird auch der Name Menachem erwähnt, der wörtlich so viel wie „Tröster" bedeutet. Um die Wahl dieses Namens zu unterstützen, erzählt ein gewisser R. Judan[2] die folgende

---

[2] Im Namen des R. Aibo (ein palästinischer Amoräer der 4. Generation, erste Hälfte des 4. Jh.). „R. Judan der Sohn des R. Aibo" im

Geschichte. Meine deutsche Übersetzung versucht, sich so eng wie möglich an das aramäische Original anzulehnen:[3]

(1) Es geschah, dass ein Jude beim Pflügen war, als seine Kuh muhte. Ein Araber ging vorüber und hörte ihre Stimme.
Er sagte zu ihm [dem Juden]: „Sohn eines Juden, Sohn eines Juden, spann deinen Ochsen aus und spann deinen Pflug ab, denn der Tempel wurde zerstört."

Als sie ein zweites Mal muhte, sagte er [der Araber] zu ihm [dem Juden]: „Sohn eines Juden, Sohn eines Juden, spann deinen Ochsen wieder ein und spann deinen Pflug wieder an, denn der König Messias wurde geboren."

Er [der Jude] sagte zu ihm [dem Araber]: „Wie ist sein Name?"
[Der Araber antwortete:] „Menachem."
[Der Jude] fragte: „Wie ist der Name seines Vaters?"
[Der Araber] antwortete: „Hiskija."
[Der Jude] fragte: „Von wo ist er?"
[Der Araber] antwortete: „Aus der Königsstadt Betlehem in Juda."

(2) [Der Jude] ging, verkaufte seinen Ochsen und verkaufte seinen Pflug und wurde ein Händler mit Windeln für Säuglinge. Er ging von Stadt zu Stadt,[4] bis er in jene Stadt [Betlehem] kam. Alle Frauen (dort) kauften (Windeln von ihm), nur die Mutter Menachems kaufte nicht.

Da hörte er die Stimmen der Frauen, die riefen: „Menachems Mutter, Menachems Mutter, komm, kauf doch etwas für deinen Sohn!"
Sie (aber) sagte: „Ich möchte alle Feinde Israels (am liebsten) erwürgen, denn an dem Tage, da er geboren wurde, wurde der Tempel zerstört."

Er [der Händler] sagte zu ihr: „Wir vertrauen darauf, dass er [der Tempel], so wie er um seinetwillen zerstört wurde, auch um seinetwillen wieder aufgebaut wird."

Jeruschalmi ist offensichtlich ein Fehler für „R. Judan im Namen des R. Aibo".
[3] j Berakhot 2,4/12–14; Ekha Rabba 1,16, § 51 = ed. Buber, S. 89 f.
[4] Wörtlich: „Er ging in eine Stadt (nach der anderen) hinein und (wieder) heraus".

Sie sagte zu ihm: „Ich habe kein Geld."
Er antwortete: „Das macht mir nichts – komm und kauf etwas für ihn [deinen Sohn]; wenn du heute kein Geld hast, so werde ich in einigen Tagen wiederkommen und mir (mein Geld) holen."

(3) Nach einiger Zeit kam er in diese Stadt (zurück) und sagte zu ihr: „Wie geht es dem Baby?"
Sie antwortete: „Nachdem du mich gesehen hattest, kamen Winde (*ruchin*) und Wirbelwinde (*'al'olim*) und rissen es [das Baby] mir aus meinen Händen."

(4) R. Bun sagte: „Warum müssen wir (dies) von einem Araber lernen? Gibt es denn nicht einen vollständigen Bibelvers (der dies belegt)? Nämlich: ‚Der Libanon[5] wird durch einen Mächtigen zu Fall kommen'[6] (Jes 10,34). Was steht (unmittelbar) danach geschrieben? ‚Und ein Reis wird hervorgehen aus dem Stumpfe Isais' (Jes 11,1)."[7]

Dies ist eine seltsame Geschichte.[8] Sie ist in vier Abschnitte eingeteilt (Nummern 1 bis 4 in meiner Übersetzung):

---

[5] „Libanon" dient hier als symbolischer Name für den Tempel.

[6] Dies ist eine wörtliche Übersetzung des Bibelverses, die in R. Buns Auslegung vorausgesetzt ist.

[7] D. h. unmittelbar nachdem der Tempel zerstört wurde, wird das Reis aus dem Stumpfe Isais hervorgehen. Das Reis aus dem Stumpfe Isais ist David (der Messias), der Sohn des Isai (= Jesse).

[8] Die wichtigste Literatur: Israel Lévi, „Le ravissement du Messie à sa naissance", *REJ* 74, 1922, S. 113–126; wieder abgedruckt in Israel Lévi, *Le ravissement du Messie à sa naissance et autre essais,* hrsg. von Evelyne Patlagean, Paris-Louvain: Peeters, 1994, S. 228–241; Anna Maria Schwemer, „Elija als Araber. Die haggadischen Motive in der Legende vom Messias Menahem ben Hiskija (j Ber 2,4 5a; EkhaR 1,16 § 51) im Vergleich mit den Elija- und Elischa-Legenden der Vitae Prophetarum", in *Die Heiden. Juden, Christen und das Problem des Fremden,* hrsg. von Reinhard Feldmeier und Ulrich Heckel, Tübingen: Mohr Siebeck, 1994, S. 108–157; Galit Hasan-Rokem, *Web of Life: Folklore and Midrash in Rabbinic Literature,* Stanford, Cal.: Stanford University Press, 2000, S. 152 ff.; Martha Himmelfarb, „The Mother of the Messiah in the Talmud Yerushalmi and Sefer Zerubbabel", in *The Talmud Yerushalmi and Graeco-Roman Culture,* Bd. 3, hrsg. von Peter Schäfer, Tübingen: Mohr Siebeck, 2002, S. 369–389; Hillel Newman, „*Ledat*

(1) Der Austausch zwischen dem Juden und dem Araber auf dem Felde; (2) der erste Austausch zwischen dem Juden und der Mutter des Kindes in Betlehem; (3) der zweite Austausch zwischen dem Juden und der Mutter; und (4) die gelehrte Auslegung durch einen anderen Rabbi, R. Bun, die in Hebräisch wiedergegeben und eindeutig eine spätere Hinzufügung ist, die nichts mit der ursprünglichen Geschichte zu tun hat. Ich werde im Folgenden zunächst auf einige der Probleme und Merkwürdigkeiten aufmerksam machen, die unmittelbar ins Auge fallen, und dann die verschiedenen Motive im Einzelnen diskutieren:

– Dass die Geburt des Messias durch eine muhende Kuh angekündigt wird, ist, gelinde gesagt, unüblich, und dies umso mehr, als dieses Omen ausgerechnet durch einen Araber erklärt werden muss. Noch genauer, selbst das Motiv von der Geburt des Messias ist nicht gerade häufig in der jüdischen Tradition.[9] Normalerweise kommt der Messias als erwachsener Mann, von Gott gesandt, vom Himmel herab; seine Geburt, Kindheit und Jugend sind nicht von Interesse.

– Dasselbe gilt für die Mutter des Messias, die keine besondere Rolle in der jüdischen messianischen Überlieferung spielt. Es gibt nur noch einen und sehr viel späteren Text, in dem die Mutter des Messias erwähnt wird (ich komme darauf zurück).

---

ha-Maschiach be-jom ha-chorban – He'arot historijot we-anti-historijot", in *For Uriel: Studies in the History of Israel in Antiquity Presented to Professor Uriel Rappaport*, hrsg. von Menachem Mor et al., Jerusalem: Merkaz Zalman Shazar, 2006, S. 85–110 (eine gründliche und gelehrte Aufarbeitung der Forschungsgeschichte, aber ohne wirklich neue Erkenntnisse; obwohl den Ergebnissen von Himmelfarb nahestehend, ist ihr Beitrag dem Autor offenbar entgangen).

[9] S. dazu Hasan-Rokem, *Web of Life*, S. 239, Anm. 33.

– Der Name des Messias, Menachem Sohn des Hiskija, ist ungewöhnlich. Abgesehen von unserer Erzählung wird er nur noch einmal in einer längeren Passage im babylonischen Talmud erwähnt, in der die verschiedenen Namen des Messias diskutiert werden.[10]

– Die Suche des in einen fliegenden Händler verwandelten jüdischen Bauern nach dem Messias ist merkwürdig. Zunächst, warum ignoriert der Jude so unangefochten den Rat des Arabers, seinen Ochsen und seinen Pflug wieder anzuspannen? Schließlich wurde der Messias geboren und alles ist wieder in Ordnung. Ferner, wenn er schon beschlossen hat, den Rat des Arabers zu ignorieren, seinen Beruf als Bauer wiederaufzunehmen, warum muss er sich dann überhaupt auf die Suche nach dem Messias machen? Hat denn der Araber ihn nicht gerade davon informiert, dass der Messias in der Stadt Betlehem geboren wurde? Die einzige (entfernte) Parallele zu dieser Suche ist die bekannte Erzählung, ebenfalls im babylonischen Talmud, wonach R. Jehoschua b. Levi sich beim Propheten Elija nach dem Verbleib des Messias erkundigt; Elija schickt ihn (ausgerechnet) nach Rom, wo der Messias unter den Aussätzigen sitzt und auf seinen Auftritt wartet.[11]

– Der Austausch zwischen dem Juden und der Mutter des neugeborenen Kindes ist der bizarrste Teil der Erzählung. Es wird nirgendwo ausdrücklich gesagt, dass das Baby der Messias ist; wir können dies nur aus seinem Namen – Menachem – schließen und daraus, dass die Frauen in Betlehem seine Mutter „Menachems Mutter" nennen. Und wie erklären wir uns die absurde Ausrede der Mutter des Messias, warum sie keine Windeln für ihr neu-

---

[10] b Sanhedrin 98b.
[11] b Sanhedrin 98a.

geborenes Kind kaufen kann: dass sie am liebsten die Feinde Israels, also die Römer, erwürgen würde?! Was hat ihr Verlangen, die Römer umzubringen, damit zu tun, dass sie ihr Kind vernachlässigt? Wir treffen hier offensichtlich auf eine sehr schlechte Mutter, alles andere als die sprichwörtliche „jüdische Mutter" mit ihrer oft übertriebenen Sorge um ihre Kinder. Sogar als der Händler versucht, sie damit zu trösten, dass die Geburt des Messias in doppelter Hinsicht mit dem Tempel verbunden ist – so wie sie auf die Zerstörung des Tempels folgt, wird sie letztlich auch den Bau des dritten und endgültigen Tempels einleiten –, hat sie nichts besseres zu bieten als die lahme Entschuldigung, dass sie knapp bei Kasse sei. Um das arme Baby zu retten, muss der Händler ihr die Windeln geradezu aufdrängen. (In einer sehr viel späteren Parallele zu unserer Jeruschalmi-Erzählung lässt die Mutter das Baby sogar nach der Geburt in seinem Blut liegen und sitzt müßig neben ihm in ihrer Haustür[12] – eine wahrlich unbesorgte und gleichgültige Mutter.) Und alle Mühen des Händlers um das Baby fruchten nichts: als er zurückkommt, um sich nach dem Wohlergehen des Kindes zu erkundigen, erzählt die Mutter ihm, seltsam unberührt, dass es verschwunden sei und dass sie nicht wisse, was aus ihm geworden ist.

So viel in einem ersten Durchgang zu den Merkwürdigkeiten der Erzählung. Schauen wir uns nun die einzelnen Motive genauer an.

---

[12] Bereschit Rabbati, ed. Albeck, S. 131.

Der Araber

Der Araber, obgleich singulär im Zusammenhang mit dem Messias, ist in der rabbinischen Literatur durchaus bekannt – und sein Bild ist mehrdeutig. Auf der einen Seite finden wir einige recht hässliche Traditionen, in denen die Araber nicht nur als die lüsternsten, sondern auch noch als die dümmsten Zeitgenossen porträtiert sind. Etwa „Nichts kommt der Hurerei der Araber gleich"[13] oder „Zehn Anteile von Dummheit gibt es in der Welt: neun unter den Ismaeliten und einer für (den Rest der) ganzen Welt".[14] (Die Ismaeliten sind die Nachkommen Ismaels, des ältesten Sohnes Abrahams mit Hagar, der ägyptischen Sklavin seiner Frau Sara; für Juden und Muslime die Vorfahren der Araber.) Außerdem sollen sie zum Stehlen neigen. In einem bekannten Midrasch zu Ex 20,2, dem Anfang der Zehn Gebote,[15] fragt Gott alle Völker, ob sie bereit sind, die Tora mit ihren Geboten und Verboten anzunehmen, und sie lehnen sie alle aus Gründen ab, die man nur als Musterbeispiele für antike Vorurteile bezeichnen kann: Die „Söhne Esaus" – das sind die Römer nach rabbinischer Taxonomie – lehnen die Tora ab, weil sie das Töten verbietet. Sie antworten Gott: „Das Erbe, das unser Vater [Esau] uns hinterlassen hat,

---

[13] Avot de-Rabbi Nathan A, Kap. 28, ed. Schechter, fol. 43a; *Avot de-Rabbi Natan. Synoptische Edition beider Versionen*, hrsg. von Hans-Jürgen Becker in Zusammenarbeit mit Christoph Berner, Tübingen: Mohr Siebeck, 2006, S. 214; b Qidduschin 48b: „Zehn Qab von Hurerei stiegen auf die Welt hinab: neun nahm Arabien (und einer war für den Rest der ganzen Welt)". Dagegen Esther Rabba 1,16 (17): „Zehn Anteile von Hurerei gibt es in der Welt: neun in Alexandrien und einer für (den Rest der) ganzen Welt".

[14] Esther Rabba 1,16 (17).

[15] Mekhilta de-Rabbi Jischmaʿel, ba-chodesch 5, zu Ex 20,2, ed. Lauterbach, S. 234 ff.

lautet: ‚Von deinem Schwert wirst du leben' (Gen 27,40)".
Ebenso lehnen die „Söhne von Amon und Moab" die Tora ab, weil sie Ehebruch verbietet. Ihre Antwort an Gott nimmt darauf Bezug, dass die Töchter Lots mit ihrem Vater schliefen und dass aus dieser Verbindung (genaugenommen Inzest und nicht Ehebruch, aber der Midrasch nimmt solche feinen Unterschiede nicht genau) die Vorfahren der Amoniter und Moabiter hervorgingen. Und schließlich, als Gott die Tora den „Söhnen Ismaels" anbietet, lehnen diese sie ab, weil sie das Stehlen verbietet. Die dafür herangezogenen Bibelbeweise sind bemerkenswert (und typisch für die rabbinische Exegese):

Sie [die Ismaeliten] sagten zu ihm [Gott]: „Der Segensspruch, der unserem Vater [Ismael] zugedacht war, lautete: ‚Er wird ein Mensch wie ein Wildesel sein, seine Hand gegen alle (*jado ba-kol*)' (Gen 16,12). Und es steht geschrieben: ‚Denn gestohlen wurde ich (*gunnov gunnavti*) aus dem Land der Hebräer' (Gen 40,15)."

Der Midrasch versteht die beiden Bibelverse extrem wörtlich. „Seine Hand gegen alle" in Gen 16,12 kann auch wörtlich übersetzt werden als „seine Hand auf allem", d. h. er stielt alles, was ihm unter die Finger kommt. Und der Sprecher in Gen 40,15 ist Josef, der von den Ismaeliten, wörtlich übersetzt, „gestohlen" wurde – nur wurde Josef ja nicht „gestohlen", sondern die Ismaeliten kauften ihn von seinen Brüdern und retteten in Wirklichkeit sein Leben (Gen 37,25–28), aber auch dies stört den Verfasser unseres Midrasch nicht sonderlich.

So viel an Beispielen für die hässlichen Traditionen über die Araber in der rabbinischen Literatur. Auf der anderen Seite, und ganz im Gegensatz zu solch unfreundlichen Vorurteilen, begegnen wir den Arabern als einer Volksgruppe, die sich durch einen typisch nomadischen Lebensstil auszeichnet und die in enger Verbindung mit der Natur, vor allem mit Tieren, lebt.[16] Ihre Fertigkeiten qualifizieren sie in besonderer Weise dazu, die Zeichen der Natur zu deuten, wie zum Beispiel den Sand zu „riechen", um den Weg zur nächsten Oase zu finden[17] oder die Sprache der Tiere zu verstehen. Die Rabbinen übernehmen hier offensichtlich Traditionen, die in der griechisch-römischen Welt verbreitet waren. Für Cicero zum Beispiel waren die Araber – zusammen mit den Phrygiern, Pisidiern, Kilikiern und Umbriern – Experten im Entziffern der Sprache und der Bewegung von Vögeln,[18] und nach Plinius besuchten Pythagoras und Demokrit die Magier Persiens, Arabiens, Äthiopiens und Ägyptens.[19] Der griechische Historiker Appian von Alexandrien berichtet, dass er während des jüdischen Aufstandes in Ägypten dank seines arabischen Führers einem jüdischen Massaker entkam, weil dieser imstande war, den dreimaligen Schrei einer Krähe richtig zu deuten.[20] Und Philostratus (ca. 170–247 n. Chr.), einer der führenden griechischen Sophisten seiner Zeit, erklärt, dass die Araber ihre Kenntnis der Vogelsprache dadurch erlangen, dass sie das Herz oder die Leber von großen Schlangen verzehren – vermutlich weil die Schlangen schon

---

[16] Hasan-Rokem, *Web of Life,* S. 159; ead., „Narratives in Dialogue: A Folk Literary Perspective on Interreligious Contacts in the Holy Land in Rabbinic Literature of Late Antiquity", in *Sharing the Sacred: Religious Contacts and Conflicts in the Holy Land – First-Fifteenth Centuries C. E.,* hrsg. von Arieh Kofsky und Guy G. Stroumsa, Jerusalem: Yad Izhak Ben Zvi, 1998, S. 122–126.
[17] b Bava Batra 73b.
[18] Cicero, De Divinatione I, 92. 94.
[19] Plinius d. Ä., Historia Naturalis 25,13.
[20] Appian, fr. 19, in Menahem Stern, *Greek and Latin Authors on Jews and Judaism,* Bd. 2, Jerusalem: Israel Academy of Sciences and Humanities, 1980, S. 185 f. (Nr. 348).

in der Bibel als die klügsten aller Tiere betrachtet werden (Gen 3,1).[21]

Es ist naheliegend, solch positive Traditionen über die mantischen Fähigkeiten der Araber hinter dem Araber in unserer Erzählung zu vermuten.[22] Da er die Sprache der Kuh versteht, vermag der Araber – und nicht der Jude – das Omen der muhenden Kuh zu entziffern: Es bedeutet, dass der Tempel zerstört und dass der Messias geboren wurde. Die Tatsache aber bleibt, dass die Adaptation solcher Motive ganz beträchtlich von den üblichen jüdischen Messiasvorstellungen abweicht, denn abgesehen von dem völlig aus dem Rahmen fallenden Araber fehlt hier ein ganz wichtiges Element der rabbinischen Messiaserwartung: der Prophet Elija als der Vorläufer des Messias.

Elija

Die gelehrte Wissenschaft hat sich deswegen große Mühe gegeben, Motive der Elija-Überlieferung in unserer Erzählung zu finden und sie als eine Art Transformation des traditionellen messianischen Inventars zu lesen: der in einen Araber verwandelte Elija als der Prophet, der die Ankunft des Messias ankündigt. Die Neutestamentlerin Anna Maria Schwemer richtet unsere Aufmerksamkeit darauf, dass die Erzählung zwischen der muhenden Kuh und dem angeschirrten Ochsen unterscheidet (die meisten Übersetzungen gehen darüber hinweg, da die beiden Worte im Aramäischen fast identisch sind).[23] Benutzte der Jude einen

---

[21] Philostratus, Vita Apollonii 1,20.
[22] So auch Hasan-Rokem, *Web of Life*, S. 159.
[23] Schwemer, Elija als Araber, S. 120.

Ochsen und eine Kuh zum Pflügen oder benutzte er zwei Ochsen, und war die muhende Kuh nur zufällig ebenfalls am Ort des Geschehens? Schwemer schlägt vor, dass der Ochse durch die biblische Elija-Elischa-Geschichte in die Erzählung hineingeriet: als der Prophet Elija auf Gottes Geheiß Elischa aufforderte, ihm nachzufolgen, war dieser damit beschäftigt, mit Ochsen zu pflügen (1 Kön 19,19ff.). Dies mag etwas (zu) weit hergeholt sein – es erklärt z. B. nicht das Muhen der Kuh[24] –, doch Schwemer bringt noch andere nachbiblische Belege bei, wonach der Prophet Elija tatsächlich aus dem Land der Araber stammen soll.[25]

Ob der Araber in unserer Erzählung diese und andere traditionelle Elija-Elemente absorbiert hat – oder ob ein solcher Flickenteppich intertextueller Bezüge eher das Ergebnis eines ungezügelten gelehrten Dranges ist, der den Passus am Ende sinnlos werden lässt –, es gibt *ein* Elija-Element in der Erzählung, das wir nicht ignorieren können: den Wirbelwind als die Entschuldigung der Mutter, warum das Baby verschwunden ist. Es ist nur Elija, von dem wir hören, dass er nicht eines natürlichen Todes starb, sondern von einem Wirbelwind in den Himmel getragen wurde: „Während sie [Elija und Elischa, sein Nachfolger] miteinander gingen und redeten, erschien ein feuriger Wagen mit feurigen Pferden und trennte beide voneinander; und Elija fuhr im Wirbelwind zum Himmel empor" (2 Kön 2,11). Der Wagen und die Pferde fehlen zwar in unserer Erzählung, aber wir haben den Wirbelwind, se'ara in Hebräisch, ein Wort das auffälligerweise im Targum (der aramäischen Bibel-

---

[24] Für die muhende Kuh verweist Schwemer auf das muhende Goldene Kalb von Gilgal, das nach den *Vitae Prophetarum* schrie, als Elischa geboren wurde – weil er dazu bestimmt war, die Götzen zu zerstören (Schwemer, Elija als Araber, S. 121).
[25] Schwemer, Elija als Araber, S. 138 ff.

übersetzung) mit *'al'ola*[26] wiedergegeben ist, genau dem aramäischen Wort, das auch in unserer Erzählung verwendet wird (*'al'olim*). Ich werde auf dieses Motiv zurückkommen; für diesen Zusammenhang genügt der Hinweis, dass unsere Erzählung mit einigen Elija-Traditionen verbunden ist.

Der Messias

Es versteht sich von selbst, dass es keine einheitliche Messiaserwartung im antiken Judentum gibt. Sie beginnt mit der Hoffnung auf die Restauration des davidischen Königtums, d. h. die Inauguration eines neuen Königs aus dem Hause David, der die wiedervereinigten Nord- und Südreiche Israel und Juda regieren wird. Aus dieser Hoffnung heraus entstand die Erwartung eines davidischen Messias, der als heilbringender König am Ende der Zeiten erscheinen und ein neues Zeitalter herbeiführen wird (mit dem endgültigen Sieg Israels über seine Feinde, der Wiedererrichtung des Tempels, der Einsammlung der Exilierten und einer ewigen Ära von Frieden und Wohlstand). Diese Erwartung wurde durch weitere Elemente angereichert oder auch verändert – etwa einen priesterlichen Messias, dem davidischen Messias ebenbürtig oder sogar überlegen (so in der Gemeinde von Qumran), oder den „Menschensohn" aus Daniel 7 (so im Neuen Testament). Wir können gleichwohl mit guten Gründen annehmen, dass der davidische Messias im rabbinischen Judentum zur hauptsächlichen messianischen Figur geworden ist, wie es z. B. das Achtzehn-Bitten-Gebet bezeugt oder auch der Bar Kokhba-Aufstand, der zweite große jüdische Aufstand gegen Rom in der

---

[26] Targum Jonathan, 2 Kön 2,11.

ersten Hälfte des 2. Jh. n. Chr. (132–135 n. Chr.). Simon bar Kosiba, der Held des Aufstandes, übernimmt ganz eindeutig die Rolle des davidischen Messias, wenngleich er möglicherweise von einem priesterlichen Messias begleitet wurde (einem gewissen Priester mit Namen Eleazar, der auf den Münzen erwähnt wird).

Ein schlagendes Beispiel für das Bedürfnis, jeden messianischen Kandidaten mit dem Hause Davids zu verknüpfen, ist auch die Genealogie Jesu im Matthäusevangelium, das mit der feierlichen Erklärung beginnt: „Das Buch von der Genealogie Jesu, des Messias, des Sohnes Davids, des Sohnes Abrahams" (Mt 1,1). Der darauf folgende Stammbaum ist allerdings sehr seltsam. Er enthält nicht nur mehrere Frauen – trotz der üblichen, weitgehend patriarchalen Struktur –, sondern er erreicht auch seinen Höhepunkt mit „Jakob, dem Vater von Josef, dem Mann Marias (*ton andra Marias*), von der Jesus geboren wurde, der der Messias (*Christos*) genannt wird" (Mt 1,16). Jesu davidische Genealogie ist also patrilinear, über seinen „Vater" Josef, Marias „Gatten" – obwohl wir unmittelbar danach erfahren, dass seine Mutter Maria nur mit Josef *verlobt* war und dass ihr Kind in Wirklichkeit vom Heiligen Geist abstammt (Mt 1,18). Ironischerweise erachtet der Verfasser des Matthäusevangeliums es also als notwendig, Jesu davidische Abstammung zu „beweisen" – obwohl das Kind in Wirklichkeit durch den Heiligen Geist gezeugt wurde, also durch Gott selbst.

Kein Zweifel also, dass der Messias in unserer Erzählung der Messias aus dem Hause David ist. Dies ergibt sich auch daraus, dass er in der „Königsstadt" Betlehem in Juda geboren wurde, was natürlich auf den Bibelvers Micha 5,1 anspielt: „Aber du, Betlehem-Efrata, der kleinste unter den Gauen Judas, aus dir wird mir einer hervorgehen, der über

1. Warum verschwand das Messiasbaby?

Israel herrschen soll; sein Ursprung liegt in ferner Vorzeit, in längst vergangenen Tagen" – ein Vers, der nicht zufällig auch eine wichtige Rolle im Neuen Testament spielt.

Aber was ist mit seinem Namen, Menachem Sohn des Hiskija? Menachem, „Tröster", passt sehr gut zu einem Messias, aber „Sohn des Hiskija"? Wir kennen Hiskija als einen der Könige Judas, der am Ende des 8./Anfang des 7. Jh. v. Chr. regierte (727–698 oder 715–687 v. Chr.), doch hatte dieser keinen Sohn mit Namen Menachem. Der Sohn Hiskijas, eines als besonders fromm in die Geschichte eingegangenen Königs, war Manasse, der schlimmste aller Könige in Israels Geschichte, der so verrufen war, dass das 2. Buch der Könige ihn für die spätere Zerstörung des Ersten Tempels verantwortlich macht.[27] Ist dies also die Verbindung mit unserer Erzählung – die Zerstörung des Ersten Tempels? (Obwohl der rätselhafte Menachem, Sohn des Königs Hiskija, genau genommen ca. 100 Jahre *vor* der Zerstörung des Ersten Tempels geboren worden wäre.) Die Dinge verkomplizieren sich weiter dadurch, dass Menachem, der Sohn des Hiskija, nach dem babylonischen Talmud tatsächlich als einer der zahlreichen möglichen Namen des Messias auftaucht.[28] Andere Rabbinen, ebenfalls im Bavli, erwägen die Möglichkeit, dass König Hiskija selbst der Messias gewesen sein könnte: „R. Hillel sagte: Es wird

---

[27] 2 Kön 24,3 f.

[28] b Sanhedrin 98b: „Andere sagen: Sein [des Messias] Name ist Menachem Sohn des Hiskija, wie geschrieben steht: ‚Denn fern von mir ist Menachem (‚der Tröster'), der meine Seele erquickt' (Klgl 1,16)". Der einzige andere Text, in dem ein Messias mit dem Namen Menachem erscheint, ist das Buch Serubbabel, aber dort heißt er Menachem Sohn des Ammiel, nicht Menachem Sohn des Hiskija; s. unten und vgl. Himmelfarb, The Mother of the Messiah, S. 383 ff.

keinen Messias mehr für Israel geben, denn sie haben sich seiner schon in den Tagen des [Königs] Hiskija erfreut".[29]

Es gibt aber noch eine andere Option. Einer der Zelotenführer während des ersten jüdischen Aufstandes gegen Rom (66–73 n. Chr.) war ein gewisser Menachem, Sohn des Judas, Sohn des Hiskija. Der jüdische Historiker Josephus Flavius berichtet, dass dieser Menachem zusammen mit seinen Gefolgsleuten die Festung Masada eroberte und im Anschluss daran eine wichtige Rolle in Jerusalem spielte. Die priesterlichen Zeloten jedoch stellten sich seinem Führungsanspruch entgegen und ermordeten ihn, als er (in den Worten des Josephus) „stolz und im Schmuck königlicher Kleidung" zum Gottesdienst in den Tempel kam.[30] Diese Beschreibung spielt offenbar auf Menachems messianische (d. h. davidisch messianische) Bestrebungen an, Bestrebungen, die der Priesterpartei zwangsläufig ungelegen kamen. Manche Forscher schlagen vor, dass wir mit diesem zelotischen Menachem den berühmten „historischen Kern" unserer Erzählung lokalisiert haben: Sie reflektiert die Ermordung des historischen Menachem, des Zelotenführers während des ersten jüdischen Krieges. Um diese Vermutung zu stützen, verstehen sie die Bemerkung des jüdischen Händlers „Wir vertrauen darauf, dass er [der Tempel], so wie er um seinetwillen (*beragleih*) zerstört wurde, auch um seinetwillen wieder aufgebaut wird" kausal als „seinetwegen": Die Zerstörung des Zweiten Tempels war die Bestrafung für die Ermordung Menachems, die tatsächlich auch auf dem Gelände (oder nahe beim Gelände) des Tempels stattfand.[31]

---

[29] b Sanhedrin 99a; s. auch b Sanhedrin 98b.
[30] Bellum II, 442–448.
[31] Schwemer, Elija als Araber, S. 118, 132; Martin Hengel, *Die*

Wissenschaftler entdecken gerne den historischen Kern einer Erzählung – aber dieser ist zu schön, um wahr zu sein. Zunächst, was hat die *Ermordung* des angeblichen Messias Menachem mit der *Geburt* des Messias in unserer Erzählung zu tun? Und weiter (wenn wir diese Verbindung akzeptieren), die Tatsache, dass der Tempel „um seinetwillen" (das aramäische *beragleih* bedeutet wörtlich „in seinem Gefolge" im Sinne eines zeitlichen und nicht notwendigerweise auch kausalen Zusammenhangs) zerstört wurde, heißt nicht zwangsläufig, dass er seinetwegen, d. h. wegen des neugeborenen Messias, zerstört wurde. Eine zeitliche Verbindung zwischen Tempelzerstörung und Messias schließt nicht notwendigerweise auch eine kausale Verbindung ein. Der primär chronologische Akzent ergibt sich eindeutig auch aus der Bemerkung der Mutter „denn *an dem Tage,* da er geboren wurde, wurde der Tempel zerstört", was wiederum mit der Interpretation der muhenden Kuh durch den Araber in Einklang steht: Das erste Muhen bedeutet, dass der Tempel zerstört wurde, und das zweite Muhen bezieht sich auf die Geburt des Messias (wenn die Geburt des Messias die Ursache der Tempelzerstörung wäre, würden wir eine umgekehrte Reihenfolge erwarten).[32] Mir scheint also, dass weder die talmudischen Parallelen noch der Hinweis auf den Zelotenführer besonders hilfreich sind. Sie geben Auskunft über das Reservoir, aus dem unsere Erzählung schöpft – das kulturelle Gedächtnis sozusagen –, aber sie *erklären* die Erzählung nicht in dem Sinne, dass sie uns verraten, *warum* diese (und andere)

Zeloten. Untersuchungen zur jüdischen Freiheitsbewegung in der Zeit von Herodes I. bis 70 n. Chr., Leiden/Köln: Brill, ²1976, S. 301 f.

[32] Dieselbe Reihenfolge ist auch in R. Buns Bibelauslegung bewahrt: zuerst wird der Libanon = Tempel fallen, und dann wird ein Spross aus dem Stumpf Jesses sprießen.

Motive benutzt wurden; mit anderen Worten, sie erklären nicht die Botschaft unserer Erzählung.

Die Mutter des Messias

Der einzige andere jüdische Text, der eine Mutter des Messias erwähnt, ist die Serubbabel-Apokalypse (*Sefer Zerubavel* – „Das Buch Serubbabel"), die im 7. Jh. auf dem Hintergrund der byzantinisch-persischen Kriege (604–630 n.Chr.) entstand.[33] Dort trägt die Mutter des Messias den Namen Hefzi-Bah, und sie spielt eine wichtige Rolle im letzten Krieg zwischen den Juden und dem Antichristen Armilus – vermutlich eine Anspielung auf Romulus –, der aus der Vereinigung zwischen Satan und der steinernen Statue einer wunderschönen Jungfrau hervorgegangen war. Wie es der Zufall will, war Hefzi-Bah nach dem biblischen Buch der Könige (2 Kön 21,1) die Mutter von Manasse, König Hiskijas missratenem Sohn; sie muss also Hiskijas Frau (oder eine seiner Frauen) gewesen sein. Dies scheint ein anderer Teil des biblischen Flickenteppichs zu sein, zu dem solche Erzählungen zusammengefügt wurden. Aber die Mutter in unserer Erzählung ist sehr verschieden von Hefzi-Bah in der Serubbabel-Apokalypse. In der Serubbabel-Apokalypse ist es Hefzi-Bah, die Mutter des davidischen Mes-

---

[33] Englische Übersetzung von Martha Himmelfarb, „Sefer Zerubbabel", in *Rabbinic Fantasies: Imaginative Narratives from Classical Hebrew Literature,* hrsg. von David Stern und Mark Jay Mirsky, Philadelphia: Jewish Publication Society, 1990, S. 67–90, und von John C. Reeves, „The Prophetic Vision of Zerubbabel ben Shealtiel", in id., *Trajectories in Near Eastern Apocalyptic: A Postrabbinic Apocalypse Reader,* Atlanta, GA: Society of Biblical Literature, 2005, S. 51–66.

sias, die die „eschatologische Kraftprobe"[34] einleitet, indem sie selbst als messianischer Krieger handelt und die Feinde Israels schlägt. Der erste männliche Messias, der auftritt, ist der Messias aus dem Stamm Efraim, der im Kampf getötet werden wird, und es bedarf des Messias aus dem Stamm Juda – des davidischen Messias und Hefzi-Bahs Sohn (mit dem Namen Menachem Sohn des Ammiel: ein weiterer Menachem!) –, den getöteten Messias wiederzubeleben und den bösen Armilus endgültig zu besiegen.

Die Mutter des Messias in unserer Erzählung ist genau das Gegenteil der kriegerischen Mutter in der Serubbabel-Apokalypse. Sie ist nicht nur völlig passiv – vernachlässigt sogar, wie wir gesehen haben, ihr Kind –, sondern ihr Verhalten ist noch viel schlimmer. Um dies zu verstehen, müssen wir einen weiteren Blick auf ihre merkwürdige Bemerkung werfen: „Ich möchte (am liebsten) alle Feinde Israels erwürgen, denn an dem Tage, da er geboren wurde, wurde der Tempel zerstört". Die meisten Interpreten lesen den ersten Teil dieses Satzes als Euphemismus für das eigentlich Gemeinte: „Ich würde am liebsten ihn [meinen Sohn] erwürgen als den Feind Israels". Solche Euphemismen sind durchaus üblich in der rabbinischen Literatur,[35] aber ein genauerer Blick auf den Text des Jeruschalmi offenbart, dass die Handschriften sich sehr unsicher über die richtige Lesung dieses Satzes sind. Die Handschrift Leiden (und ihr folgend die *editio princeps* Venedig) liest, wörtlich übersetzt: „Ich würde (am liebsten) *ihn* erwürgen

---

[34] Himmelfarbs gelungener Ausdruck: The Mother of the Messiah, S. 384.
[35] Man könnte den aramäischen Satz sogar so übersetzen; s. unten und Hasan-Rokem, *Web of Life*, S. 154.

Die Mutter des Messias

(*mechnequneih*), die Feinde Israels",[36] und lässt damit noch den Versuch eines späteren Schreibers/Redaktors erkennen, das verdächtige „*ihn* erwürgen" durch die euphemistische Lesart „*die Feinde Israels* erwürgen" zu ersetzen.[37] Es wird unmittelbar klar, dass die Lesart „Ich würde am liebsten ihn erwürgen" sehr viel besser zum Kontext unserer Erzählung passt: Die Mutter will keine Windeln für ihren Sohn kaufen, weil sie ihn hasst und am liebsten tot sähe. Und dies erklärt auch, warum sie mit der so wenig überzeugenden Entschuldigung aufwartet, dass sie kein Geld hat. Das Problem ist nicht der Geldmangel der Mutter, sondern ihr Hass auf ihr Kind. Manche Forscher schlagen sogar vor, dass ihre abschließende Bemerkung über den Wirbelwind, der ihr das Kind aus den Händen riss, nichts anderes ist als die Vertuschung dessen, was sich wirklich ereignete: nämlich dass sie tatsächlich ihr Kind ermordete.[38]

---

[36] So auch in den Handschriften Paris und London und im Druck Amsterdam; nur die Handschrift Vatikan hat *mechnoq*, ohne Suffix, d. h. „Ich würde (am liebsten) die Feinde Israels erwürgen".
[37] Michael Sokoloff, *A Dictionary of Jewish Palestinian Aramaic of the Byzantine Period*, Ramat-Gan: Bar Ilan University Press, 1990, S. 571, s.v. *śana*, interpretiert unsere Stelle als Plural („die Feinde Israels"), so wie eindeutig auch in j Chagiga 2,2/5, fol. 77d. Die Sache wird aber dadurch komplizierter, dass *s/śaneihon* auch ein Singular sein könnte („der Feind Israels"), was zu dem Singular „ihn [meinen Sohn] als den Feind Israels" passen würde; so versteht Jacob Levy (*Wörterbuch über die Talmudim und Midraschim*, Berlin-Wien 1924, Nachdruck Darmstadt: Wissenschaftliche Buchgesellschaft, 1963, Bd. 2, S. 85, s.v. *chanaq*) unsere Stelle.
[38] Vgl. Hasan-Rokem, *Web of Life*, S. 239, Anm. 41; Himmelfarb, The Mother of the Messiah, S. 378.

Christentum

Damit kommen wir endlich zu einem Vergleichstext, den ich bisher absichtlich ignoriert habe – das Neue Testament, schließlich ebenfalls eine jüdische Quelle. Der erste neutestamentliche Text, der als möglicher Hintergrund für unsere Erzählung schon in den zwanziger Jahren des 20. Jh. herangezogen wurde[39] und der jetzt wieder zu neuen Ehren gekommen ist,[40] ist die Offenbarung des Johannes (Offb 12,1–6): die berühmte Vision von der „Frau, mit der Sonne bekleidet und dem Mond unter ihren Füßen und einem Kranz von zwölf Sternen auf ihrem Haupt" (12,1), die dabei ist, einen Sohn zu gebären, „der mit eisernem Zepter über alle Völker herrschen wird" (12,5). Aber das arme Kind wird von einem „großen feuerroten Drachen" bedroht, der das Kind verschlingen will, „sobald es geboren ist" (12,3f.). Doch wunderbarerweise wird das Kind „zu Gott und zu seinem Thron entrückt (*hērpastē*)", während seine Mutter in die Wüste flieht (12,5f.).

Die Mutter hier ist offensichtlich die Mutter des Messias und ihr Sohn entsprechend der Messias, der dazu bestimmt ist, über die Völker zu herrschen – also der davidische Messias –, während der Drache der Anführer der Heidenvölker ist, vermutlich der Antichrist. Die Entrückung des Kindes (wörtlich sein Weggerissenwerden), um es vor dem Drachen zu retten, passt sehr gut zum Weggerissenwerden des Messiaskindes in unserer Jeruschalmi-Erzählung – das aramäische Verb dort (*chataf*) entspricht dem griechischen Verb in der

---

[39] Lévi, Le ravissement du Messie, S. 113–126; id., *Le ravissement du Messie,* S. 228–241.

[40] Newman, *Ledat ha-Maschiach,* S. 105 ff.

Johannesapokalypse (*harpazein*)[41] –, und man kann sich gut vorstellen, dass das Messiasbaby im Jeruschalmi ebenfalls weggerissen und zu Gottes Thron in den Himmel entrückt wurde. Aber da hören die Gemeinsamkeiten auch schon auf, und als Hauptunterschied springt ins Auge, dass in der Johannesoffenbarung das Messiasbaby vor seinen Feinden geschützt werden muss, den Heidenvölkern (also vermutlich Rom) – der Messias als Gegner und endgültiger Bezwinger der Heidenvölker ist charakteristisch für messianische Traditionen –, während das Messiasbaby im Jeruschalmi vor seiner eigenen Mutter geschützt werden muss (absolut *un*charakteristisch für messianische Traditionen).

Ein anderer, erfolgversprechenderer Weg richtet unsere Aufmerksamkeit auf die auffallende Ähnlichkeit unserer Erzählung mit der Geburtsgeschichte Jesu, wie sie bei Matthäus (Kap. 2) und Lukas (Kap. 2) überliefert wird. Die erste und unmittelbar einleuchtende Parallele ist natürlich die Stadt Betlehem als der Geburtsort des Messias.[42] Aber da ist mehr. Die merkwürdige Genealogie des Kindes mit (König) Hiskija als seinem Vater soll wohl auf seine davidische Herkunft verweisen (mit einer direkten Parallele in Mt 1,9 f., wo Hiskija ebenfalls unter Jesu davidischen Vorfahren genannt wird). Und der pflügende Jude mit seinen Ochsen und der muhenden Kuh: Könnte dies eine Anspielung auf die Hirten im Felde sein, denen der Engel des Herrn die Geburt des Messias verkündet (Lk 2,8 ff.), mit dem in einen Araber verwandelten Engel? Der Araber deutet das Omen der muhenden Kuh, während im Neuen Testament die Magier aus dem Osten das Omen des aufgehenden Sternes deuten (Mt 2,2).

---

[41] Dasselbe Verb ist auch in 2 Kor 12,1–4 verwendet, wo Paulus sich rühmt, in das „Paradies" (den dritten Himmel) weggerissen (= entrückt) worden zu sein.

[42] Micha 5,2, ausdrücklich zitiert in Mt 2,6.

Was die andere Merkwürdigkeit unserer Erzählung betrifft – dass der Jude von Stadt zu Stadt geht, um den Messias zu finden (obwohl er ganz genau weiß, dass er in Betlehem geboren wurde) –, spielt dies vielleicht auf eben jene Magier an, deren Suche nach dem neugeborenen Messias jedoch absolut Sinn macht und die einen Stern brauchen (denselben Stern, der ihnen die Geburt des Messias angezeigt hat), um ihnen den genauen Ort der Krippe in Betlehem zu zeigen (Mt 2,1 ff.)? Die Magier bringen der Mutter des Kindes die kostbaren Gaben von Gold, Weihrauch und Myrrhe, während der jüdische Händler in unserer Jeruschalmi-Erzählung Windeln bringt. Und schließlich das Verlangen der Mutter, ihr Kind zu töten – ist dies eine Anspielung auf den Plan des Königs Herodes, den neugeborenen Messias zu töten, den er durchaus zu Recht als die gefährlichste Bedrohung seiner Herrschaft betrachtet (Mt 2,3 ff.)?

Ich glaube nicht, dass diese Parallelen zur Geburtsgeschichte Jesu zufällig sind.[43] Ganz im Gegenteil, ich möchte behaupten, dass die Jeruschalmi-Erzählung eine vollständige und ironische Umkehrung des Neuen Testamentes ist: die

---

[43] So auch Hasan-Rokem, *Web of Life,* S. 154 ff. Hasan-Rokem spielt aber die theologische und polemische Signifikanz dieses Umstands herunter und möchte die Parallelität der beiden Geschichten auf gemeinsame „volkstümliche" Motive reduzieren: „Diese Ähnlichkeiten [zwischen der Jeruschalmi-Erzählung und der neutestamentlichen Geburtsgeschichte] – denen in Detail offenbar jede theologische Bedeutung abgeht – lassen vermuten, dass diese weder Polemiken sind noch Nachahmungen, sondern für Volkserzählungen typische Parallelen. Volkstümliche Überlieferungen wurden von den Juden, die zur Mehrheit gehörten und anderen [Juden] geteilt, die zur Minderheitengruppe gehörten und die an Jesus als den Messias glaubten und sich der frühen christlichen Kirche angeschlossen hatten, die vor allem aus Juden bestand" (ibid., S. 154). „Volkserzählung" dient hier als eine Art *deus ex machina,* der nahezu alles – und am Ende nichts – erklärt.

muhende Kuh gegenüber dem Stern; der Araber gegenüber dem Engel des Herrn und/oder den Magiern; der jüdische Händler gegenüber den Magiern; Windeln gegenüber Gold, Weihrauch und Myrrhe; und die mörderische Mutter gegenüber dem mörderischen König. Auf diese Weise zusammengefasst, ergibt sich eine eindrucksvolle Liste, die fast komisch klingt, wie eine Parodie der neutestamentlichen Geburtsgeschichte.

Und genau dies, so möchte ich vorschlagen, ist, was unsere Geschichte vermitteln will. Es handelt sich um eine Gegengeschichte („counter-narrative"), eine parodistische Verdrehung des Neuen Testaments, des christlichen Anspruchs, dass dieses Kind Jesus, geboren in der Davidsstadt Betlehem, der Messias sei. Und als solche ist sie von großer theologischer Signifikanz. Denn sie unterminiert den Kern der christlichen Botschaft, indem sie argumentiert: Nein, dieses Kind Jesus ist nicht der Messias, zumindest nicht der Messias, von dem ihr Christen sagt, dass er unter uns auf der Erde lebte, um die neue Lehre des neuen Bundes zu verkünden, um gekreuzigt und schließlich auferweckt und in den Himmel erhoben zu werden. Dieser Jesus kann aus dem ganz einfachen Grunde nicht der Messias sein, weil der Messias durch Wirbelwinde weggerissen wurde und verschwand.

Aber das ist noch nicht das Ende der Geschichte, denn wir müssen noch die mörderischen Gefühle der Mutter gegenüber ihrem Baby erklären. Meine Princetoner Kollegin Martha Himmelfarb hat eine faszinierende und sehr andere Interpretation der Erzählung im Allgemeinen und der Gefühle der Mutter im Besonderen vorgeschlagen.[44]

---

[44] Mother of the Messiah, S. 379 ff. Sie wendet sich dezidiert gegen eine Deutung der Erzählung als eine Parodie der Kindheitsgeschichte im Neuen Testament (ibid., S. 379).

Sie möchte eine ursprünglich *positive* Fassung der jüdischen Erzählung von der Mutter und dem Kind rekonstruieren, eine Fassung, die auch den Juden eine liebevolle Mutter des Messias zugestehen möchte, ähnlich der christlichen Mutter Maria. Mit anderen Worten, nach Himmelfarb gab es Juden, die von der christlichen Botschaft von Maria, der liebenden und geliebten Mutter des Messias Jesus, angezogen waren und die versuchten, sich diese Botschaft für ihre eigenen Zwecke zu Nutze zu machen – und unsere Jeruschalmi-Erzählung, dies ist Himmelfarbs Schlussfolgerung, *antwortet* auf solche Bemühungen, indem sie „die Mutter in eine verhinderte Mörderin" verwandelt.[45] Demnach wäre die Erzählung sowohl gegen jüdische messianische Erwartungen gerichtet, die eine christliche Färbung angenommen hatten (die liebevolle Mutter des Messias), als auch (noch grundsätzlicher) gegen die jüdische Messiaserwartung als solche – jedenfalls bis auf weiteres und ganz besonders nach dem Fehlschlag des Bar Kokhba-Aufstandes in der ersten Hälfte des 2. Jh. n. Chr. „Für den Jeruschalmi sind Messiasse", so fasst Himmelfarb ihr Ergebnis zusammen, „die schon geboren sind, keine gute Idee, nicht nur im Hinblick auf das Christentum."[46]

Ich würde den Akzent etwas anders setzen: Messiasse, die schon geboren sind, werfen ein Problem auf, und zwar gerade *wegen* des Christentums bzw. genauer, wegen der Beziehung zwischen Judentum und Christentum. Gibt es doch nur eine einzige Gemeinde, die behauptet, dass der (jüdische!) Messias an einem bestimmten Punkt in Zeit und Raum geboren wurde und die an dieser Behauptung festhält – die christliche Gemeinde. Zwar wurden andere

---

[45] Ibid., S. 380.
[46] Ibid.

solche Ansprüche erhoben, zum Beispiel durch Bar Kokhba, aber diese Ansprüche erledigten sich immer, sobald die politischen Umstände sie Lügen straften.[47] Die jüdische Sekte der Christen dagegen hielt nicht nur hartnäckig an ihrem Messias Jesus fest, sie behauptete sogar, dass die „anderen Juden" (das jüdische Establishment) ihn getötet hatten. Und hier kommt unsere verhinderte mörderische Mutter ins Spiel. Sie ist die jüdische Mutter des neugeborenen jüdischen – und gleichzeitig auch christlichen – Messias, die ihn lieber tot sähe, weil seine Geburt untrennbar mit der Tempelzerstörung verbunden ist, dem verheerendsten Ereignis der jüdischen Geschichte. Das Kommen des Messias auf dem Tiefpunkt der jüdischen Geschichte, wenn die Dinge sich zum Schlechtesten gewandelt haben, ist grundsätzlich eine völlig akzeptable Idee innerhalb des Rahmens der jüdischen Messiaserwartung. Dagegen ist absolut nichts einzuwenden – wäre da nur nicht diese christliche Sekte, die darauf besteht, dass mit dem Kommen des Messias der alte Bund durch einen neuen Bund abgelöst wurde, für die der zerstörte Tempel keineswegs ein Unglück war; ganz im Gegenteil, für diese Christen war die Tempelzerstörung der endgültige Beweis, dass Gott die Juden des alten Bundes bestraft hatte und seine Gunst nun den Juden des neuen

---

[47] Die Rabbinen machten kein Geheimnis aus ihrer Abneigung gegen Bar Kokhbas messianische Aspirationen – jedenfalls *post factum,* d. h. nach dem Fehlschlag des Aufstandes: sie nennen ihn nicht „Bar Koseba" (wie er in den Briefen und Dokumenten aus der Wüste Juda heißt) und schon gar nicht „Bar Kokhba" (= „Sternensohn", wie die christlichen Quellen ihn titulieren), sondern „Bar Koziba", d. h. „Lügensohn"; vgl. Peter Schäfer, *Der Bar Kokhba-Aufstand. Studien zum zweiten jüdischen Krieg gegen Rom,* Tübingen: Mohr Siebeck, 1981, S. 51 f.

Bundes erwies, die ohne einen Tempel und seine blutigen Opfer auskommen.

Was ich also vorschlagen möchte, ist, dass unsere Jeruschalmi-Erzählung das Christentum – im wahrsten Sinne des Wortes – *in statu nascendi* erfasst, in dem Augenblick, in dem es aus dem Schoße des Judentums hervorkam. Dieses „Christentum" – mit seinem an dem Tag geborenen Messias, an dem der Tempel zerstört wurde – gehört ohne Zweifel noch zum Judentum, ist eine ganz und gar jüdische Form des „Christentums". Aber unser talmudischer Autor weiß natürlich, wie die Geschichte dieses Messias weitergeht: dass er am Ende von seinen Mitjuden ermordet würde (so jedenfalls das Neue Testament). Deswegen erzählt er eine andere Geschichte: Nein, beharrt die Mutter des Messias, ich habe ihn *nicht* getötet (d. h. *wir Juden* haben ihn nicht getötet); es stimmt, ich *wollte* ihn töten, aber ich habe es nicht getan. Die Gefühle der Mutter sind also Schuldgefühle – Schuld ihrem Sohn gegenüber, dessen Ermordung sie erwog und den sie daran hindern wollte, Israels Messias zu werden.

Dieser Punkt muss genauer präzisiert werden. Die Mutter mit ihrem neugeborenen Sohn ist in einer doppeldeutigen oder – um einen Modeausdruck zu benutzen – liminalen Situation des „dazwischen" gefangen. Auf der einen Seite wurde der Messias geboren, und dies kann nicht ungeschehen gemacht werden – es sei denn, man wollte behaupten, dass er ein falscher Messias war und deswegen verdiente, getötet zu werden. Aber unsere Erzählung gibt keinen Hinweis auf diese Möglichkeit, die als die typische Lösung für ein solches Dilemma dient. Auf der anderen Seite wusste die Mutter nur zu gut, wie die Geschichte mit dem christlichen Messias weitergehen würde. In Wirklichkeit, und gegen jede historische Logik, erfasst die Erzählung gleichzeitig *zwei*

Messiasse: den „christlichen" Messias – gegen den sie polemisiert – und den „jüdischen" Messias, d. h. den Messias der im Bereich der traditionellen jüdischen Muster verbleibt. Es versteht sich von selbst, dass die Etiketten „jüdisch" und „christlich" hier ganz fehl am Platze sind. Wir sind noch weit entfernt davon, eine saubere Trennungslinie zwischen „Judentum" und „Christentum" zu ziehen; ganz im Gegenteil, das „Judentum" in seinem innersten Wesen ist vom „Christentum" fasziniert. Letztendlich also resultieren der Hass der Mutter auf ihr Kind und ihr Verlangen, es zu töten, nicht nur daraus, dass es am Tage der Tempelzerstörung geboren wurde, sondern sie hasst ihr Kind, weil es – nach der christlichen Lesart – dazu bestimmt ist, die gefährlichste Bedrohung für das Judentum zu werden (so wie *sie* es versteht) – ein neues Judentum, das von sich behauptet, den physischen Tempel nicht mehr zu brauchen, weil es selbst der neue, geistige Tempel ist. Um noch einen Schritt weiterzugehen und es noch drastischer zu formulieren: in ihrem Verlangen, ihr Kind zu töten, versucht die Mutter (das Judentum) das in ihr entstehende Christentum zu töten.

Aber ich wiederhole: Sie tötete ihr Kind nicht. Das Ende unserer Erzählung liefert die einzig angemessene Antwort auf die mehrdeutige Haltung der Mutter gegenüber ihrem Sohn. Denn was macht man mit einem Messias, der vorzeitig geboren wurde? Man kann ihn nicht einfach entsorgen, denn schließlich *ist* er der Messias. (Wie gesagt, unsere Erzählung erwägt nirgends die Möglichkeit, dass er ein falscher Messias war und daher *verdiente,* getötet zu werden.) Die einzig praktikable Lösung für einen so außergewöhnlichen Fall ist daher, ihn von Gott wegnehmen und im Himmel verstecken zu lassen, bis seine wirkliche Zeit gekommen ist. Dies ist der einzige Weg, ihn innerhalb des Bezugsrahmens der traditionellen jüdischen Messiaserwartung zu halten – und dies ist der Grund, warum das Messiasbaby verschwinden musste.

Noch eine letzte Bemerkung. Wir reden hier von der sehr frühen Beziehung zwischen „Judentum" und „Christentum", lange bevor beide zwei unterschiedliche Gemeinschaften wurden, ganz zu schweigen von zwei getrennten Religionen. Mit dem ursprünglichen Titel der Vorlesungsreihe „Die Geburt des Christentums aus dem Geist des Judentums" folge ich noch dem alten Paradigma von der „Tochterreligion" (Christentum), die von der „Mutterreligion" (Judentum) geboren wurde – obwohl ich in diesem Kapitel das Wort „Schwesterreligion" für das Christentum benutzt habe. Und dies ist vielleicht der bessere Begriff, denn im Grunde argumentiere ich, dass das Judentum in dem Augenblick, in dem die Idee des christlichen Messias freigesetzt war – mit all ihren Implikationen –, nicht mehr dasselbe bleiben konnte. Jetzt also adoptiert das Judentum eine Mutter für den Messias und erwägt sogar die Möglichkeit, dass der Messias getötet werden könnte. Unsere Erzählung verwirft diese Möglichkeit, aber ich habe auf die Tradition des doppelten Messias im Judentum hingewiesen – des Messias aus dem Stamm Efraim, der im Kampf fallen wird, und des Messias aus dem Stamm Juda (der davidische Messias), der den endgültigen Sieg über Israels Feinde erringen wird.[48] Sollten wir es hier mit einer jüdischen Aneignung des erschlagenen Messias Jesus zu tun haben, gewissermaßen übertrumpft von dem „wirklichen" jüdischen Messias, dem Messias aus dem Hause Davids? Und sogar das Verschwinden des Messiasbabies in unserer Erzählung könnte eine ironische Übernahme der christlichen Unterscheidung zwischen dem ersten und dem zweiten Kommen des Mes-

---

[48] Darauf komme ich im letzten Kapitel zurück; s. unten S. 133 ff.

sias sein. Da er bei seinem ersten Auftritt auf der Erde von den meisten seiner jüdischen Glaubensgenossen zurückgewiesen und gekreuzigt wurde, muss Jesus (irgendwann) seine himmlische Wohnstatt verlassen und ein zweites Mal kommen – die sogenannte „Parusieverzögerung". In ähnlicher Weise könnte unser Messias – von Gott bald nach seiner Geburt weggenommen und im Himmel auf seine Rückkehr wartend – eine andere, jüdische Form der Parusieverzögerung sein. Im Lichte dieser fast paradoxen Einsicht wage ich es, den ursprünglichen Titel der Vorlesungsreihe umzukehren und zu formulieren: „Die Geburt des Judentums aus dem Geist des Christentums".

2. Rabbi Simlai und die Häretiker
Ein Gott oder mehrere Götter?

Dass der Glaube an die Einheit und Einzigartigkeit Gottes seit alters her zu den fest etablierten Grundlagen der jüdischen Religion gehört, darf als Allgemeingut der Wissenschaft wie auch der praktizierten Religion gelten. Er ist für immer festgehalten in dem feierlichen Anfangssatz des biblischen Schemaʿ Jisrael, das eines der wichtigsten jüdischen Gebete werden sollte: „Höre Israel (*schemaʿ Jisrael*), der Herr ist unser Gott, der Herr allein (*JHWH echad*)" (Dtn 6,4). Da der letzte Teil dieser Deklaration auch als „der Herr ist einer" übersetzt werden kann, enthält sie gewissermaßen *in nuce* die Anerkennung des Gottes Israels als des einen und einzigen Gottes – d.h. ohne andere Götter neben ihm – und gleichzeitig als des einen und ungeteilten Gottes, von dem nicht gesagt werden kann, dass er aus mehreren Personen besteht.

Dieser besondere Charakter des jüdischen Gottes wird üblicherweise unter der Rubrik „Monotheismus" subsumiert, obgleich es sich inzwischen herumgesprochen hat, dass diese Kategorie schon für die biblische Periode problematisch ist, ganz zu schweigen von den Perioden nach dem Abschluss der hebräischen Bibel.[1] Kein Zweifel, die Autoren

---

[1] Vgl. dazu zuletzt Mark S. Smith, *God in Translation: Deities in Cross-Cultural Discourse in the Biblical World,* Tübingen: Mohr Siebeck, 2008.

der Hebräischen Bibel gaben sich große Mühe, den Glauben an den einen und einzigen Gott in seinem doppelten Sinne einzuführen und durchzusetzen, aber ebenso wenig kann bezweifelt werden, dass sie in diesem Bemühen mit beträchtlichem Widerstand zu rechnen hatten und ständig gegen Versuche kämpfen mussten, ihre Bemühungen zu hintertreiben und Ideen einzuschmuggeln, die ihrem Verständnis eines strikten Monotheismus zuwiderliefen.

Auch die Rabbinen der talmudischen Epoche nach 70 n. Chr. mussten diesen Kampf bestehen. So sehr sie auch auf der Einheit und Einzigartigkeit ihres Gottes insistierten, sie waren von Leuten umgeben, für die – bei allen Unterschieden in der religiösen und sozialen Gruppenzugehörigkeit – eine solche Vorstellung heftig umkämpftes Gelände war. Die Griechen und Römer wunderten sich über die seltsame Idee eines allein den Juden vorbehaltenen Gottes, verstärkt noch durch den strikten bildlosen Charakter dieses Gottes. Die toleranteren Geister unter ihnen versuchten gleichwohl, diesen schwer fassbaren Gott als eine Art *summum deum* oder „höchsten Himmel" in ihr Pantheon zu integrieren, während die weniger Gutmeinenden den jüdischen Glauben parodierten oder auch zu dem schlichten Schluss gelangten, dass die Juden die übelsten Atheisten sein müssten.[2] Die entstehende christliche Sekte machte sich daran, die Vorstellung des einen und einzigen Gottes in Richtung auf zunächst eine binitarische und dann trinitarische Theologie zu erweitern, d. h. in Richtung auf die Einbeziehung von Gottes Sohn in die Gottheit, gefolgt von der

---

[2] Vgl. dazu Peter Schäfer, *Judeophobia: Attitudes Toward the Jews in the Ancient World,* Cambridge, Mass., und London: Harvard University Press, 1997, S. 34 ff.; deutsche Übersetzung unter dem Titel *Judenhass und Judenfurcht: Die Entstehung des Antisemitismus in der Antike,* Frankfurt a. M.: Verlag der Weltreligionen, 2010.

Einbeziehung einer dritten göttlichen Gestalt – des Heiligen Geistes. Und die verschiedenen Gruppen schließlich, die üblicherweise unter dem Etikett „Gnosis" zusammengefasst werden, machten sich die neuplatonische Unterscheidung zwischen dem absolut und einzigartig transzendenten Gott (dem ersten und obersten Prinzip) und dem Demiurg (dem zweiten Prinzip) zu eigen, der allein für die Schöpfung der materiellen Welt verantwortlich ist.

Die Rabbinen wussten gewiss um solche Entwicklungen und Unterscheidungen und reagierten darauf. Die entscheidende Frage aber ist, in welchem Ausmaß sie aktive Partner in solchen Diskussionen waren, d. h., ob unsere rabbinischen Quellen nur die Zurückweisung und Abwehr solcher Überlegungen widerspiegeln oder ob sie Hinweise darauf zulassen, dass die bzw. genauer einige Rabbinen aktiv daran beteiligt waren, die Grenzziehungen zu erweitern und die allzu starre Idee des einen und einzigen Gottes abzumildern. So formuliert setzt die Frage es nicht als selbstverständlich voraus, dass die in unseren rabbinischen Quellen erhaltenen Diskussionen die Kontroversen fest etablierter „Religionen" – sei es „jüdischer", „heidnischer", „christlicher", „gnostischer" oder sonstiger Provenienz – widerspiegeln, sondern kalkuliert die Möglichkeit noch fließender Grenzen ein, innerhalb (und jenseits) derer eine Vielzahl von Gruppen miteinander in dem Bemühen konkurrierten, ihre jeweiligen Identitäten herauszubilden.[3] Dies bedeutet auch, dass die Gegner, die in unseren Quellen

---

[3] Zum Judentum s. etwa Daniel Boyarin, *Border Lines: The Partition of Judaeo-Christianity,* Philadelphia, Pa.: University of Pennsylvania Press, 2004, und zum Christentum Elaine Pagels, *Das Geheimnis des fünften Evangeliums,* München: Beck, ³2005; Elaine Pagels und Karen L. King, *Das Evangelium des Verräters: Judas und der Kampf um das wahre Christentum,* München: Beck, 2008.

als die Repräsentanten der verschiedenen Seiten auftreten – bestimmte Rabbinen gegenüber bestimmten „Häretikern" (*minim*) –, nicht immer und notwendigerweise denselben Gruppen angehören müssen. Während aber die rabbinische Seite, jedenfalls auf den ersten Blick, mehr oder weniger stabil zu sein scheint, präsentiert sich die häretische Seite als sehr viel vielfältiger und weniger einheitlich als die stereotype Terminologie (vorzugsweise *minim*) nahelegen könnte.[4] Außerdem müssen wir damit rechnen, dass die Rabbinen, wenn sie gegen „Häretiker" argumentieren, keineswegs immer und automatisch mit Gegnern von außen stritten – so sehr sie sich auch bemühen mochten, genau diesen Eindruck zu erwecken –, sondern auch mit Gegnern von innen, d. h. mit ihren eigenen Kollegen, die Vorstellungen propagierten, gegen die zu kämpfen sie angetreten waren.

Eines der klassischen Themenfelder, bei dem Rabbinen und Häretiker aneinandergerieten, ist der Gebrauch verschiedener Gottesbezeichnungen in der Hebräischen Bibel, d. h. vor allem des Tetragramms *JHWH* und des Terminus *Elohim*. Während das Tetragramm bekanntlich nicht nur unübersetzbar ist, sondern auch nicht ausgesprochen werden kann (bzw. genauer, seine korrekte Aussprache verlorengegangen ist), ist *Elohim* sprachlich ein Plural und bedeutet wörtlich „Götter". Vor allem letzteres, der Plural von *Elohim,* konnte leicht zu Missverständnissen oder unwillkommenen Fragen Anlass geben, und die Rabbinen

---

[4] Die inzwischen klassischen Beiträge zu den Häretikern im rabbinischen Judentum sind R. Travers Herford, *Christianity in Talmud and Midrash,* London: Williams & Norgate, 1903 (erweiterter Neudruck Jersey City, NJ: Ktav, 2006), und Alan F. Segal, *Two Powers in Heaven: Early Rabbinic Reports about Christianity and Gnosticism,* Leiden: Brill, 1977.

konnten diesem Problem offensichtlich nicht ausweichen. Jedenfalls überliefert die rabbinische Literatur zahlreiche Quellen, in denen die Rabbinen sich genau über diesen hebräischen Sprachgebrauch mit „Häretikern" streiten. D. h. wir müssen, nebenbei bemerkt, davon ausgehen, dass die „Häretiker", wer immer sie waren, wenigstens rudimentäre Hebräischkenntnisse hatten, denn in der griechischen Übersetzung der Hebräischen Bibel, der Septuaginta, stellt sich das Problem nicht: Sie übersetzt *Elohim* nämlich meistens mit *theos* – „Gott" und *JHWH* mit *kyrios* – „Herr", beides im Singular. Eine ganze Sammlung solcher Kontroversen um den Gottesnamen *Elohim* ist im Midrasch Genesis Rabba und im Jerusalemer Talmud unter dem Namen von R. Simlai überliefert:

Die Häretiker (*minim*) fragten R. Simlai: „Wie viele Götter erschufen die Welt?"

Er sagte zu ihnen: „Ich und ihr, wir müssen die ersten Tage (der Schöpfung) befragen, denn es steht geschrieben: ‚Befrage doch die ersten Tage, [die vor dir waren], von dem Tag an, da Gott (*Elohim*) den Menschen auf der Erde erschuf (*bara*)' (Dtn 4,32). Es steht hier nicht geschrieben: ‚von dem Tag an, da sie [die Götter] (den Menschen) erschufen (*bar'u*)',[5] sondern ‚von dem Tag an, da er [Gott] (den Menschen) erschuf (*bara*).'"[6]

Sie fragten ihn ein zweites Mal und sagten zu ihm: „Warum steht geschrieben: ‚Am Anfang erschuf Gott (*Elohim* im Plural) [den Himmel und die Erde]' (Gen 1,1)?"

Er antwortete: „‚Die Götter erschufen (*bar'u*)'[7] steht hier nicht geschrieben, sondern ‚Gott erschuf (*bara*).'"[8]

---

[5] Verb im Plural.
[6] Verb im Singular.
[7] Verb im Plural.
[8] Verb im Singular.

R. Simlai sagte: „Überall (in der Bibel), wo du etwas findest, das (scheinbar) die Häretiker (*minim*) unterstützt, da findest du die Widerlegung direkt daneben."

Sie fragten ihn wiederum und sagten zu ihm: „Warum steht geschrieben: ‚[Und Gott (*Elohim*) sagte:] Lasst uns einen Menschen machen (*na'aseh*),[9] in unserem Bilde, nach unserem Gleichnis' (Gen 1,26)?"
Er antwortete ihnen: „Lest doch, was darauf folgt – ‚und die Götter erschufen (*jivre'u*)[10] den Menschen in ihrem Bilde' steht (in der Bibel) nicht geschrieben, sondern ‚und Gott erschuf (*jivra*)[11] den Menschen in seinem Bilde' (Gen 1,27)."

Als sie gegangen waren, sagten seine Schüler zu ihm [R. Simlai]: „Rabbi, jene hast du mit einem Schilfrohr abgefertigt, aber was antwortest du uns?"
Er sagte zu ihnen: „In der Vergangenheit wurde Adam aus Staub erschaffen, und Eva wurde aus/von Adam erschaffen, von da an aber: ‚in unserem Bilde, nach unserem Gleichnis' (Gen 1,26). Kein Mann ohne Frau und keine Frau ohne Mann, und keiner von beiden ohne die Schekhina."[12]

R. Simlai, der Held dieser Erzählung, ist ein palästinischer Amoräer der 2. Generation, d. h. er gehört in das späte 3./ frühe 4. Jh. n. Chr. Er war ein Schüler von R. Jochanan (b. Nappacha), der in Sepphoris, Tiberias und (später) Cäsarea wirkte und verbrachte den größten Teil seiner Wirksamkeit in Lydda und Sepphoris. Was wir hier vor uns haben, ist ein Kampf mit Bibelversen, konzentriert auf die Schöpfungsgeschichte. Er beginnt mit zwei geradezu klassischen Versen (Dtn 4,32 und Gen 1,1), in denen der Name Gottes im Plural (*Elohim*) mit einem Verb im Singular kombiniert ist – was den Rabbinen als Beweis dient, dass *Elohim* sich in der Tat nur auf einen Gott bezieht und nicht

---

[9] Verb im Plural.
[10] Verb im Plural.
[11] Verb im Singular.
[12] Bereschit Rabba 8,9; Parallele j Berakhot 9,1/9–10, fol. 12d.

auf eine Vielzahl von Göttern. Die Häretiker lassen sich aber nicht so leicht abspeisen und bringen ein Gegenbeispiel, das R. Simlais Antwort konterkariert: In Gen 1,26 („*Lasst uns* einen Menschen machen, in *unserem* Bilde, nach *unserem* Gleichnis") ist der Gottesname *Elohim* unverkennbar mit einem Verb im Plural kombiniert. Das Beispiel widerlegt somit die rabbinische Behauptung, dass der Plural *Elohim* immer zusammen mit einem Verb im Singular erscheint. R. Simlais Rettung ist dann der folgende Vers Gen 1,27, wo *Elohim* wieder ein Verb im Singular zugeordnet ist.

Die Antwort R. Simlais ist durch einen zusätzlichen Diskurs zwischen dem Rabbi und seinen Schülern erweitert (ein weiteres stereotypes rabbinisches Muster), der wohl hervorheben möchte, dass die „wirklichen" Fragen nur innerhalb der rabbinischen Akademien entstehen und beantwortet werden, nicht zwischen „Rabbinen" und „Häretikern". Aber die Antwort, die R. Simlai seinen Schülern hier gibt, ist merkwürdig. Sie verschiebt den Akzent vom Plural („*Lasst uns* einen Menschen machen") in Gen 1,26 zu dem Plural „in *unserem* Bilde, nach *unserem* Gleichnis" in demselben Vers und scheint zu argumentieren: Das erste Menschenpaar, Adam und Eva, wurde noch vom Staub (Adam) und von Adam (Eva) erschaffen; erst ihre Nachkömmlinge wurden „in unserem Bilde, nach unserem Gleichnis" erschaffen, d. h. von ihren menschlichen Eltern im Zusammenwirken mit der Schekhina (Gott). Mit anderen Worten, der Plural „in unserem Bilde, nach unserem Gleichnis" bezieht sich auf das Zusammenwirken von menschlichen Eltern als gleichberechtigten Partnern mit Gott beim Zeugungsakt und hat nichts mit einer Mehrzahl oder Vielzahl von Göttern zu tun. Diese Antwort ignoriert offensichtlich das Problem der zwei einander widersprechenden Bibelverse Gen 1,26 und 1,27 (warum sagt Gott dann in 1,27 ausdrücklich „Und Gott erschuf den Menschen in *seinem* Bild", und weiter, um die Verwirrung noch zu steigern: „im Bilde Gottes erschuf er *ihn;* männlich und weiblich erschuf er *sie*"?) und könnte zudem die Häretiker noch mit zusätzlicher Munition versorgen – nämlich dass Adam und Eva nur aus Materie erschaffen wurden und allein ihre Nachkömmlinge das Privileg hatten, im Bilde Gottes erschaffen worden zu sein.

Der Forschung ist nicht verborgen geblieben, dass R. Simlais Antwort an seine Schüler eine verblüffende Ähnlichkeit mit einem Gedankengang hat, den der Apostel Paulus im 1. Korintherbrief entwickelt.[13] Paulus rechtfertigt hier den Brauch der weiblichen Kopfbedeckung, indem er eine Hierarchie (in absteigender Reihenfolge) aufstellt zwischen Christus/Gott, Mann und Frau: Weil die Frau – anders als der Mann, der im Bild und in der Herrlichkeit *Gottes* erschaffen wurde – nur in der Herrlichkeit des *Mannes* erschaffen wurde, muss sie ihren Kopf bedecken. Diese seltsame Logik folgt offensichtlich einem wörtlichen Verständnis von Gen 1,27: „Und Gott erschuf den *Mann* (*adam*) in seinem Bild, im Bilde Gottes erschuf er *ihn*", das sich nur auf den Mann (Adam) bezieht – Hebräisch *adam* kann sowohl „Mensch" als auch „Mann" bedeuten – und nicht auf die Frau (Eva). Das etwas lahm nachklingende „männlich und weiblich erschuf er *sie*" verstärkt

---

[13] 1 Kor 11,2–16. Dazu Burton L. Visotzky, „Trinitarian Testimonies", *USQR* 42, 1988, S. 73–85 (S. 74 ff.); id., „Goys ,Я' n't Us," in *Heresy and Identity in Late Antiquity,* hrsg. von Eduard Iricinschi und Holger M. Zellentin, Tübingen: Mohr Siebeck, 2008, S. 302 ff. Visotzky folgt hier u. a. Jacob Jervell, *Imago Dei: Gen 1,26 f. im Spätjudentum, in der Gnosis und in den paulinischen Briefen,* Göttingen: Vandenhoeck & Ruprecht, 1960, S. 311; Madeleine Boucher, „Some Unexplored Parallels to 1 Cor. 11:11–12 and Gal. 3:28: The New Testament and the Role of Women", *CBQ* 31, 1969, S. 50–58.

nur noch den Eindruck, dass Eva nicht im Bilde Gottes erschaffen wurde, sondern nur eine Kopie von Adams Bild war. Indem Paulus allerdings hinzufügt, dass „im Herrn" (*en kyriō*) Mann und Frau nicht voneinander unabhängig sind, sondern gleichberechtigte Partner im Zeugungsprozess (1 Kor 11,11 f.), schwächt er sein hartes Verdikt über die Frau ab und verschiebt den Gedankengang von Evas Erschaffung aus oder von Adam auf die Zeugung aller nachfolgenden Generationen des Menschengeschlechtes.

Dieser Argumentationsgang ist in der Tat dem von R. Simlai sehr ähnlich. Wie Paulus verweist R. Simlai zunächst auf die einzigartige Erschaffung von Adam (aus Staub) und Eva (aus bzw. von Adam) und wendet sich dann der Erschaffung von Adams und Evas Nachkommen zu (d. h. allen nachfolgenden menschlichen Generationen), bei der Mann, Frau und Gott als gleichberechtigte Partner mitwirken. Vor allem der Satz „Kein Mann ohne Frau (*isch be-lo ischa*) und keine Frau ohne Mann (*ischa be-lo isch*)" im Midrasch ist nahezu identisch mit Paulus' (1 Kor 11,11) „weder (die) Frau ohne (den) Mann (*gynē chōris andros*) noch (der) Mann ohne (die) Frau (*anēr chōris gynaikos*)". R. Simlai scheint aber weniger misogyn zu sein als Paulus, denn nach ihm sind beide, Adam und Eva, nicht im Bilde Gottes erschaffen und nicht nur Eva.

Es sieht so aus, als hätten wir hier eine Tradition über die Auslegung von Gen 1,26.27, die – mit unterschiedlichen Akzenten – von Paulus und einem Rabbi des späten 3./ frühen 4. Jh. geteilt wird. Wie diese beiden Tradenten sich zueinander verhalten, kann hier nicht im Einzelnen geklärt werden, doch halte ich es für unwahrscheinlich, dass sie in der einen oder anderen Richtung direkt voneinander abhängig sind. Vermutlich beziehen sich beide auf eine gemeinsame jüdische Quelle, die sie unabhängig voneinander in durchaus verschiedener Absicht verwenden. Für unseren Zusammenhang hilft uns Paulus jedenfalls nicht weiter. Er erklärt nicht, warum R. Simlai sich überhaupt auf das gefährliche Terrain begibt, dass Adam und Eva (noch) nicht im Bilde und Gleichnis Gottes erschaffen wurden.

R. Simlai erläutert seine Auslegung nicht weiter, sondern wendet sich im Folgenden weiteren problematischen Bibelversen zu, mit denen die Häretiker nicht ablassen, ihn zu bombardieren. Die folgende Auslegung ist von besonderem Interesse:

Sie [die Häretiker] fragten ihn [R. Simlai] wiederum: „Was bedeutet denn das, was geschrieben steht: ‚Gott (*el*), Gott (*Elohim*), der Herr (*JHWH*), Gott (*el*), Gott (*Elohim*), der Herr (*JHWH*), er weiß‘ (Jos 22,22)?" Er antwortete ihnen: „‚sie wissen‘ steht hier nicht geschrieben, sondern ‚er weiß.‘"[14]

Seine Schüler sagten zu ihm [R. Simlai]: „Rabbi, jene hast du mit einem Schilfrohr abgefertigt, aber was antwortest du uns?" Er sagte zu ihnen: „Diese drei [Namen] sind nur ein einziger Name,[15] so wie man sagt: ‚Basileus, Caesar, Augustus.‘"

Sie [die Häretiker] fragten ihn [R. Simlai] wiederum: „Was bedeutet denn das, was geschrieben steht: ‚Gott (*el*), Gott (*Elohim*), der Herr (*JHWH*) sprach und rief die Erde‘ (Ps 50,1)?" Er antwortete ihnen: „Steht denn hier geschrieben: ‚sie sprachen und riefen [die Erde]‘? Nein, es heißt doch nur: ‚er sprach und rief[16] die Erde.‘"

Seine Schüler sagten zu ihm [R. Simlai]: „Rabbi, jene hast du mit einem Schilfrohr abgefertigt, aber was antwortest du uns?" Er sagte zu ihnen: „Diese drei [Namen] sind nur ein einziger Name,[17] so wie man sagt: ‚Handwerker, Steinmetzen, Architekten.‘"

Diese Auslegungen von Jos 22,22 und Ps 50,1 sind nahezu identisch aufgebaut und folgen dem bereits bekannten

---

[14] Im Singular.
[15] Oder auch: „Der Name eines einzigen."
[16] Im Singular.
[17] Oder auch: „Der Name eines einzigen."

Muster: Trotz der Vielfalt der göttlichen Namen in der Hebräischen Bibel, dies ist R. Simlais Antwort an die Häretiker, erscheint das zugehörige Verb wieder im Singular, d.h. angesprochen ist ein und derselbe Gott, nicht eine Mehrzahl von Göttern. Dies ist Routine. Auffallend aber ist wieder die Antwort, die unser Rabbi seinen Schülern gibt: Wenn wir den weltlichen Herrscher als „Basileus", „Caesar" oder „Augustus" bezeichnen – oder wenn wir von „Handwerkern", „Steinmetzen" und „Architekten" reden –, dann meinen wir gleichwohl immer ein und dieselbe Person, nicht mehrere Personen. Auch dieses Argument ist merkwürdig, denn weder sind Handwerker, Steinmetzen und Architekten dasselbe (die Termini beziehen sich auf durchaus unterschiedliche Berufe im Baugewerbe), noch meinen die Termini Basileus, Caesar und Augustus notwendigerweise dasselbe. „Basileus" als eine eher unspezifische Bezeichnung für „König" ist nicht besonders aussagekräftig, aber die Titel „Caesar" und „Augustus" sind es sehr wohl.[18] Den Rabbinen des späten 3. und frühen 4. Jh. kann die Reform des Römischen Reiches schwerlich entgangen sein, die von Diokletian eingeführt wurde: zunächst das Konzept der doppelten Führerschaft, als er im Jahre 285 n.Chr. seinen Offizierskollegen Maximian als Caesar einsetzte – wobei er sich selbst den Titel „Augustus" vorbehielt (erst 286 wurde Maximian in den Rang des Augustus erhoben) – und dann in einem zweiten Schritt das Konzept der Tetrarchie mit zwei Augusti

---

[18] „König" als generische Bezeichnung für alle Arten von Herrschern, „Caesar" und „Augustus" als spezifische Angaben. Ähnlich auch „Handwerker" als generische Bezeichnung für alle Arten von handwerklichen Berufen und „Steinmetzen" und „Architekten" als spezifische Angaben. Man kann die kunstvolle Parallelität noch weitertreiben: So wie der Caesar dem Augustus untergeordnet ist (s. unten), ist auch der Steinmetz dem Architekten untergeordnet.

und zwei Caesares, als Diokletian und Maximian jeder einen dem Augustus beigeordneten Caesar einsetzte (293 n. Chr.), der dann der Nachfolger des jeweiligen Augustus werden sollte. Nach diesem hierarchischen System ist der Caesar dem Augustus eindeutig untergeordnet, und da es im westlichen wie im östlichen Teil des Reiches installiert wurde – Maximian und Constantius als Augustus und Caesar des Westens und Diokletian und Galerius als Augustus und Caesar des Ostens – ist es nahezu ausgeschlossen, dass den Rabbinen in Palästina der Unterschied zwischen einem Augustus und einem Caesar verborgen geblieben war.[19]

Auf den ersten Blick ist die Antwort R. Simlais an seine Schüler relativ unschuldig oder vage. Wenn wir die Gottesbezeichnungen *el, Elohim* und *JHWH* verwenden, so scheint er zu sagen, meinen wir gleichwohl immer ein und denselben Gott – so wie die Römer mit den Termini Basileus, Caesar und Augustus ein und denselben Herrscher meinen. Aber diese schlichte Antwort macht auf dem Hintergrund der Realität der Herrschaftsstruktur des Römischen Reiches zur Zeit R. Simlais wenig Sinn. Wenn wir die Diarchie von Augustus und Caesar sowie die Tetrarchie der zwei Augusti und zwei Caesares ernst nehmen, so befinden wir

---

[19] Vgl. auch den Midrasch in Schemot Rabba 23,1, wo Gott mit einem König verglichen wird, der einen Krieg gewonnen hat und als Belohnung dafür den Titel „Augustus" erhält. Der Midrasch fragt dann weiter, was denn der Unterschied zwischen einem „König" (*melekh*) und einem „Augustus" (*agostos*) sei und beantwortet diese Frage damit, dass der „König" auf einem *luach* (wahrscheinlich einem Steinfries) steht, während der „Augustus" sitzt. Damit ist der „Augustus" dem „König" offensichtlich übergeordnet, und es macht Sinn, hinter dem „König" den Caesar zu vermuten. S. weiter Esther Rabba 1,19: hier geht es nicht um die Diarchie von Augustus und Caesar, sondern um den „König" (d.h. hier wohl Feldherr), der von seinen Legionen zum „Augustus" proklamiert wird.

uns in einem System konkurrierender Machtstrukturen, das noch relevanter für unseren Zusammenhang wird, wenn wir berücksichtigen, dass diese Konkurrenz auch religiöse Implikationen hatte. Indem Diokletian im Jahre 287 n. Chr. den Titel *Iovius* annahm und Maximian den Titel *Herculius* überließ, stellte er ohne Zweifel klar, wer der übergeordnete und wer der untergeordnete Herrscher war. Dies änderte sich offensichtlich, nachdem Maximian zum Co-Augustus erhoben wurde: Der Triumphbogen des Galerius in Thessaloniki (zwischen 298 und 304 n. Chr.) zeigt die zwei Augusti gleichberechtigt nebeneinander auf dem Himmelsgewölbe als gemeinsamem Thron sitzend mit der Erde als ihrem Fußschemel.[20] Dasselbe gilt für Münzen des späten 4. Jh., auf denen die zwei Augusti Valentinian I. und sein Bruder Valens auf demselben kaiserlichen Thron (*bisellium*) sitzend abgebildet sind.[21]

Auf diesem Hintergrund wird die Antwort R. Simlais sehr viel weniger unschuldig, als es zunächst den Anschein hat. Vor allem, wenn wir der Übersetzung „Die drei [Namen] sind (in Wirklichkeit nichts anderes als der Name) eines einzigen [Gottes]" folgen, könnte sie genau das Gegenteil von dem meinen, was sie vorgibt zu sagen, nämlich: *Im Unterschied* zum Römischen Reich mit seinem übergeordneten Augustus und untergeordneten Caesar haben wir, die Juden, nur einen Augustus und keine Diarchie eines Augustus und eines Caesar. Und ebenso wenig (oder gar noch viel weniger?) kennen wir eine Diarchie von zwei Augusti mit

---

[20] Hans Peter Laubscher, *Der Reliefschmuck des Galeriusbogens in Thessaloniki,* Berlin: Mann, 1975, S. 69–78 (S. 76 f. mit Tafel 58 und 60.1); Christoph Markschies, *Alta Trinità Beata,* Tübingen: Mohr Siebeck, 2000, S. 13.
[21] Markschies, *Alta Trinità Beata,* S. 14 f. mit Nachweisen S. 13, Anm. 52.

gleichen herrschaftlichen Rechten und Machtbefugnissen (bzw. eine Tetrarchie von zwei Augusti und zwei Caesares). Was unseren Gott betrifft, so drücken unterschiedliche göttliche Namen weder eine hierarchische Struktur zwischen einem übergeordneten und einem untergeordneten Gott aus, noch spielen sie auf zwei Götter an, die sich gleicher Rechte erfreuen. Die letztere Option mag im Blick auf die ausdrückliche Erwähnung des Caesar neben dem Augustus in der Antwort des Rabbi weniger wahrscheinlich scheinen; sie könnte aber von der Tatsache hergeleitet werden, dass in den biblischen Belegversen die ersten beiden Namen fast identisch sind (nämlich *el* und *Elohim,* beide mit „Gott" übersetzt). Die Möglichkeit kann daher nicht völlig ausgeschlossen werden, dass in unserem Midrasch auch auf die Doppelherrschaft der zwei Augusti angespielt ist, die beide zusammen und gleichzeitig jeder für sich die ungeteilte Einheit des Römischen Reiches, die *maiestas totius imperii* oder *totius orbis,* repräsentieren.[22]

Insgesamt erscheint es mir sehr wahrscheinlich, dass die differenzierten und unverwechselbaren Ideen über die Herrschaft und Souveränität des Machthabers im Römischen Reich den Hintergrund für die Auseinandersetzung der Rabbinen mit den Häretikern bildeten, sehr viel mehr jedenfalls als die von manchen Forschern vorgeschlagenen angeblich gnostischen Implikationen. Ich möchte sogar noch einen Schritt weitergehen. Wir wissen sehr genau, dass die Christen gerade im 3. und im 4. Jh. die Beziehung von Jesus Christus zu seinem göttlichen Vater leidenschaftlich diskutierten, und es könnte sein, dass auch

---

[22] Gunther Gottlieb, *Ambrosius von Mailand und Kaiser Gratian,* Göttingen: Vandenhoeck & Ruprecht, 1973, S. 32f.; Markschies, *Alta Trinità Beata,* S. 14f.

dieses Problem in unseren Midrasch hineinspielt. Für diese Vermutung gibt es keinen „Beweis" im herkömmlichen Sinne, aber sie gewinnt an Wahrscheinlichkeit, wenn wir berücksichtigen, dass der christlich-theologische Diskurs nicht zuletzt auch von zeitgenössischen Entwicklungen im Machtgefüge der kaiserlichen Hierarchie beeinflusst war (dass die theologischen Diskussionen also nicht unabhängig von der weltlichen Machtstruktur zu sehen sind).[23] Dieser sehr viel weiter reichenden Implikation möchte ich mich im Folgenden zuwenden.

In der neueren Forschung wurde darauf hingewiesen, dass in R. Simlais Midrasch genau *drei* Gottesnamen (*el, Elohim, JHWH*) von den Häretikern ins Spiel gebracht werden, denen R. Simlai *drei* Titel für den weltlichen Herrscher gegenüberstellt (Basileus, Caesar, Augustus). Diese Anzahl sei nicht zufällig, sondern beziehe sich in Wirklichkeit nicht auf eine beliebige Vielheit von Göttern, sondern auf genau drei Götter, spreche also nicht den heidnischen Pantheismus im Allgemeinen an, sondern konkret die christliche Trinität. R. Simlais Gegner seien in Wirklichkeit Christen, die aus den drei biblischen Gottesnamen *el, Elohim* und *JHWH* eine Anspielung auf die christliche Trinität herauslesen wollten. Ebenfalls nicht von ungefähr, so wird weiter argumentiert, sei die Tatsache, dass R. Simlai unmittelbar vorher in unserem Midrasch die Auslegung von Gen 1,26 („*Lasst uns* einen Menschen machen, in *unserem* Bilde, nach *unserem* Gleichnis") diskutiert, die eine herausragende Rolle in der trinitarischen Diskussion spiele.[24] Als frühester

---

[23] Markschies, *Alta Trinità Beata,* S. 16.
[24] S. oben S. 39 ff. mit Anm. 13 und unten S. 57 ff.; Menahem Kister, „Let Us Make Man", in *Sugyot be-Mehqar ha-Talmud: Conference Marking the Fifth Anniversary of the Death of E. E. Urbach,* hrsg.

Beleg dafür muss der Kirchenvater Irenäus herhalten, der in seinem polemischen Meisterstück *Adversus haereses* (geschrieben um 180 n. Chr.) den Vers Gen 1,26 angeblich als erster trinitarisch deutete.[25] Schauen wir uns die Passage bei Irenäus genauer an:

> Die Engel also haben uns nicht gemacht, noch gebildet, noch konnten sie uns nach dem Bilde Gottes machen, noch irgend ein anderer außer dem Worte des Herrn, noch irgend eine Kraft, die von dem Vater des Weltalls weit entfernt war. Auch bedurfte Gott keiner solchen Hilfe, um das zu machen, was er bei sich beschlossen hatte, gleich als ob er selbst keine Hände hätte. Denn immer ist bei ihm das Wort und die Weisheit, der Sohn und der Geist, durch die und in denen er alles aus freiem Willen und Entschluss geschaffen hat. Zu ihnen spricht er auch: „Lasst uns einen Menschen machen nach unserem Bild und Gleichnis" (Gen 1,26).[26]

Irenäus polemisiert hier gegen die jüdisch-rabbinische Deutung des Plurals „Lasst uns einen Menschen machen" als Gottes an die Engel gerichtete Frage: Wollen oder sollen wir einen Menschen machen? Die Frage ist natürlich nicht in dem Sinne zu verstehen, den Irenäus unterstellt, als frage Gott die Engel, ob sie mit ihm zusammen den Menschen erschaffen wollen. Vorausgesetzt ist vielmehr in der rabbinischen Deutung, dass Gott (im *pluralis maiestatis*) die Engel um Rat fragt, ob er wirklich einen Menschen erschaffen solle (die Antwort der Engel ist in der Regel „nein" – weil die Menschen nämlich sündigen werden –, aber Gott

---

von Yaakov Sussmann, Jerusalem: Israel Academy of Sciences and Humanities, 2001, S. 55 ff. (Hebr.); erweiterte englische Fassung „Some Early Jewish and Christian Exegetical Problems and the Dynamics of Monotheism", *JSJ* 37, 2006, S. 563 ff.

[25] Visotzky, Trinitarian Testimonies, S. 80.
[26] Irenaeus, Adversus haereses IV, 20,1 (deutsche Übersetzung nach Bibliothek der Kirchenväter). Vgl. auch ibid., IV, praef. (4); V, 1,3.

lässt sich davon nicht abhalten: Am Ende erschafft er den Menschen gegen den Rat der Engel).[27] Gegen diese rabbinische Auslegung stellt Irenäus seine christliche Deutung, dass der Plural sich auf Gott, das Wort und die Weisheit bezieht, wobei er das Wort mit dem Sohn und die Weisheit mit dem Geist gleichsetzt. Es ist allerdings mehr als fraglich, ob Irenäus Wort/Sohn und Weisheit/Geist hier im dogmatisch-trinitarischen Sinne verstanden hat. „Wort" (*logos*) und „Weisheit" (hebräisch *chokhma* bzw. griechisch *sophia*) sind biblische Begriffe, die auf den „Sohn" und den „Geist" bezogen werden können, aber gewiss nicht zwangsläufig und automatisch auf die Trinität. Mit der hier vorausgesetzten Logik könnte man auch argumentieren, dass schon Philo – mit seinem hoch entwickelten Bezugssystem zwischen Gott, seinem Logos und seiner Sophia – eine trinitarische Theologie entwickelt hätte. Und man müsste sich auch fragen, warum die christlichen Theologen noch des 4. Jh. so erbitterte und leidenschaftliche Debatten über die Trinität ausfochten, wenn dies doch schon von Irenäus in der zweiten Hälfte des 2. Jh. ein für allemal klargestellt wurde. Viele der dogmatischen Auseinandersetzungen der frühen Kirche hätten sich wohl erübrigt, wenn die Dinge so einfach lägen.

Die Diskussion um die christliche Trinität als möglicher Hintergrund für R. Simlais Auslegung wurde durch das Argument verfeinert, dass es R. Simlai nicht um die Trinität als solche, sondern konkreter noch um die Stellung des Heiligen Geistes in der Trinität gehe. In seiner Fünften

---

[27] Bereschit Rabba 8,4f. Zu den Parallelen (mit einer ausführlichen Analyse) s. Peter Schäfer, *Rivalität zwischen Engeln und Menschen: Untersuchungen zur rabbinischen Engelvorstellung*, Berlin-New York: de Gruyter, 1975, S. 91f.

Theologischen Rede „Über den Heiligen Geist" vergleicht der Kirchenvater Gregor von Nazianz die Beziehung zwischen Gott-Vater, Gott-Sohn und Heiligem Geist mit der Beziehung zwischen Adam, Eva und ihrem drittgeborenen Sohn Set: So wie Adam, Eva und Set unterschiedliche Personen sind, aber als menschliche Wesen dieselbe Menschensubstanz haben, also „wesensgleich" (konsubstantial) sind, so sind der Vater, der Sohn und der Heilige Geist nach Gregor unterschiedliche Personen, aber gleichwohl „wesensgleich" in ihrer göttlichen Substanz.[28] Gregor von Nazianz geht es hier ganz offensichtlich primär um die Konsubstantialität des Heiligen Geistes mit dem Vater und dem Sohn. Diese, so hat zuletzt Burt Visotzky argumentiert, war der schwächste Punkt in der trinitarischen Debatte, und deswegen richte sich auch R. Simlais Bemerkung in seiner Antwort an seine Schüler vor allem an den Heiligen Geist als den eigentlichen trinitarischen Stein des Anstoßes:

„Wir sehen an (R. Simlais) Antwort an seine Schüler, dass derjenige, der sich wirklich auf die trinitarische Debatte einlassen will, die Häretiker an den Schwachpunkten ihres Glaubens angreifen muss. Es genügt nicht, trinitarische Zeugnisse einfach nur herunterzubeten, schlägt unser Rabbi (als Antwort an die Häretiker) vor. Wenn man die Göttlichkeit der Trinität (in ihrem vollen Umfang) akzeptieren will, dann muss man auch den Heiligen Geist als Handwerker, Baumeister und Architekt des Universums akzeptieren. Man muss den (Heiligen) Geist als *Basileus, Caesar* und *Augustus* anerkennen. Der Rabbi treibt keineswegs einen Scherz auf Kosten seiner Studenten in dem geschützten Raum der Akademie; er instruiert sie vielmehr, die Häretiker in *reductio ad absurdum*-Argumente zu verwickeln. Wenn du mit den Häretikern debattieren willst, so sagt er ihnen, dann

---

[28] Gregor von Nazianz, Or. 29,2; 31,11; vgl. dazu J. N. D. Kelly, *Early Christian Doctrines,* London: Adam & Charles Black, [4]1968, S. 268.

musst du die Details ihres Glaubens kennen und ihnen dort am härtesten zusetzen, wo sie am schwächsten sind."[29]

Kein Zweifel, der Heilige Geist war das am längsten umstrittene Glied in der Kette der trinitarischen Zeugnisse, das erst als letztes in dem langen Prozess der Evolution des trinitarischen Dogmas hinzugefügt wurde – doch ist es eine ganz andere Frage, ob R. Simlai in seiner Entgegnung auf die Häretiker konkret auf die Stellung des Heiligen Geistes anspielt. Wenn wir die Geschichte der trinitarischen Theologie kurz Revue passieren lassen, dann wird sofort deutlich, dass die Diskussionen zunächst und für einen langen Zeitraum vor allem von der Beziehung zwischen Jesus (dem Logos) und seinem göttlichen Vater geprägt waren.[30] Während die frühe Logos-Theologie eines Justin Martyr und der Apologeten den Logos Jesus als göttlich, aber eindeutig dem Vater untergeordnet betrachtet – Justin nennt Jesus „einen anderen (d. h. zweiten) Gott"[31] –, verteidigen die sog. „Monarchianer" die „Monarchie" Gottes als des einen und einzigen Herrschers in seinem Königreich gegen alle Arten von Polytheismus oder von polytheistischen Neigungen. Diese Monarchianer waren keineswegs eine einheitliche Bewegung. Kirchengeschichtler unterscheiden zwischen „adoptianischen" oder „dynamistischen Monarchianern" – die Jesus zwar eine ewige Göttlichkeit ab-

---

[29] Visotzky, Trinitarian Testimonies, S. 81.
[30] Vgl. die prägnante und sehr hilfreiche Übersicht bei Christoph Markschies, „‚… *et tamen non tres Dii, sed unum Deus* …': Zum Stand der Erforschung der altkirchlichen Trinitätstheologie", in id., *Alta Trinità Beata*, S. 286–309 (ursprünglich in *MJTh* 10, 1998, S. 155–179).
[31] Justin, Dialog mit Trypho, 56,11; ibid., 62,1–4: Der Logos (= Weisheit) ist vom Vater vor allen Geschöpfen gezeugt worden und war beim Vater, als dieser sagte: „Lasst uns einen Menschen machen".

sprechen, ihm aber eine bei seiner Taufe oder Himmelfahrt erworbene „adoptierte" Göttlichkeit zuerkennen – und den strengen oder „modalistischen Monarchianern", die den Vater und den Sohn als ein und dieselbe Person betrachten, die jedoch in verschiedenen „Modi" tätig wird: Als Gott die Welt erschuf, habe er in der Person des Vaters gehandelt, und als er sie erlösen wollte, geschah dies in der Person des Sohnes. Diese letztere monarchianische Richtung wird nach Sabellius, ihrem Hauptvertreter, auch „Sabellianismus" genannt.[32]

Die Monarchianer gleich welcher Färbung sollten bald als Häretiker ausgeschieden werden, und es war die Logos-Theologie mit ihrer Konzentration auf Jesus und ihrer strikten subordinatianischen Tendenz, die die trinitarische Diskussion bis zum Konzil von Nizäa bestimmen sollte. Dies gilt für den lateinischen Kirchenvater Tertullian (gest. ca. 225 n. Chr.) ebenso wie für Origenes (gest. ca. 254 n. Chr.), den herausragenden Vater der Ostkirche, der seit 231 in Cäsarea lebte. Wenn der Heilige Geist ins Spiel kommt – Tertullian war der erste, der den Begriff *trinitas* verwendet[33] –, ist er zunächst ganz eindeutig, genauso wie Jesus, dem Vater untergeordnet. Erst Origenes scheint, wie Christoph Markschies gezeigt hat, eine frühe, noch nicht voll entwickelte Vorstellung von drei konsubstantialen göttlichen Hypostasen anzudeuten und damit auf dem Weg zu

---

[32] Wolfgang A. Bienert, „Sabellius und Sabellianismus als historisches Problem", in *Logos. Festschrift für Luise Abramowski zum 8. Juli 1993,* hrsg. von Hanns Christof Brennecke, Ernst Ludwig Grasmück und Christoph Markschies, Berlin und New York: de Gruyter 1993, S. 124–139.

[33] Tertullian, Adversus Praxeas 2,4 (BKV); vgl. Markschies, *Alta Trinità Beata,* S. 296, Anm. 45.

sein, das allzu starre Schema einer strikten subordinatianischen Theologie aufzubrechen.[34]

Es sollte aber noch bis zum Konzil von Nizäa (325 n.Chr.) dauern, dass die Kirchenväter, in ihrem Abwehrkampf gegen die extrem subordinatianische Theologie des Arius, offiziell mit dem Konzept einer Trinität brachen, in dem der Sohn und der Heilige Geist dem Vater untergeordnet sind. Und auch dabei ging es dem Konzil noch sehr viel mehr um die Beziehung von Jesus zu seinem göttlichen Vater als um den Heiligen Geist. Das Nizänische Glaubensbekenntnis bestimmte, dass Jesus „Gott aus Gott, Licht aus Licht, wahrer Gott aus wahrem Gott" ist, gleich-ewig mit Gott und *homoousios* – eines Wesens (konsubstantial) – mit dem Vater (*homoousios tō patri*). Der Heilige Geist ist im Nizänischen Glaubensbekenntnis zwar erwähnt, aber erst ganz am Ende und fast beiläufig („und [wir glauben] an den Heiligen Geist"). Erst nach weiterer theologischer Klärung, vor allem seitens der drei kappadokischen Väter Basilius von Cäsarea (ca. 330–379 n.Chr.), Gregor von Nazianz (329/30–ca. 390) und Gregor von Nyssa (ca. 335–394) – die die nizänische Formel vom mit dem Vater wesensgleichen Sohn auf alle drei göttlichen Hypostasen, einschließlich des Heiligen Geistes,[35] ausdehnten (treffend

---

[34] Markschies, *Alta Trinità Beata*, S. 297 ff.; vgl. auch id., „Der Heilige Geist im *Johanneskommentar* des Origenes: Einige vorläufige Bemerkungen", in id., *Origenes und sein Erbe: Gesammelte Studien*, Berlin und New York: de Gruyter, 2007, S. 107–126.

[35] Zu den kappadokischen Vätern vgl. die Zusammenfassung von Christoph Markschies, „Gibt es eine einheitliche ‚kappadozische Trinitätstheologie'?: Vorläufige Erwägungen zu Einheit und Differenzen neunizänischer Theologie", in id., *Alta Trinità Beata*, S. 196–237 (ursprünglich in *MJTh* 10, 1998, S. 51–94). Ein typisches Beispiel ist Basilius' Bemerkung in einem seiner Briefe (Basilius ep. 125,1; BKV: Brief XL), wonach der Sohn *homoousios* mit dem Vater ist (und implizit

zusammengefasst in der Wendung *mia ousia – treis hypostaseis*) –, erweiterte das Konzil von Konstantinopel (381 n.Chr.) den sich auf den Heiligen Geist beziehenden einschlägigen Passus des Nizänischen Glaubensbekenntnisses. Das Konstantinopolitanische Glaubensbekenntnis von 381 entschied, dass der Heilige Geist in der Tat „der Herr und Spender des Lebens" ist, „der aus dem Vater hervorgeht, der mit dem Vater und dem Sohn angebetet und verherrlicht wird": Wenn der Heilige Geist aus dem Vater hervorgeht, dann muss er auch dasselbe Wesen (*ousia*) haben wie Gott der Vater und der Sohn.

Wenn wir nach diesem dogmatischen Exkurs nun zu unserem R. Simlai zurückkehren, so scheint es mir extrem kühn zu sein, in R. Simlais Antwort an seine Schüler ein Echo auf die trinitarische Debatte speziell hinsichtlich der Stellung des Heiligen Geistes hineinzulesen. Zunächst, die implizite Logik dieses Argumentes wäre, dass R. Simlai mit seinem gezielten Angriff auf den schwächsten Punkt der christlichen Häretiker (den Heiligen Geist) sehr viel weniger um die Stellung des Sohnes (also die Christologie) besorgt gewesen wäre. Seine Botschaft wäre dann: Wir, die Juden, können zwar mit eurem Anspruch bezüglich Jesus leben (nämlich dass er ein zweiter Gott ist, der Sohn seines göttlichen Vaters, wie auch immer die genaue Beziehung zwischen beiden zu definieren sein mag); was ihr uns aber über den dritten Teilhaber an der göttlichen Dualität, den Heiligen Geist, weismachen wollt, nämlich dass die Dualität in Wirklichkeit eine Trinität sei – das ist wirklich Unsinn. Dies wäre, gelinde gesagt, eine sehr gefährliche Antwort

---

der Heilige Geist mit dem Sohn und dem Vater), wobei gleichzeitig alle drei – der Vater, der Sohn und der Heilige Geist – eine je eigene Hypostase sind.

gewesen. Weiter, wenn wir die extrem komplizierte und lang andauernde trinitarische Debatte berücksichtigen – mit ihrer relativ späten Klärung hinsichtlich der Stellung des Heiligen Geistes (nämlich in der zweiten Hälfte des 4. Jh.) –, dann ist R. Simlai (um 300) ein viel zu früher Kandidat für eine rabbinische Intervention in die ausgeklügelte und verwickelte Debatte über den Heiligen Geist (die, wie wir gesehen haben, vor allem durch die kappadokischen Väter geführt wurde). Natürlich könnte man argumentieren, dass R. Simlai nur als ein Symbol für solch eine rabbinische Intervention steht, dass seine persönlichen Lebensumstände nicht zählen und dass wir, wenn wir uns stattdessen auf den Zeitpunkt der Endredaktion des Jerusalemer Talmud beziehen (Ende des 4. oder Anfang des 5. Jh.), dann zeitlich sehr viel näher an den Höhepunkt der trinitarischen Debatte hinsichtlich des Heiligen Geistes herankommen. Aber auch dies ist ein schwaches Argument, denn nichts spricht dafür, den Austausch zwischen R. Simlai, den Häretikern und R. Simlais Schülern auf den Endredaktor des Jerusalemer Talmud zu verschieben (wenn es denn einen solchen Endredaktor je gegeben haben sollte). Die Sammlung von Fallbeispielen im Jeruschalmi bezüglich bestimmter schwieriger Bibelverse mit dem Gottesnamen oder den Gottesnamen ist zu eng mit R. Simlai verknüpft, um einen so drastischen Schritt zu rechtfertigen.

Ich möchte deswegen vorschlagen, mit der älteren Forschung, dass R. Simlais Antwort an seine Schüler durchaus mit der trinitarischen Debatte zu tun haben mag, aber, gegen die ältere Forschung (vor allem Burt Visotzky), mit einer noch relativ undifferenzierten und wenig verfeinerten Debatte (jedenfalls im Vergleich zu den kappadokischen Vätern und dem Konzil von Konstantinopel). Es war dies eine Debatte, der es primär um die Beziehung zwischen dem Vater und dem Sohn ging, noch nicht um den Heiligen Geist, wenngleich sie sich der Probleme bewusst gewesen sein wird, die durch die Einbeziehung des Heiligen Geistes heraufbeschworen wurden. Mit anderen Worten, trotz der drei Gottesnamen – die mit Hilfe von drei Kaisertiteln und drei verwandten Berufen erklärt werden – gilt R. Simlais Hauptsorge Gott und Jesus, nicht dem Heiligen Geist, d. h. den Implikationen einer binitarischen und nicht einer trinitarischen Theologie im eigentlichen Sinne des Wortes. Auf der säkularen Ebene passt dieses Ergebnis sehr gut, wie wir oben beobachtet haben, zu der von Diokletian gegen Ende des 3. Jh. eingeführten Reichsreform: zunächst der Diarchie eines ranghöheren und eines nachgeordneten Herrschers (je ein Augustus und Caesar) bzw. zweier gleichberechtigter Herrscher (zwei Augusti), gefolgt schließlich von der Tetrarchie zweier Augusti und zweier Caesares. In dieser hierarchischen Struktur des römischen Reiches ist eine Trinität nicht vorgesehen. Und auf der theologischen Ebene passt dieses Ergebnis sehr gut zu der Tatsache, dass das Hauptaugenmerk aller christlichen Theologen bis etwa zur Mitte des 4. Jh. n. Chr. der Klärung des Verhältnisses zwischen Gott und Jesus galt. Ob Origenes von Cäsarea (!), R. Simlais jüngerer Zeitgenosse, mit Recht (noch eher) ein binitarischer oder (schon) ein trinitarischer Theologe genannt werden kann, ist umstritten,[36] aber es kann kein Zweifel daran bestehen, dass auch Origenes in seinen zahlreichen Schriften weit mehr mit Jesus als mit dem Heiligen Geist beschäftigt war. Sogar noch Basilius von Cäsarea

---

[36] Vgl. Wolf-Dieter Hauschild, *Gottes Geist und der Mensch: Studien zur frühchristlichen Pneumatologie,* München: Kaiser, 1972, S. 92, 137 f., und Markschies' scharfen Angriff auf Hauschild und dessen Verwendung des Begriffes „binitarisch" (Markschies, *Origenes und sein Erbe,* S. 108 ff.).

(ebenfalls Cäsarea!) – der älteste der drei kappadokischen Väter, die so erfolgreich den Weg für das Konstantinopolitanische Glaubensbekenntnis bahnten – konnte Gen 1,26f. diskutieren, ohne den Heiligen Geist einzubeziehen:

„Lasst uns einen Menschen machen" (Gen 1,26). So höre, du Kämpfer gegen Christus, dass er [Gott] zu seinem Gefährten (*tō koinōnō*) beim Schöpfungswerk [Jesus] spricht, „durch den er auch die Welten erschaffen hat, der alle Dinge durch sein machtvolles Wort erhält" (Heb 1,2f.). [...]

Nach ihnen [den Juden] ist es zu den Engeln, die um ihn herum stehen, dass er sagt: „Lasst uns einen Menschen machen" (Gen 1,26). Dies ist eine jüdische Erfindung, eine Fiktion, die ihre Schlüpfrigkeit offenbart. Um nicht einen einzigen Adressaten akzeptieren zu müssen, präsentieren sie eine Vielheit. Um den Sohn abweisen zu können, verleihen sie den Dienern die Würde von Ratgebern.

„Und Gott erschuf (*wa-jivra Elohim*)[37] (den) Menschen" (Gen 1,27) [sagt die Bibel], und nicht „[und die Götter] erschufen (*wa-jivre'u Elohim*)[38] (den) Menschen". [Die Schrift] sieht hier ab von einem Plural der Personen (*prosōpa*). Mittels dieser [Worte: „*Lasst uns* einen Menschen machen" (Gen 1,26)] lehrt sie den Juden, und mittels jener [Worte: „Und *Gott erschuf*[39] (den) Menschen" (Gen 1,27)] blockiert sie den Weg zum Hellenismus (*ton hellēnismon*) und kehrt wohlbehalten zu dem Einen (*tēn monada*) zurück, auf dass du wissest, dass der Sohn mit dem Vater ist und von der Gefahr des Polytheismus errettet werdest.

„Im Bilde Gottes erschuf er ihn" (Gen 1,27): Ein weiteres Mal präsentiert [die Schrift] die Person seines [Gottes] Partners (*tou synergou to prosōpon*) [Jesus], denn sie sagt nicht „in seinem eigenen Bilde", sondern „im Bilde *Gottes*".[40]

---

[37] Verb im Singular.
[38] Verb im Plural.
[39] Verb im Singular.
[40] Basil de Césarée, *Homélies sur l'hexaéméron*, hrsg. von Stanislas Giet, Paris: Cerf, 1950, S. 516–521; zitiert auch von Kister, „Dynamics of Monotheism", S. 589. Meine Übersetzung folgt David T. Runia,

Dies ist eine faszinierende Exegese von Gen 1,26.27, die uns aus dem rabbinischen Midrasch bekannte Elemente aufnimmt, aber ganz anders erklärt. Gewissermaßen zwei Fliegen mit einer Klappe schlagend, stellt Basilius zunächst klar, dass der Plural von „lasst uns einen Menschen machen" sich auf Gott und Jesus bezieht, nicht auf Gott und die Engel, wie die Juden behaupten. Dann kontrastiert er den Plural von „Lasst uns einen Menschen machen" mit dem Singular „und Gott erschuf (den) Menschen": Dem Plural von *„lasst uns* einen Menschen machen" folgend, werden die Juden belehrt, dass Gott mehr als nur einer ist; und dem Singular von „und *Gott erschuf* (den) Menschen" folgend werden die Heiden belehrt, dass der Plural von *Elohim* nichts mit ihrem Pantheon der vielen Götter zu tun hat. Der gleichzeitige Gebrauch des Plurals und Singulars im biblischen Text, dies ist Basilius' Argument, wehrt sowohl den starren und unerbittlichen Monotheismus der Juden wie auch den naiven Polytheismus der Heiden ab.

Der dritte Abschnitt dieser Exegese geht noch einen Schritt weiter und definiert das genauere Verhältnis zwischen Gott-Vater und Gott-Sohn. Indem die Schrift ausdrücklich sagt „im Bilde *Gottes* erschuf er ihn [den Menschen]" und nicht „in seinem eigenen Bilde", schließt sie aus, dass der Mensch alleine von dem Vater erschaffen wurde. „Gott" meint den Vater und den Sohn, nicht den Vater alleine; durch den Titel „Gott" ist der Sohn im Schöpfungswerk mit eingeschlossen, ist er der Partner (*synergos*) im göttlichen Schöpfungswerk. Basilius setzt hier eindeutig die theologische Klärung des Verhältnisses zwischen Gott-Vater und Gott-Sohn voraus: Mit seinem Sohn Jesus ist Gott

---

„‚Where, Tell me, is the Jew': Basil, Philo and Isidore of Pelusium", *VigChr* 46, 1992, S. 173 f.

„Einer" (*monos*), aber beide sind zwei Hypostasen (*hypostaseis*) derselben Substanz (*ousia*). Der einzige Unterschied zwischen ihm und dem Vater besteht darin, dass der Sohn „gezeugt" (*gennētos*) ist, während der Vater „ungezeugt" ist (*agennētos*). Mit deutlichem Bezug auf das Nizänische Glaubensbekenntnis erläutert Basilius an anderer Stelle den Unterschied von *gennētos* und *agennētos*, „gezeugt" und „nicht gezeugt", mit dem Hinweis darauf, dass „die Wesenheit (*ousia*) des Vaters geistiges, ewiges, *ungezeugtes* Licht ist" und die Wesenheit (*ousia*) des Sohnes (*monogenēs*) „geistiges, ewiges, *gezeugtes* Licht".[41] Der Heilige Geist spielt hier keinerlei Rolle in Basilius' Exegese von Gen 1,26.27.

Auf diesem Hintergrund erscheint die Vermutung plausibel, dass unser R. Simlai sich in der Tat auf die trinitarische Diskussion bezieht, aber eben auf die Christologie und (noch) nicht auf die Einbeziehung des Heiligen Geistes in die göttliche Dreifaltigkeit. Es war vornehmlich die Christologie, die die Kirchenväter in den ersten nachchristlichen Jahrhunderten beschäftigte (bis zur Mitte des 4. Jh.) und die ihre rabbinischen Kollegen beunruhigte. R. Simlai und die Mehrheit der Rabbinen kannten die Diskussionen darüber nicht nur, sie nahmen darauf Bezug und setzten sich damit auseinander.[42] Und dies ist auch kaum überraschend, denn dem vorrabbinischen wie dem

---

[41] Basilius ep. 361 (Übersetzung in Hermann J. Vogt, „Zum Briefwechsel zwischen Basilius und Apollinaris. Übersetzung der Briefe mit Kommentar", *ThQ* 175, 1995, S. 48); Markschies, *Alta Trinità Beata,* S. 199f.

[42] Dass R. Simlai sich nicht auf den Hl. Geist als das dritte Glied der Trinität bezieht, bedeutet allerdings nicht zwangsläufig, dass „die christlichen Feinheiten und genauen Unterscheidungen innerhalb der Trinität für sie [die Juden] unverständlich waren", wie Kister annimmt (Dynamics of Monotheism, S. 590).

rabbinischen Judentum waren Überlegungen über die Gestalt und das Wesen seines Gottes gewiss nicht fremd. Ein klassisches Beispiel ist die Theologie der Weisheit, wie sie etwa im biblischen Buch Sprüche und in den nichtkanonischen Büchern Jesus Sirach und Weisheit Salomos entfaltet wird. In Sprüche (3. Jh. v. Chr.?) heißt es von der Weisheit (*chokhma*), dass sie vor der Erschaffung der Welt erschaffen wurde und als Gottes „Vertraute" oder auch als sein „Werkmeister" bei ihm war, als er dem Wasser seine Grenzen anwies und die Fundamente der Erde abmaß.[43] Was ich als „Vertraute" oder „Werkmeister" übersetzt habe, heißt im Hebräischen *amon*, ein Wort, über dessen Bedeutung schon die antiken Übersetzer sich nicht einig sind. Die Septuaginta übersetzt *amon* mit *harmōzousa*, die „passende" oder „geeignete" (Helferin wahrscheinlich), diejenige, die alles „einrichtet", d. h. sie unterstützt offenbar die Bedeutung „Werkmeister" (allerdings im Femininum: „Werkmeisterin"); ähnlich, und noch deutlicher, auch die Weisheit Salomos, die von *technītis* spricht, also „Künstler", „Handwerker". Eine ganz andere Bedeutung legt Aquila nahe, der *amon* mit *tithenoumenē* – „Pflegekind, Liebling" übersetzt. Beide Bedeutungen sind möglich, doch spricht der Kontext ganz eindeutig für letztere: die Weisheit als Gottes kleines Kind, genauer seine kleine Tochter, die Zeugin seiner Schöpfung wurde und die die Quelle seiner Freude war und allezeit „vor ihm spielte", wie es in Spr 8,30 ausdrücklich heißt. In der Weisheit Salomos (1. Jh. v. Chr.) wird dieselbe Weisheit als „reiner Ausfluss aus der Herrlichkeit des Allmächtigen" bezeichnet, als „Widerschein (*apaugasma*), der aus dem ewigen Lichte strömt" und als

---

[43] Spr 8,29 f.

der „ungetrübte Spiegel von Gottes aktiver Kraft" sowie als „Bild (*eikōn*) seiner Vollkommenheit".[44]

Es ist nicht schwer, aus solchen Ansätzen Überlegungen über eine zweite göttliche Kraft neben und mit Gott zu entwickeln, wie es ja dann auch Philo mit seiner Weisheits- und Logos-Theologie ausführlich getan hat. Das Judentum ist diesen Weg nicht gegangen, jedenfalls nicht in der Richtung, die sich in den nächsten Jahrhunderten durchsetzen sollte. In dem Buch Jesus Sirach, das um das Jahr 190 v. Chr. in hebräischer Sprache verfasst, um 132 v. Chr. ins Griechische übertragen, aber nicht in den offiziellen Kanon der Heiligen Schriften des Judentums aufgenommen wurde (doch gleichwohl gerade bei den Rabbinen hohes Ansehen genoss), wird die Weisheit von Sprüche Salomos auf die Tora bezogen: „Dies alles [was vorher über die Weisheit gesagt wurde] ist das Buch des Bundes (*biblos diathēkēs*) des höchsten Gottes, das Gesetz (*nomos*), das Mose uns vorschrieb als Erbe für die Gemeinde Jakobs".[45] Die Weisheit wird im Judentum gleichbedeutend mit dem *Buch* der Tora und verliert ihre konkrete personale Existenz. So können die Rabbinen dann auch Gen 1,1 nicht als „*im Anfang* schuf Gott den Himmel und die Erde" verstehen, sondern als „*mittels der Weisheit* (das ist die Tora) schuf Gott den Himmel und die Erde" deuten:[46] Als Gott seine Welt erschuf, benutzte er das Buch der Tora als Plan für seine Schöpfung, gewissermaßen wie die „Blaupause" eines Architekten. Das entstehende Christentum behielt, anders als das Judentum, die Personhaftigkeit der Kräfte neben Gott bei und verstärkte sie, verlagerte den Schwerpunkt aber von der Weisheit auf den

---

[44] Weish 7,25 f.
[45] Sir 24,23.
[46] Bereschit Rabba 1,1.

Logos, das „Wort" Gottes. So wird dann der Prolog des Johannesevangeliums, mit deutlichem Bezug auf Gen 1,1; Spr 8 und Sir 24, feierlich erklären:[47]

(1,1) Im Anfang war das Wort, und das Wort war bei Gott, und Gott war das Wort.
(2) Es war im Anfang bei Gott.
(3) Alles ist durch es [das Wort] geworden, und ohne es wurde nichts, was geworden ist.
(4) In ihm war das Leben, und das Leben war das Licht der Menschen.

Was hier im Johannesevangelium beginnt und sich in der Christologie weiter entfalten sollte, ist aber im Judentum angelegt. Dass das Judentum sich immer stärker auf die Identifikation der Weisheit mit der geschriebenen Tora konzentrierte, hat sicher auch mit der dogmatischen Entwicklung der Logos-Theologie im Christentum zu tun. Aber wir dürfen diese Entwicklung nicht zu einseitig als einen von Anfang an festgelegten (und für immer festgeschriebenen) Abgrenzungsprozess sehen. Sicher, R. Simlai grenzt sich von den Häretikern ab, aber diese Abgrenzung ist ein lebendiger und wechselseitiger Vorgang, dessen Ausgang nicht von vornherein feststeht. Die Antwort an seine Schüler zeigt, dass die aufgeworfenen Fragen *innerhalb der rabbinischen Akademie* sehr ernst genommen wurden, weil die Rabbinen nur zu genau wussten, dass diese Fragen auf den Kern des Judentums zielten. Auch das Judentum hätte die Vorstellung von der Weisheit und vom Logos weiterführen können – und gerade deswegen wurden die Entwicklungen im Christentum als gleichzeitig verführerisch und bedrohlich empfunden –, es entschied sich aber, unter dem Eindruck der christlichen Theologie (bzw. genauer, unter dem

---

[47] Joh 1,1–4.

Eindruck dessen, was sich immer stärker als Proprium des Christentums herauskristallisieren sollte), dagegen. Es sollte bis zum Mittelalter dauern, bis zur Entstehung der Kabbala, der Hochform der jüdischen Mystik gegen Ende des 12. Jh., dass die Weisheit wieder als Person in das Judentum zurückkehrte.[48]

---

[48] S. dazu meine Monographie *Weibliche Gottesbilder im Judentum und Christentum,* Frankfurt a. Main und Leipzig: Verlag der Weltreligionen, 2008 (englisches Original *Mirror of His Beauty: Feminine Images of God from the Bible to the Early Kabbalah,* Princeton: Princeton University Press, 2002).

3. Der alte und der junge Gott

Der Gott der Hebräischen Bibel präsentiert sich nicht nur unter verschiedenen Namen – wie wir in R. Simlais Bibelexegese gesehen haben – er erscheint auch in unterschiedlichen Manifestationen oder, um ein anderes, weniger neutrales Wort zu gebrauchen, in verschiedenen Inkarnationen. Auch dieses Phänomen ist den Rabbinen nicht entgangen bzw. konnte ihnen nicht entgehen, weil es offensichtlich von ihren Gegnern benutzt wurde und Anlass zu Diskussionen gab. Wenn ich von rabbinischen „Gegnern" spreche, lasse ich auch hier wieder bewusst offen, ob es sich um Gegner von innen, d.h. innerhalb des rabbinischen Judentums, handelt oder um Gegner von außen, d.h. um Gruppierungen, die dabei waren, sich vom rabbinischen Judentum abzulösen.

Die früheste Diskussion dieses Problems begegnet uns in der Mekhilta, einem Midrasch zum biblischen Buch Exodus. Die Datierung dieses Midrasch ist umstritten, doch neigen die meisten Fachleute heute einer Frühdatierung zu, d.h. setzen seine Endredaktion in der zweiten Hälfte des 3. Jh. n.Chr. an.[1] Es handelt sich um eine Auslegung zu Ex 20,2: „Ich bin der Herr, dein Gott, der dich aus dem Lande Ägypten herausgeführt hat". Die Auslegung ist auch

---

[1] Günter Stemberger, *Einleitung in Talmud und Midrasch,* München: Beck, [8]1992, S. 253.

in zahlreichen Parallelen bezeugt, aber ich zitiere nach der Fassung in der Mekhilta:[2]

„Ich bin der Herr, dein Gott (*JHWH elohekha*)" (Ex 20,2). Warum ist (dies) gesagt?

Weil er [Gott] sich (ihnen = Israel) am (Schilf-)Meer wie ein Held (*gibbor*) offenbarte, der Kriege führt, wie es heißt: „Der Herr (*JHWH*) ist ein Mann des Krieges" (Ex 15,3).

Am Berge Sinai (hingegen) offenbarte er sich (ihnen) wie ein alter Mann (*zaqen*) voll des Erbarmens, wie es heißt: „Und sie sahen den Gott Israels, etc. [und unter seinen Füßen (war etwas) wie das Werk des Saphir-Ziegels (*livnat ha-sappir*)]" (Ex 24,10). Und als sie erlöst wurden, wie heißt es da? „Und wie der Himmel selbst an Reinheit" (Ex ebd.).
Und es heißt (weiter): „Ich schaute zu, bis man Throne aufstellte [und ein Hochbetagter sich setzte]" (Dan 7,9).
Und es heißt (weiter): „Ein Feuerstrom ergoss sich und ging aus von vor ihm" (Dan 7,10).

(Die Schrift sagt dies,) um den Völkern der Welt keine Gelegenheit zu geben, den Mund aufzureißen und zu sagen: „Es gibt zwei Mächte (*schetei reschujot*)!" Vielmehr (deklariert die Schrift): „Ich bin der Herr, dein Gott" (Ex 20,2) –
Ich bin (es) in Ägypten und ich bin (es) am Meer.
Ich bin (es) am Sinai.[3]
Ich bin (es) in der Vergangenheit und ich bin (es) in der Zukunft.
Ich bin (es) in dieser Welt und ich bin (es) in der kommenden Welt, wie es heißt: „Seht jetzt, dass ich, ich es bin, [dass kein Gott mit mir ist]" (Dtn 32,39). Und es heißt: „Bis zum Greisenalter bin ich es"[4] (Jes 46,4). Und es heißt: „So spricht der Herr (*JHWH*), der König

---

[2] Mekhilta de-Rabbi Jischma'el, ba-chodesch 5 und schirata 4 (ed. Horovitz-Rabin, S. 220 f. und S. 129 f.; ed. Lauterbach, Bd. 2, S. 231 f. und 31 f.); die Übersetzung folgt Lauterbach. Zu den Parallelen und einer ausführlichen Exegese vgl. Peter Schäfer, „Israel und die Völker der Welt. Zur Auslegung von Mekhilta deRabbi Yishma'el, baḥodesh Yitro 5", *FJB* 4, 1976, S. 32–62.

[3] „Ich bin es am Sinai" nur in den Drucken.

[4] Oder auch „bin ich derselbe".

Israels und sein Erlöser, der Herr der Heerscharen (*JHWH tzeva'ot*): Ich bin der Erste und ich bin der Letzte [und außer mir gibt es keinen Gott]" (Jes 44,6). Und es heißt: „Wer hat es bewirkt und getan? Der die Geschlechter von Anbeginn ruft: Ich, der Herr (*JHWH*), bin zuerst, und bei den Letzten bin ich (ebenfalls)" (Jes 41,4).

R. Natan sagt: Von hier ergibt sich eine Antwort an die Häretiker (*minim*), die sagen: „Zwei Mächte (*schetei reschujot*) gibt es!" Als nämlich der Heilige, er sei gepriesen, stand und sagte: „Ich bin der Herr, dein Gott" (Ex 20,2) – wer stellte sich hin und protestierte gegen ihn?

Dieser Midrasch ist Teil einer sorgfältig strukturierten Sammlung von Auslegungen zu Ex 20,2, dem Anfang des Dekalogs. Man benötigt eine genauere Kenntnis nicht nur seiner Argumentationsweise, sondern auch der vorausgesetzten Auslegungen, auf die nur angespielt wird. Ich will versuchen, den komplizierten Gedankengang sichtbar zu machen. Der Midrasch beginnt mit einer Frage, die nur Sinn macht, wenn wir den Vers Ex 20,2 ganz zitieren (was der Midrasch, wie so häufig, nicht tut): „Ich bin der Herr, dein Gott, der dich aus dem Lande Ägypten herausgeführt hat", wörtlich „der *ich* dich aus dem Lande Ägypten herausgeführt *habe (ascher hotzetikha)*" – im Singular. D.h. die wirkliche Frage ist: Warum ist „Ich bin der Herr, dein Gott" (mit der Gottesbezeichnung *Elohim* im Plural, die man auch übersetzen könnte: „Ich bin der Herr, deine Götter") mit einem Verb im Singular kombiniert? Antwort: der Singular „der ich dich herausgeführt habe" stellt sicher, dass der Plural *Elohim* sich auf einen einzigen Gott bezieht und nicht auf mehrere Götter. So weit folgt die Argumentation dem bekannten Muster.

Doch das Problem reicht tiefer, wie die Fortsetzung zeigt. Unser anonymer Autor gibt nämlich zu, dass Gott in der Hebräischen Bibel in Wirklichkeit in unterschiedlicher und durchaus widersprüchlicher Form in Erscheinung tritt, am offenkundigsten als Krieger und als alter Mann / Greis: Am Roten Meer (Ex 13,18 ff.) erschien Gott seinem Volk als Kriegsheld, während er am Berg Sinai die Gestalt eines alten Mannes annahm. Es versteht sich, dass der Kriegsheld, im Unterschied zu dem alten Mann am Berg Sinai, ein junger Mann sein muss.[5] Diese zwei Erscheinungsweisen Gottes werden durch entsprechende biblische Schriftbeweise dokumentiert – Ex 15,3 für den Kriegsheld und Ex 24,10 sowie Dan 7,9.10 für den alten Mann.

Ex 15,3 als Schriftbeweis für den jungen Kriegsheld ist unkompliziert und bereitet keine Schwierigkeit: Nachdem Gott den Pharao und seine Truppen im Roten Meer getötet hat, preisen Mose und das Volk Israel den göttlichen Kriegsheld für seinen Sieg über die Ägypter. Aber wie steht es mit Ex 24,10 als Schriftbeweis für den alten Mann? Auch hier müssen wir den ganzen Vers berücksichtigen, um den Beweis zu verstehen: „Und sie sahen den Gott Israels, und unter seinen Füßen (war etwas) wie das Werk des Saphir-Ziegels, wie der Himmel selbst in Reinheit". Dieser Vers macht als Schriftbeweis für Gott in seiner Erscheinungsweise als alter Mann nur Sinn, wenn wir den rätselhaften Saphir-Ziegel unter Gottes Füßen (der schon viele Exegeten beunruhigt hat) wörtlich als einen Fußschemel verstehen, nämlich als einen Fußschemel für einen alten Mann.[6] Diese

---

[5] Die Parallele in Mekhilta de-Rabbi Schim'on b. Jochai, S. 81, korrigiert die aus meiner Sicht ursprüngliche Gegenüberstellung „Kriegsheld – alter Mann" zu „junger Mann – alter Mann", während Pesiqta de-Rav Kahana, ed. Mandelbaum, S. 223, die Gegenüberstellung um „Kriegsheld" (am Roten Meer) versus „Schriftgelehrte" (am Berg Sinai) und „alter Mann" (Daniel) versus „junger Mann" (Salomo) erweitert. Dies ist eindeutig eine spätere Entwicklung.

[6] Zuletzt wurde von Adiel Schremer („Midrash, Theology, and History: Two Powers in Heaven Revisited", *JSJ* 39, 2008, S. 246) eine andere Lösung vorgeschlagen. Ausgehend von der richtigen Be-

Interpretation ist keineswegs so weit hergeholt, wie sie auf ersten Blick erscheinen mag, übersetzt doch eine der alten aramäischen Bibelübersetzungen (das Targum Pseudo-Jonathan) das hebräische „Werk eines Saphir-Ziegels" (*livnat ha-sappir*) als Fußschemel (*hypopodion*) unter Gottes Füßen.[7]

Warum der Saphir-Ziegel als Gottes Fußschemel verwendet wurde, wird in einem anderen Midrasch erklärt, der hier vorausgesetzt ist, aber nicht ausgeführt wird (weil er für den Beweisgang unseres Midrasch nicht wesentlich ist). Der Ausgangspunkt dieses hier nur angedeuteten Midrasch ist das merkwürdige Wort „Saphir-*Ziegel*" in Bibeltext, statt des zu erwartenden Saphir-*Steins* – der Saphir ist bekanntlich ein Edelstein und nicht ein Edelziegel. Das Targum Pseudo-Jonathan zu Ex 24,10 bietet die folgende Erklärung:

Nadab und Abihu erhoben ihre Augen und sahen die Herrlichkeit des Gottes Israels und anstelle des Schemels (*hypopodion*) seiner Füße, der unter seinem Thron ausgebreitet ist, so etwas wie das Werk eines Saphir-Steines, zum Gedenken an die Knechtschaft, mit der die Ägypter die Söhne Israels verknechteten mit Lehm und Ziegeln. Die Frauen stampften den Lehm zusammen mit ihren Männern, (und) es war dort eine vornehme junge Frau, die schwanger war und ihren Embryo verlor (= eine Fehlgeburt erlitt), und dieser wurde eingestampft in den Lehm. Da stieg (der Engel) Gabriel hinab, machte einen Ziegel aus ihm, brachte ihn in den höchsten Himmel und machte ihn zum Fußschemel anstelle des *hypopodion* des Herrn der Welt.

---

obachtung (gegen Boyarin, s. unten), dass es der Zweck von Ex 24,10 in der Mekhilta ist zu beweisen, dass Gott als alter Mann erscheint, möchte er *livnat ha-sappir* als weiße Farbe des Saphir verstehen und dementsprechend Gott als „weiß", d. h. alten Mann deuten. Schremer gibt allerdings keinen Beleg für einen solchen Midrasch (in Wirklichkeit kreiert er einen neuen) und scheint auch weder die einschlägigen rabbinischen Texte über den Saphir-Ziegel zu kennen noch meinen Aufsatz „Israel und die Völker der Welt", in dem ich diese diskutiere.

[7] Zu den Parallelen im Midrasch vgl. Schäfer, Israel und die Völker der Welt, S. 40.

Jetzt wissen wir, warum der Saphir in Ex 24,10 Saphir-Ziegel und nicht Saphir-Stein heißt: Er war im wörtlichen Sinne der Wendung *livnat ha-sappir* ein Ziegel – nicht irgendein beliebiger Ziegel, sondern ein sehr kostbarer Ziegel, in den der Embryo einer israelitischen Frau in Ägypten eingebacken war. Gott benutzte diesen Ziegel als seinen Fußschemel, ganz offensichtlich, um ständig an die Fronarbeit seines Volkes Israel in Ägypten erinnert zu werden. Nur auf diesem Hintergrund macht die nicht weniger rätselhafte Fortsetzung unseres Midrasch Sinn: „Und als sie erlöst wurden, wie heißt es da? ‚Und wie der Himmel selbst an Reinheit'" (Ex ebd.). Nachdem Israel aus Ägypten erlöst war, d. h. nachdem *Gott* sein Volk Israel aus Ägypten erlöst hatte, benötigte er den „Saphir-Ziegel" nicht mehr als Mahnzeichen für die Knechtschaft seines Volkes – der Saphir-Ziegel verschwand, und der Himmel erstrahlte wieder in seinem ursprünglichen Glanz (gewissermaßen ohne den „Fremdkörper" des irdischen Ziegels).[8] Dass Gott mit dem Verschwinden des Saphir-Ziegels auch seinen Fußschemel verliert, stört den Redaktor unseres Midrasch nicht weiter. Er benutzt den Midrasch vom Saphir-Ziegel nur um zu beweisen, dass Gott als ein alter Mann einen Fußschemel braucht und dass dieser Gott, in seiner Manifestation als alter Mann, sich als „voll des Erbarmens" erwiesen hat: Er hat seinen königlichen Fußschemel mit einem Saphir-Ziegel vertauscht, um ständig an den Frondienst seines Volkes in Ägypten erinnert zu werden sowie daran, dass dieses Volk

---

[8] So explizit in einem R. Levi b. Sisi und Bar Qappara (beides Tannaiten der fünften und letzten Generation der Tannaiten) zugeschriebenen Midrasch; vgl. Wajjiqra Rabba 23,8; j Sukka 4,3/4 (fol. 54c); Pirqe de-Rabbi Eliezer 48 (ed. Wilna, fol. 116a/b); Schir ha-Schirim Rabba 4,8, § 1; Sifre Zuta Bamidbar 10,35 (ed. Horovitz, S. 267); Tanchuma Buber, be-schallach 11 (fol. 30a).

seines Erbarmens bedarf und auf seine Erlösung wartet. Ebenso wenig stört ihn die chronologische Unstimmigkeit, dass bei der Offenbarung am Sinai der Fußschemel aus Saphir-Ziegel eigentlich schon verschwunden war, denn Gott hatte sein Volk ja bereits aus Ägypten erlöst. Ihm kommt es nur darauf an zu zeigen, dass der sich am Sinai offenbarende Gott ein barmherziger alter Mann war, im Unterschied zu dem jungen Kriegshelden am Schilfmeer.

Auch der zweite Schriftbeweis für Gottes Manifestation als alter Mann (Dan 7,9.10) verdient, ganz zitiert zu werden:

(7,9) Ich schaute zu, bis man Throne aufstellte und ein Hochbetagter (*'atiq jomin*) sich setzte. Sein Gewand war wie weißer Schnee, und das Haar seines Hauptes wie reine Wolle. Sein Thron war Feuerflammen, dessen Räder loderndes Feuer. (10) Ein Feuerstrom ergoss sich und ging aus von vor ihm [dem Thron]. Tausend mal Tausend dienten ihm [dem Hochbetagten], und Myriaden mal Myriaden standen vor ihm. Das Gericht setzte sich, und die Bücher wurden aufgeschlagen.

Dies ist eindeutig: Gott, der „Hochbetagte", der auf seinem himmlischen Thron Platz nimmt, ist plastisch als jemand mit weißem Haar (reine Wolle ist weiß), d.h. als ein alter Mann beschrieben. Wir benötigen hier keinen Fußschemel mehr; das Bild ist klar. Und auch V. 10 ist eigentlich überflüssig, es sei denn, der Akzent liegt nicht auf dem Feuerstrom, der sich von und vor dem Thron ergießt (dem im Midrasch zitierten Versteil), sondern auf den unzähligen Dienern des Hochbetagten: Der göttliche König ist alt geworden und benötigt zahlreiche Diener. Dies ist aber wenig wahrscheinlich, zumal auch der Schluss von V. 10 mit der Gerichtsszene überhaupt nicht zu unserem Midrasch passt, der ja Gott gerade als barmherzigen Gott herausstellen will. Der Akzent liegt eindeutig auf V. 9 – der Hochbetagte mit weißen Haaren – und nicht auf dem Feuerstrom mit der Gerichtsszene in V. 10.

Nachdem er durch Schriftbeweise belegt hat, dass Gott sich in der Tat sowohl als junger wie auch als alter Mann manifestiert, kommt der Redaktor wieder auf den Ausgangsvers Ex 20,2 zurück: Trotz seiner unterschiedlichen Erscheinungsweisen, so stellt die Schrift gegen den Einwand der „Völker der Welt" klar, bleibt unser Gott immer ein und derselbe Gott. Der junge Kriegsheld in Ägypten und am Roten Meer ist derselbe wie der alte und barmherzige Gott am Berg Sinai; der Gott von Israels Vergangenheit ist derselbe wie der Gott von Israels Zukunft; und der Gott dieser Welt ist derselbe wie der Gott der zukünftigen Welt (d. h. des Eschatons). Gott altert in Wirklichkeit nicht; er bleibt immer derselbe[9] – am Anfang seiner Geschichte mit Israel wie auch an deren Ende. Unterschiedliche Manifestationen Gottes verweisen nicht auf unterschiedliche Götter.

Während der erste Teil unseres Midrasch anonym überliefert ist und die „Völker der Welt" im Blick hat – d. h. die anderen Völker im Unterschied und Gegensatz zu Israel –, ist der zweite Teil R. Natan zugeschrieben (einem Tannaiten der 4. Generation und Zeitgenossen von Rabbi Jehuda ha-Nasi, um 200 n. Chr.) und wendet sich ausdrücklich an die Häretiker (*minim*). Die in beiden Teilen zugrundeliegende Häresie ist die Häresie der „zwei Mächte", d. h. der Glaube an zwei und nicht an eine Mehrheit von Gottheiten. Anders als in R. Simlais Midrasch, bei dem es primär um den Schöpfungsakt ging, tritt die Häresie der zwei Mächte hier in dem Augenblick in Erscheinung, in dem Gott sich am

---

[9] Der Pijut *Az be-'ein kol* drückt die Tatsache, dass Gott nicht altert, in der wunderbar paradoxen Wendung aus: „Du erneuerst Dich ständig,//denn am Anfang warst Du gealtert,//und am Ende jugendlich"; vgl. Michael D. Swartz und Joseph Yahalom, *Avodah: Ancient Poems for Yom Kippur*, University Park, Pa.: Pennsylvania State University Press, 2005, S. 96 f.

Berg Sinai als „der Herr, dein Gott" offenbart. R. Natans Midrasch setzt daher voraus, dass die Völker der Welt als Repräsentanten der Häretiker zugegen waren, zusammen mit Israel, als Gott sich als der Herr offenbarte. Die Weltvölker, dies ist R. Natans Argument, hatten die Gelegenheit, gegen Gottes Anspruch zu protestieren, dass er der eine und einzige Gott nicht nur für Israel, sondern auch für alle anderen Völker ist – aber sie waren zu feige und wagten es nicht, diese Gelegenheit zu ergreifen und ihren Standpunkt klarzumachen. Da sie kein Veto gegen Gottes Anspruch einlegten, als sie ihre Chance hatten, haben sie diesen Anspruch stillschweigend akzeptiert und sollten jetzt nicht vorgeben, dass sie immer schon dagegen waren.

Ist es möglich, die hier angesprochene Häresie und die Gruppe(n) hinter ihr genauer zu bestimmen, jenseits dessen, was wir bisher festgestellt haben? Beide Teile dieser Frage hängen natürlich eng miteinander zusammen. Was die Art der Häresie betrifft, so denkt der Midrasch eindeutig an zwei *sich gegenseitig ergänzende,* nicht zwei *entgegengesetzte* Mächte. Dies schließt, wie Alan Segal in seinem Standardwerk *Two Powers in Heaven* zutreffend bemerkt hat, irgendwelche gnostischen Systeme mit ihrer Betonung von zwei entgegengesetzten Gottheiten – einem höchsten und einem sekundären, untergeordneten Gott – aus.[10] Wenn Segal dann aber fortfährt und über viele Seiten alle möglichen Optionen für die beteiligten häretischen Gruppen diskutiert (hellenistische Juden, Heiden, Heidenchristen, „Gottesfürchtige", Judenchristen usw.), kann man sich des Eindrucks nicht erwehren, dass er weit über das Ziel hinaus-

---

[10] Segal, *Two Powers in Heaven,* S. 50. Wenn Segal aber in R. Natans Auslegung den Widerspruch gegen „gnostische Sektierer" sehen möchte (ibid., S. 57), begibt er sich wieder auf das eindimensionale und vereinfachende „gnostische" Gleis.

schießt. Eine so extrem genaue Grenzziehung zwischen den verschiedenen Gruppen ist *prima facie* problematisch oder, um es unterschiedlich und schärfer auszudrücken, die Suche nach säuberlich abgegrenzten Gruppierungen ist als solche fehlgeleitet, da sie mit Voraussetzungen arbeitet, die alles andere als selbstverständlich sind. Wir wissen heute sehr viel besser als zu der Zeit, in der Segal sein Buch veröffentlichte (1977), dass das statische Bild von frühzeitig konsolidierten Gruppen oder Sekten, die miteinander konkurrierten und gegeneinander kämpften, dass ein solches eindimensionales Bild zugunsten eines dynamischeren Bildes von noch undefinierten und fließenden Gruppierungen aufgegeben werden muss, die sich ständig verändern, überschneiden und auch gegenseitig beeinflussen. Dabei wird zunehmend klarer, dass die Vorstellung von zwei sich ergänzenden Mächten (von denen die eine der anderen untergeordnet ist oder die beide gleichberechtigt nebeneinander stehen), um die es hier im Kern geht, uns in die hierarchische Struktur des römischen Reiches führt, mit ihren Auswirkungen auf eine binitarische und trinitarische christliche Theologie.

Aber Segal möchte noch einen Schritt weitergehen und demonstrieren, dass das Zitat aus Daniel (wenn es ernst genommen und mit dem ganzen Gewicht all seiner Implikationen berücksichtigt wird) den wahren Kern unseres Midrasch präsentiert – dass wir nämlich nicht nur die zitierten Verse Dan 7,9 und 10 in unsere Deutung einbeziehen müssen, sondern auch Dan 7,13 und 14, die folgenschweren Verse, die von jemandem „wie ein Mensch" sprechen, üblicherweise übersetzt als „Menschensohn":

(7,13) Ich sah in einem Nachtgesicht und siehe, da kam jemand wie ein Mensch (*ke-var enasch,* wörtlich „wie der Sohn eines Menschen") auf den Wolken des Himmels, und er gelangte bis zu dem Hochbetagten (*'atiq jomaja*); vor ihn brachte man ihn. (14) Ihm wurde

Herrschaft, Herrlichkeit und Königtum gegeben, auf dass alle Völker, Nationen und Zungen ihm dienten. Seine Herrschaft ist eine immerwährende Herrschaft, die nicht vergehen wird, und sein Königtum ist eines, das nicht zerstört werden wird.

Da der gesamte Abschnitt bei Daniel, einschließlich der Verse 13 und 14, als Hinweis auf zwei getrennte göttliche Personen verstanden werden kann (den „Hochbetagten" und den „Menschensohn"), so argumentiert Segal, ist es diese mögliche Deutung, die die wirkliche Gefahr darstellt, die aber in unserem Midrasch nicht expliziert, sondern auf die nur angespielt wird.[11] Neuerdings hat Daniel Boyarin diesen Argumentationsgang[12] in einer Reihe von Aufsätzen aufgegriffen[13] und die Behauptung aufgestellt: „Es ist der Abschnitt von Daniel, auf den in dem anti-häretischen Diskurs [in unserem Midrasch in der Mekhilta] angespielt, *der aber nicht zitiert wird,* der für die Entwicklung der frühen Christologie so zentrale „Menschensohn"-Abschnitt, der den wirklichen Streitpunkt darstellt und den Grund dafür, warum der Vers Ex 20,2 zitiert wird. ... In bedeutungs-

---

[11] Segal, *Two Powers in Heaven,* S. 35 ff.
[12] Ohne aber Segal die volle Anerkennung dafür zu zollen. Dies wurde auch von Schremer bemerkt (Midrash, Theology, and History, S. 245 Anm. 41), was Schremer aber nicht daran gehindert hat, diese „neue" Deutung so zu präsentieren als wäre sie gleichwohl von Boyarin erfunden worden. Ein interessanter Fall von gelehrter Zuschreibung.
[13] Daniel Boyarin, „The Gospel of the Memra: Jewish Binitarianism and the Prologue to John", *HTR* 94, 2001, S. 243–284; id., „Two Powers in Heaven; or, The Making of a Heresy", in *The Idea of Biblical Interpretation: Essays in Honor of James L. Kugel,* hrsg. von Hindy Najman und Judith H. Newman, Leiden: Brill, 2004, S. 331–370; id., „The Parables of Enoch and the Foundation of the Rabbinic Sect: A Hypothesis", in *„The Words of a Wise Man's Mouth are Gracious" (Qoh 10,12): Festschrift for Günter Stemberger on the Occasion of his 65th Birthday,* hrsg. von Mauro Perani, Berlin und New York: Walter de Gruyter, 2005, S. 53–72.

schwerer Weise *vermeidet* der Text, [die] Danielvers[e] zu zitieren, die am problematischsten für das rabbinische Judentum sind, [nämlich Dan 7,] Verse 13–14."[14]

Boyarin schlägt weiter vor, dass aus dem vollen Danielzitat (Dan 7,9.10 und 7,13.14) klar wird, dass es dem Midrasch in Wirklichkeit um „die Verdoppelung von Beschreibungen Gottes als *senex* (Richter) und *puer* (Krieger) und um die Korrelation dieser zwei Beschreibungen mit den göttlichen Figuren des Hochbetagten und des Menschensohnes von Daniel" geht. Mehr noch, unter der Hand mutieren diese zwei göttlichen (!) Figuren bei Boyarin sogleich zu „Vater" und „Sohn", und die erwünschten christologischen Implikationen – angereichert durch mehr oder weniger unverblümte Verweise auf den Prolog im Johannesevangelium, die Memra-Theologie der Targumim und subtile terminologische Unterscheidungen im christologischen Diskurs – werden überdeutlich.[15]

Dies ist eine sehr kreative Interpretation unseres Midrasch. Es trifft zu, die Dichotomie zwischen jung und alt ist für den Midrasch wesentlich, und sie beruht auf der Gegenüberstellung von Ex 15,3 (Krieger = junger Mann) und Ex 24,10/Dan 7,9.10 (alter Mann). Aber Dan 7,9.10 ist nur deswegen zitiert, um zu beweisen, dass Gott sich als alter Mann manifestieren kann und dies manchmal auch tut – aus demselben Grunde, weswegen Ex 24,10 zitiert ist (und Ex 15,3, um zu beweisen, dass Gott sich manchmal als junger Mann manifestiert). Dass die Mekhilta, indem sie Dan 7,9.10 zitiert, auf einen anderen Midrasch zu Dan 7,9.10 *und* 7,13.14

---

[14] Boyarin, Parables of Enoch, S. 59 (Hervorhebungen im Original).
[15] Ibid., und S. 62 f.; id., The Gospel of the Memra, S. 253, Anm. 35; ausführlicher in Two Powers in Heaven, S. 353 f.

anspielt, ist reine Spekulation.[16] Mit Ausnahme des babylonischen Talmud (auf den ich gleich zu sprechen komme), existiert in Wirklichkeit kein rabbinischer Midrasch, in dem Daniels „Hochbetagter" und der „Menschensohn" in eindeutiger Weise so einander gegenübergestellt werden, um damit die Vorstellung von einem alten und einem jungen Gott heraufzubeschwören und gleichzeitig anzugreifen. Der rabbinische Midrasch zitiert zwar häufig gerade den Teil des Schriftbeweises nicht, der für seine Auslegung entscheidend ist – weil er nämlich voraussetzt, dass jeder Hörer oder Leser die Bibel auswendig kennt und den nicht zitierten Teil leicht ergänzen kann –, aber in unserem Falle dreht sich der ganze Midrasch um das Problem der zwei Gottheiten, und es wäre mehr als merkwürdig, wenn der Verfasser oder Redaktor Dan 7,9 zitierte, um zu beweisen, dass Gott sich als alter Mann manifestiert, wobei er es gleichzeitig dem Scharfsinn des Lesers oder Hörers überließ, diesen Schriftbeweis mit einem anderen zu vervollständigen, der die Manifestation eines „jungen Gottes" impliziert (den Menschensohn von Dan 7,13.14). Noch genauer, wenn der Autor unseres Midrasch Dan 7,13.14 als Schriftbeweis für einen „jungen Gott" im Unterschied zu einem „alten Gott" hätte verwenden wollen, wäre der angemessene (und einfache) Platz dafür unmittelbar nach dem Zitat von Ex 15,3 gewesen – aber genau dies hat er *nicht* getan.

Der Hinweis auf die *puer senex*-Typologie ist dagegen angemessen und weiterführend, doch versäumt Boyarin – in seinem Eifer, sie auf die Typologie des Hochbetagten und Menschensohns in Daniel anzuwenden – die Gelegenheit,

---

[16] Das wurde auch von Schremer richtig bemerkt: „Statt den Midrasch zu lesen, schreibt Boyarin den Midrasch in Wirklichkeit neu" (Midrash, Theology, and History, S. 245).

sie genauer zu erklären. Das *puer senex*-Motiv ist in der griechisch-römischen Literatur wohlbekannt. Sein Hauptzweck ist die Propagierung eines Ideals, wonach ein junger Mann sich (etwa im Gerichtshof) als ein erfahrener und barmherziger (!) rangälterer Richter (*puer senilis*) präsentiert, während ein älterer Mann – trotz der Begrenzungen seines Alters – seinen jugendlichen Geist unter Beweis stellt.[17] Die Person, die das *puer senex*-Ideal erfüllt, ist eine und dieselbe, nicht in zwei Personen gespalten. Auf unseren Midrasch angewandt bedeutet das Motiv, dass der jüdische Gott das Ideal des *puer senex* verkörpert – der junge und gleichzeitig weise und gelassene alte Mann –, aber die „Völker" (d. h. die Griechen und Römer) sollten dieses klassische Ideal nicht falsch verstehen und diese Eigenschaften Gottes nicht in unterschiedliche Gottheiten aufspalten. Genauer noch, da der Akzent des Midrasch nicht nur auf der Gegenüberstellung von „jung" und „alt" liegt, sondern auch von „Kriegsheld" und „barmherzigem Richter", könnten die „Völker" versucht sein, das *puer senex*-Gleichgewicht aufzugeben und den einen und einzigen jüdischen Gott in zwei Götter oder sogar – entsprechend den unterschiedlichen ihnen zugeteilten Funktionen – in ein Pantheon zahlreicher Götter aufteilen. Im Vordergrund unseres Midrasch steht somit wieder der kulturelle und religiöse Kontext des römischen Reiches, wobei christlich-theologische Implikationen nicht völlig ausgeschlossen werden können. Dieser Kontext und die sich daraus ergebenden theologischen Erwägungen sind,

---

[17] Christian Gnilka, *Aetas Spiritalis. Die Überwindung der natürlichen Altersstufen als Ideal frühchristlichen Lebens,* Bonn: Peter Hanstein, 1972, S. 49 ff. Unter den vielen biblischen Figuren, die als Modell für das spätantike christliche Ideal dienten, ragen Mose, David, Daniel und Jesus heraus (ibid., S. 228 ff.). Ich danke Christoph Markschies für den Hinweis auf diese Monographie.

wie wir gesehen haben, eng miteinander verbunden, aber sie bleiben in unserem Midrasch in der Mekhilta – wenn überhaupt angedeutet – im Hintergrund. Mit Sicherheit setzt die Mekhilta (noch) keine Spekulationen über den Hochbetagten und Menschensohn von Daniel im Sinne eines christlich verstandenen Vater-Gottes und Sohn-Gottes voraus.

Der diskutierte Midrasch in der Mekhilta hat ein Problem in dem zitierten Vers aus Dan 7,9 ausgelassen oder elegant übergangen, das von großer Bedeutung für die Frage der „zwei Mächte", der zwei möglichen Gottheiten im Himmel, werden sollte. Sehen wir uns den Vers noch einmal genauer an:

Ich schaute zu, bis man *Throne* aufstellte und ein Hochbetagter (*'atiq jomin*) sich setzte. Sein Gewand war wie weißer Schnee, und das Haar seines Hauptes wie reine Wolle. *Sein Thron* war Feuerflammen, dessen Räder loderndes Feuer.

Wozu wurden Throne (im Plural) aufgestellt, wenn sich dann nur einer setzte (der Hochbetagte)? Setzte er sich auf mehrere Throne? Wohl kaum, denn „*sein Thron*" war Feuerflammen". Für wen waren dann die anderen Throne? Eine relativ einfache Antwort (die mit großer Wahrscheinlichkeit auch im Bibeltext vorausgesetzt ist) wäre, dass die anderen Throne für die Mitglieder des himmlischen Gerichtshofes bestimmt waren. Sagt doch die Fortsetzung in V. 10 ausdrücklich, dass auch das Gericht sich hinsetzte – vermutlich also auf die anderen Throne:

Ein Feuerstrom ergoss sich und ging aus von vor ihm [dem Thron]. Tausend mal Tausend dienten ihm [dem Hochbetagten], und Myriaden mal Myriaden standen vor ihm. *Das Gericht setzte sich,* und die Bücher wurden aufgeschlagen.

Doch ist diese so einfach erscheinende Lösung des Problems nicht die von den Rabbinen vorgeschlagene. Sie ist ja auch in Wirklichkeit nicht so einfach, wie es auf den ersten Blick erscheinen mag, wenn man – mit den Rabbinen – geübt ist, einen biblischen Text genau zu lesen und auf seine Implikationen abzutasten. Denn die Spannung zwischen den Thronen im Plural und dem einen Thron des Hochbetagten bleibt, zumal ja nur der eine Thron des Hochbetagten eigens hervorgehoben wird (ein Feuerstrom geht von ihm aus und ergießt sich vor ihm) und von den Mitgliedern des Gerichtes auch nicht ausdrücklich gesagt wird, dass sie sich auf Thronen niederließen. Könnte also der Plural „Throne" auf etwas anderes hindeuten, etwas, das nur durch sorgfältige Exegese erschlossen werden kann? Hier ist die im babylonischen Talmud (Sanhedrin 38b) überlieferte Auslegung:

Ein (Thron) war für ihn [Gott] und der andere war für David. Es wird nämlich gelehrt (in einer Baraita): Einer war für ihn und der andere war für David – dies sind die Worte des R. Aqiva.

R. Jose sagte zu ihm: Aqiva, wie lange noch wirst du die Schekhina profanieren?! Vielmehr, ein (Thron) war für die Gerechtigkeit (*din*) und der andere war für die Barmherzigkeit (*tzedaqa*).

Hat er [Aqiva] diese Antwort von ihm [Jose] angenommen oder hat er sie nicht von ihm angenommen?

Komm und höre! Es wurde nämlich gelehrt [in einer anderen Baraita]: Einer ist für die Gerechtigkeit und der andere ist für die Barmherzigkeit – dies sind die Worte des R. Aqiva.

Da sagte R. Eleazar b. Azarjah zu ihm [Aqiva]: Aqiva, was hast du mit der Aggada zu tun?! Begnüg dich lieber mit (dem Studium von) Nega'im und Ohalot! Vielmehr, der eine war ein Thron und der andere war ein Fußschemel: ein Thron, um darauf Platz zu nehmen und ein Fußschemel zur Stütze seiner Füße.

Dies ist ein bemerkenswerter Austausch, der hier drei Tannaiten der zweiten Generation (Anfang des 2. Jh. n. Chr.) in den Mund gelegt wird: R. Aqiva, R. Jose (der Galiläer) und ihr etwas älterer Zeitgenosse R. Eleazar b. Azarjah. Die

Auslegung beginnt mit einer R. Aqiva zugeschriebenen Baraita, die den Plural „Throne" in Dan 7,9 ganz wörtlich nimmt und argumentiert: Wenn Throne aufgestellt wurden, dann muss es sich wenigstens um zwei Throne handeln, d. h. neben dem Thron für den Hochbetagten muss noch ein Thron für jemand anderen aufgestellt worden sein, und dieser andere war David. Mit anderen Worten, aus Dan 7,9 erfahren wir in Wirklichkeit, dass ein Thron im Himmel für Gott aufgestellt wurde und ein weiterer Thron für David. Dieser Auslegung Aqivas wird von R. Jose vehement widersprochen. R. Jose sagt nicht, was ihm an Aqivas Auslegung missfällt, aber wir können es ahnen. Nein, argumentiert er, das beschwört Gefahren hinauf, die wir besser vermeiden: Die beiden Throne sind nicht für Gott und David, sondern für die Gerechtigkeit und die Barmherzigkeit, und dies kann nur bedeuten, für zwei verschiedene Attribute desselben Gottes – das göttliche Attribut der Gerechtigkeit und das göttliche Attribut der Barmherzigkeit.

Die Zuschreibung von verschiedenen Attributen an Gott – vor allem die beiden wichtigsten Attribute der Gerechtigkeit und der Barmherzigkeit[18] – ist klassische rabbinische Theologie.[19] Auch diese beiden Attribute werden aus der Doppelung der göttlichen Namen (*JHWH* und *Elohim*) geschlossen; entsprechend legt ein Midrasch zu Gen 2,4 („an dem Tage, da der Herr Gott [*JHWH Elohim*] Erde und Himmel machte") aus:

(Ein Gleichnis von) einem König, der leere Gläser hatte. Da sagte der König: Wenn ich sie mit heißem Wasser fülle, werden sie zerbrechen;

---

[18] Obwohl der übliche Terminus für das göttliche Attribut der Barmherzigkeit nicht das hier verwendete *tzedaqa* ist, sondern *rachamim*.

[19] Vgl. Ephraim E. Urbach, *The Sages: Their Concepts and Beliefs*, Jerusalem: Magnes Press, 1975, S. 448 ff.

und wenn ich sie mit kaltem Wasser fülle, werden sie zerplatzen. Was tat der König? Er vermischte heißes mit kaltem Wasser, goss es [diese Mischung] in sie [die Gläser], und sie hielten stand [zerbrachen nicht].

So sagte (auch) der Heilige, er sei gepriesen: Wenn ich die Welt (alleine) mit dem Attribut der Barmherzigkeit (*rachamim*) erschaffe, werden die Sünden überhand nehmen; wenn ich sie aber (alleine) mit dem Attribut der Gerechtigkeit (*din*) erschaffe, wird die Welt nicht bestehen bleiben. Vielmehr, ich werde sie [die Welt] (zugleich) mit dem Attribut der Gerechtigkeit und dem Attribut der Barmherzigkeit erschaffen – hoffentlich hält sie dann stand [bleibt sie bestehen]![20]

Gott erschuf die Welt mit einer wohlausgewogenen Mischung seiner beiden Attribute der Gerechtigkeit und der Barmherzigkeit, denn mit jeweils nur einem Attribut wäre sie nicht lebensfähig gewesen. R. Jose zieht es vor, diese Lehre von den zwei Attributen Gottes auf die beiden Throne in Daniel anzuwenden: Gott setzte sich tatsächlich gewissermaßen auf zwei Throne, je einen Thron für seine beiden Attribute. Zumindest glaubt R. Jose offensichtlich, dass diese Auslegung weniger gefährlich ist als R. Aqivas Deutung auf eine zweite Person neben Gott (David), die ebenfalls auf einem himmlischen Thron Platz nimmt. R. Aqiva nimmt sich R. Joses Einwand zu Herzen und akzeptiert dessen abgemilderte Auslegung. Dies jedenfalls behauptet die zweite zitierte Baraita, in der R. Aqiva als Urheber der auf die göttlichen Attribute zielenden Auslegung genannt wird.

Doch leider nützte ihm dies wenig, denn er wird sogleich von einem anderen Rabbi (Eleazar b. Azarjah) zurückgepfiffen, der ihm unzweideutig klar macht: Lass deine Finger von der Aggada (d. h. den Teilen der rabbinischen Exegese, die von theologischer Sprengkraft sind) und bleib bei dem, wovon du etwas verstehst – der Halakha, d. h. den

---

[20] Bereschit Rabba 12,15.

religionsgesetzlich relevanten Teilen der rabbinischen Überlieferung (Nega'im – „Aussatz" und Ohalot – „Bezeltungen" [die durch einen Leichnam verbreitete Unreinheit] werden durch komplizierte religionsgesetzliche Bestimmungen geregelt)! Der Plural „Throne", so argumentiert Eleazar, bezieht sich nicht auf zwei verschiedene göttliche Attribute, sondern, ganz konkret, auf Gottes Thron und den dazugehörigen Fußschemel. Dies ist nun sehr viel harmloser – alles bleibt im Bereich des einen und einzigen Gottes, ohne die Gefahr einer zweiten Gottheit heraufzubeschwören. Die Botschaft des Bavli ist also, dass jedwede Erklärung, die die Möglichkeit zweier Gottheiten eröffnet – sei es Gott und David, sei es die göttlichen Attribute der Gerechtigkeit und der Barmherzigkeit –, gefährlich ist und ausgeschlossen bleiben muss: Daniel spricht (nur) von *einer* göttlichen Person, die auf ihrem Thron sitzt und ihre Füße auf einem Fußschemel ruhen lässt.[21]

Aber wie kommt Aqiva überhaupt auf David in seiner ersten, so brüsk abgelehnten Antwort? Aqiva legt Dan 7,9 aus und, ebenso wie in der Mekhilta, ist der Menschensohn von Dan 7,13.14 nicht ausdrücklich erwähnt, aber, anders als in der Mekhilta, macht der Bezug auf David nur Sinn, wenn wir den Menschensohn mit einbeziehen. Denn wer ist David hier? Ohne Zweifel nicht der irdische König David (so hochgeachtet er bei den Rabbinen war), sondern der davidische Messias. Was oder wen immer der „Menschensohn" im Danielbuch meint – am wahrscheinlichsten den Engel Michael als das himmlische Gegenüber des Volkes Israel auf Erden[22] –, er wurde mit Sicherheit als eine messia-

---

[21] Nicht von ungefähr benutzt er damit ein ähnliches Argument wie die Mekhilta mit ihrem Bezug auf Ex 24,10; s. oben S. 68 ff.
[22] Vgl. Dan 10,20 f.; 12,1.

nische Figur verstanden. Was also R. Aqiva mit seiner ersten Auslegung in Wirklichkeit sagt, ist dies: Die Throne, die im Himmel aufgestellt wurden, waren für Gott und für den Messias David bestimmt. Obwohl Daniel nur von Gott (als dem „Hochbetagten") ausdrücklich feststellt, dass er sich auf seinem Thron niederließ, müssen wir aus dem Plural „Throne" schließen, dass auch David sich auf dem ihm vorbehaltenen Thron niederließ. Wenn David in der Tat der „Menschensohn" von Dan 7,13.14 ist, der auf den Wolken des Himmels erscheint und dem Hochbetagten vorgestellt wird, dann müssen wir annehmen, dass er seinen Platz auf einem Thron neben Gottes Thron einnahm. Zwar sagt der Bavli nicht ausdrücklich, dass der Messias David „jung" ist – im Gegensatz zu dem „Hochbetagten" –, aber David ist eindeutig in einen göttlichen oder wenigstens halb-göttlichen Stand erhoben, inthronisiert auf einem Thron neben Gottes Thron und, als Erlöser Israels, mit Gottes Erlösungskraft ausgestattet.

Dies ist ohne Zweifel eine machtvolle – und gefährliche – Lösung des durch den Plural „Throne" aufgeworfenen Problems. Die hier angesprochenen und mitklingenden Implikationen werden offenkundig, wenn wir uns die Geschichte der Menschensohn-Vorstellung im frühen Judentum kurz vergegenwärtigen. Sie beginnt mit Daniel und findet ihre erste markante Fortsetzung in den sog. Bilderreden des 1. (äthiopischen) Henochbuches (Kap. 37–71), die von den meisten Forschern auf das Ende des 1. Jh. v. Chr. oder genauer noch auf die Wende vom 1. Jh. v. Chr. zum 1. Jh. n. Chr. datiert werden.[23] Der Menschen-

---

[23] George W. E. Nickelsburg, *Jewish Literature between the Bible and the Mishnah,* Philadelphia: Fortress Press, 1981, S. 221–223. John J. Collins, *The Apocalyptic Imagination: An Introduction to Jewish Apoca-*

sohn ist dort, zusammen mit dem Hochbetagten, wie folgt beschrieben:[24]

(46,1) Ich sah dort einen, der hatte ein betagtes Haupt,
und sein Haupt war weiß wie Wolle,
und bei ihm war ein anderer,
dessen Antlitz wie das Aussehen eines Menschen war,
und sein Antlitz war voll Anmut, wie eines von den heiligen Engeln.
(2) Ich fragte den Engel, der mit mir ging
und mir alle Geheimnisse zeigte,
über jenen Menschensohn, wer er sei,
woher er stamme
und weshalb er mit dem betagten Haupte gehe.
(3) Er antwortete mir:
Dies ist der Menschensohn, der die Gerechtigkeit besitzt,
bei dem die Gerechtigkeit wohnt
und der alle Schätze des Verborgenen offenbart;
denn der Herr der Geister hat ihn auserwählt,

---

lyptic Literature, Grand Rapids, MI / Cambridge: William B. Eerdmans, ²1998, S. 178, schlägt nun das frühe 1. Jh. oder die Mitte des ersten Jh. n.Chr. vor, während J.T. Milik schon früher ein noch späteres Datum vorgezogen hat: er hält die Bilderreden für das Werk eines Juden oder Judenchristen aus dem 1. oder sogar 2. Jh. n.Chr. (Józef Tadeusz Milik, *Ten Years of Discovery in the Wilderness of Judaea,* Naperville, Ill.: A.R. Allenson; London: SCM Press, 1959, S. 33). Auffallend ist, dass weiterhin ausgerechnet von den Bilderreden keine Fragmente in Qumran gefunden wurden, während alle anderen Teile des 1. Henochbuches durch Fragmente bezeugt sind; s. dazu auch Geza Vermes, *Jesus der Jude. Ein Historiker liest die Evangelien,* Neukirchen-Vluyn: Neukirchener Verlag, 1993 (englisches Original 1973, mit zahlreichen weiteren Auflagen), S. 160.

[24] 1 Hen 46,1–5 (Bilderreden). Übersetzung nach Kautzsch (E. Kautzsch, *Die Apokryphen und Pseudepigraphen des Alten Testaments,* Bd. 2, *Die Pseudepigraphen,* Tübingen: Mohr Siebeck, 1900, S. 262 f.; 277 f.), Rießler (Paul Rießler, *Altjüdisches Schrifttum außerhalb der Bibel,* Augsburg: Benno Filser Verlag, 1928, S. 381 f.; 402 f.) und Uhlig (Siegbert Uhlig, *Das äthiopische Henochbuch,* Gütersloh: Gütersloher Verlagshaus Gerd Mohn, 1984, S. 586 ff.; 633 f.).

und sein Los übertrifft durch Rechtschaffenheit
in Ewigkeit alles vor dem Herrn der Geister.
(4) Dieser Menschensohn, den du gesehen hast,
wird die Könige und Machthaber von ihren Lagern hochreißen
und die Starken von ihren Thronen;
er wird die Zügel der Starken lösen
und die Zähne der Sünder zerschlagen.
(5) Er wird die Könige von ihren Thronen
und aus ihren Königreichen verstoßen,
weil sie ihn weder erhöhen noch ihn preisen,
noch dankbar anerkennen,
woher ihnen das Königtum verliehen wurde.

Der Seher hier ist der in den Himmel aufgestiegene Patriarch Henoch, dem eine Vision zuteil wird. Ohne Zweifel rekurriert diese Vision auf Dan 7: Der mit dem betagten Haupt ist natürlich der Hochbetagte von Dan 7,9; und der „andere", der bei ihm ist und der wie ein Mensch aussieht, ist der Menschensohn (*bar enasch*), der auf den Wolken des Himmels kommt und dem der Hochbetagte „Herrschaft, Herrlichkeit und Königtum" gibt (Dan 7,13.14). Die Person des Menschensohnes ist hier aber stärker ausgemalt als bei Daniel: Seine Gerechtigkeit und Rechtschaffenheit übertrifft alles, und er kennt alle Geheimnisse (offensichtlich im Himmel wie auf Erden). Er sieht zwar wie ein Mensch aus, gleicht aber einem Engel und ist somit offensichtlich ein Engelwesen (wie wahrscheinlich auch schon bei Daniel). Seine Aufgabe ist die Durchführung des göttlichen Gerichtes am Ende der Zeiten: Er wird die Könige der Erde (d.h. alle Machthaber der Israel feindlich gesinnten Nationen) von ihren Thronen stoßen und alle Sünder vernichten sowie, wie in der Fortsetzung weiter ausgeführt wird (Kap. 47), den Gerechten zum endgültigen Sieg verhelfen. Damit ist der Menschensohn der Bilderreden zweifellos eine semi-göttliche Gestalt, die die Aufgabe des Messias wahrnimmt.

Seinen dramatischsten Auftritt hat der Menschensohn im letzten Kapitel der Bilderreden (Kap. 71). Dort wird beschrieben, wie Henoch wieder in den Himmel aufsteigt und dort zunächst die heiligen Engel sieht, unter ihnen den Erzengel Michael, der ihn in alle Geheimnisse des Himmels und der Erde einführt (71,4). Schließlich sieht er im höchsten Himmel den himmlischen Tempel mit den unzähligen Engeln, die in diesem Tempel dienen und den göttlichen Thron bewachen (71,7); besonders hervorgehoben unter diesen Engeln sind die vier Erzengel Michael, Gabriel, Rafael und Penuel (71,8). Und dann kommt der Höhepunkt der Vision (1 Hen 71,9–17):

(71,9) Aus jenem Hause [dem Allerheiligsten des himmlischen Tempels] traten heraus
Michael, Gabriel, Rafael und Penuel
und viele unzählige heilige Engel.
(10) Und mit ihnen kam der Betagte;
sein Haupt war weiß und rein wie Wolle
und sein Gewand unbeschreibbar.
(11) Da fiel ich auf mein Angesicht;
mein ganzer Körper war aufgelöst,
und mein Geist wurde verwandelt.
Ich schrie mit lauter Stimme,
mit dem Geiste der Kraft,
pries, verherrlichte und erhöhte (ihn).

Was hier geschieht, ist unerhört in den Aufstiegsapokalypsen. Während üblicherweise der Seher sich schlotternd und zitternd dem Allerheiligsten mit dem göttlichen Thron in seiner Mitte nähert (bzw., so im älteren Wächterbuch des Äthiopischen Henoch, in der Eingangstür zum Allerheiligsten stehen bleibt und sich dort zu Boden wirft),[25] kommen hier nicht nur die vier Erzengel, sondern kommt

---

[25] 1 Hen 14,14.24 f.

Gott selbst (der Hochbetagte von Daniel) dem Seher (Henoch) entgegen. Als er die göttliche Prozession sich auf ihn zu bewegen sieht, fällt Henoch zu Boden und wird offenbar in ein Engelwesen verwandelt (V. 11). Henoch antwortet darauf mit einem Lobpreis Gottes und erfährt schließlich den Grund für diese so ungewöhnliche Aktivität im Himmel:

(12) Diese Lobpreisungen aber, die aus meinem Munde hervorkamen,
waren wohlgefällig vor jenem Betagten.
(13) Jenes betagte Haupt kam mit Michael, Gabriel, Rafael und Penuel
und tausendmal Tausenden und zehntausendmal [Zehntausenden] unzähliger Engel.
(14) Er [der Engel Michael] kam zu mir,
grüßte mich mit seiner Stimme und sprach zu mir:
Du bist der Menschensohn, der zur Gerechtigkeit geboren ist;
Gerechtigkeit wohnt über dir,
und die Gerechtigkeit des betagten Hauptes verlässt dich nicht.
(15) Dann sagte er zu mir:
Er ruft dir Frieden zu im Namen der zukünftigen Welt;
denn von dort geht hervor der Friede seit der Erschaffung der Welt,
und also wird dir geschehen in Ewigkeit und von Ewigkeit zu Ewigkeit.

Der Höhepunkt und die entscheidende Botschaft von Henochs Vision ist die Entdeckung, dass Henoch selbst der Menschensohn ist, der Erwählte, der Inbegriff von Gerechtigkeit. Der Mensch Henoch, der in den Himmel aufgestiegen ist, konnte nicht Mensch bleiben, sondern musste in einen Engel verwandelt werden, um seine Aufgabe zu erfüllen, nämlich als Israels Messias und Erlöser Gottes Volk zu einer Periode ewigen Friedens zu führen. Alle, die ihm nachfolgen, so schließt die Vision, werden mit ihm zusammen in ewigem Frieden leben:

(16) Alle, die auf deinem Wege wandeln werden
– du, den die Gerechtigkeit nicht mehr verlässt –,
deren Wohnungen und Erbteil wird bei dir sein,
und sie werden sich bis in alle Ewigkeit nicht von dir trennen.
(17) Und so wird langes Leben bei jenem Menschensohn sein,
und die Gerechten werden Frieden haben
und den geraden Weg wandeln
im Namen des Herrn der Geister von Ewigkeit zu Ewigkeit.

Der Menschensohn der Bilderreden ist der Messias, mit dessen gerechter Herrschaft der ewige Friede für das Volk Israel anbricht. Dass der in einen Engel verwandelte Mensch Henoch sich als dieser Messias erweist, ist eine Besonderheit der Bilderreden, die natürlich weder im Danielbuch angelegt ist noch auch ihre unmittelbare Fortsetzung in der einschlägigen Literatur finden sollte. Wie wir sehen werden (im nächsten Kapitel), taucht diese Vorstellung erst sehr viel später wieder im Judentum auf.

Auch das nach 70 n. Chr. (wahrscheinlich genauer um 100 n. Chr.) entstandene 4. Buch Esra greift auf den Menschensohn aus Dan 7 zurück. In einer der dort beschriebenen Visionen (Kap. 13) sieht Esra „etwas wie die Gestalt eines Menschen" aus dem Meer heraufsteigen: „Ich sah, und siehe, dieser Mensch flog auf den Wolken des Himmels" (13,3). Eine große Menschenmenge versammelt sich von allen vier Enden des Himmels, um den „Menschen" zu bekämpfen, er aber vernichtet sie – nicht mit Waffen, sondern mit dem Feuerhauch seines Mundes (13,10f.). Anschließend erklärt Gott dem Seher Esra die Vision: Jener „Mensch" ist „jener, den der Höchste lange Zeit aufbewahrt, durch den er seine Schöpfung erlösen will" (13,26). Wenn die vorherbestimmten Zeichen des Endes eingetreten sind, „dann wird mein Sohn sich offenbaren, den du als den heraufsteigenden Mann gesehen hast" (13,32). Dieser „Sohn" wird die ihn bekämpfenden Völker durch den Feuerhauch seines Mundes vernichten, d. h. durch „das Gesetz, das dem Feuer gleicht" (13,38).

Der „Mensch" hier ist zweifellos wieder der Messias, der den endzeitlichen Kampf gegen die Sünder und Heidenvölker anführen wird. Ob die Bezeichnung des Messias als „Sohn" auf eine christliche Überarbeitung zurückgeht oder zum jüdischen Originaltext gehört, ist schwer zu entscheiden. Das 4. Buch Esra ist nur in Übersetzungen erhalten, die wahrscheinlich alle auf einen griechischen Text zurückgehen, der seinerseits von einem hebräischen oder aramäischen Original abhängig sein dürfte. Die lateinische Übersetzung hat hier *filius,* während eine der beiden arabischen Übersetzungen wahrscheinlich auf hebräisch 'avdi („mein Knecht") zurückgeht und die andere arabische Übersetzung mit „mein Jüngling" vermutlich auf griechisch *pais* zurückzuführen ist.[26] An anderer Stelle wird dieser Messias ausdrücklich „mein Sohn, der Messias" genannt, was in der lateinischen Übersetzung mit *filius meus Jesus* wiedergegeben ist (7,28) – hier ist zumindest „Jesus" eine eindeutig christliche Interpolation. Aber der „Knecht", sollte er ursprünglich im hebräischen Original gestanden haben, geht auf den „Gottesknecht" von Jesaja zurück,[27] und auch der „Sohn" muss keineswegs christlich sein: In Ps 2 wird der davidische König als Gottes Sohn angesprochen (2,7: „Mein Sohn bist du; heute habe ich dich gezeugt"), und im 2. Samuelbuch beauftragt Gott den Propheten Natan mit der Prophezeiung an David: „Ich [Gott] werde ein Vater für ihn sein, und er [David] wird ein Sohn für mich

---

[26] Josef Schreiner, *Das 4. Buch Esra,* Gütersloh: Gütersloher Verlagshaus, 1981, S. 397, Anm. 32a (JSHRZ, Bd. V, Lieferung 4).

[27] Jes 42 ff.

sein" (2 Sam 7,14). Der Messias im 4. Buch Esra ist also offensichtlich der Sohn Gottes – in der Tat ein *jüngerer* Gott –, und der Zusatz „Jesus" macht nur deutlich, dass ein christlicher Leser diesen Messias ohne Schwierigkeiten auf Jesus Christus deuten konnte.

Damit wären wir beim Christentum, der Adaptation der Menschensohn-Vorstellung, wie sie uns im Neuen Testament vorliegt. Geza Vermes hat alle Menschensohn-Aussagen im Neuen Testament sorgfältig untersucht und danach unterschieden, ob sie in direktem oder indirektem Bezug zu Dan 7,13 stehen oder ob sie ganz unabhängig von Daniel sind (letztere sind am häufigsten).[28] Uns interessieren nur die Belege mit direktem Bezug zu Daniel. Der erste der insgesamt zwei Belege findet sich in der von allen drei synoptischen Evangelien überlieferten eschatologischen Rede Jesu, in der er die Zerstörung des Tempels und die dadurch eingeleitete Endzeit voraussagt. Auf dem Höhepunkt der Zerstörung, wenn Sonne und Mond sich verdunkeln und die Sterne vom Himmel herabfallen, erscheint der Menschensohn auf den Wolken des Himmels, mit großer Macht und Herrlichkeit. Er wird die Engel ausschicken, um die Erwählten Israels von den vier Enden der Erde einzusammeln.[29] Dies spielt offensichtlich auf die Wiederkunft des erhöhten Christus nach seiner Auferstehung und Himmelfahrt an.

Der andere Beleg bezieht sich auf die feierliche Frage des Hohenpriesters an Jesus, ob er der Messias sei, auf die Jesus doppelsinnig mit „Es ist so, wie du sagst" antwortet.[30] Unmittelbar danach fügt er aber hinzu: „Und ihr werdet

---

[28] Vermes, *Jesus der Jude,* S. 161 ff.
[29] Mk 13,26 f.; Mt 24,30 f.; Lk 21,27.
[30] Mt 26,63 f.; Lk 22,67 („Wenn ich es sage, wirst du es nicht glauben"). Nur in Mk 14,62 sagt er: „Ich bin es".

den Menschensohn sitzen sehen zur Rechten der Kraft (*tēs dynameōs*) und kommen mit den Wolken des Himmels."[31]

Hier identifiziert sich Jesus (ob der historische Jesus oder der Verfasser des Evangeliums, ist für unsere Belange unerheblich) mit dem Menschensohn von Dan 7, mit direktem Verweis auf Dan 7,13. Die „Kraft" (*dynamis*) ist eine Gottesbezeichnung, im rabbinischen Judentum die Kraft oder Macht des sich offenbarenden Gottes (*gevura* in Hebräisch).[32] Anders als in Daniel verweist er aber noch auf einen anderen Bibelvers, nämlich Ps 110,1, wo es heißt: „Der Herr (*JHWH*) sagte zu meinem Herrn (*adoni*):[33] ,Sitze zu meiner Rechten, bis ich deine Feinde zu meinem Fußschemel machen werde.'"

Dies ist der viel zitierte Psalmvers, der Grundlage der christlichen Lehre der *sessio ad dexteram* werden sollte.[34] Der Sprecher ist natürlich Gott, und der Angesprochene ist David, ursprünglich der davidische König bzw. ein Angehöriger der davidischen Dynastie. Aber hier geht es nicht um irgendeinen davidischen König, sondern um den Messias als den Nachfahren Davids, d. h. um den davidischen Messias. Unter den unterschiedlichen Messiaserwartungen des Frühjudentums ist der Messias aus dem Hause Davids zweifellos der, der sich als maßgebend herauskristallisieren

---

[31] Mk 14,62; Mt 26,64; Lk 22,69.

[32] Vgl. dazu Arnold Goldberg, „Sitzend zur Rechten der Kraft. Zur Gottesbezeichnung Gebura in der frühen rabbinischen Literatur", *BZ* NF 8, 1964, S. 284–293 = id., *Mystik und Theologie des rabbinischen Judentums. Gesammelte Studien I*, hrsg. von Margarete Schlüter und Peter Schäfer, Tübingen: Mohr Siebeck, 1997, S. 188–198.

[33] Die Septuaginta übersetzt in beiden Fällen mit *kyrios*.

[34] Vgl. Markschies, „,Sessio ad dexteram': Bemerkungen zu einem altchristlichen Bekenntnismotiv in der Diskussion der altkirchlichen Theologen," in *Alta Trinità Beata,* S. 1–69.

sollte[35] – mit Sicherheit für das Neue Testament. Die komplizierte Genealogie in Mt 1 stellt unmissverständlich klar, dass Jesus, der Messias, aus dem Hause Davids stammt,[36] und an verschiedenen Stellen im Neuen Testament wird ausdrücklich auf unseren Psalmvers im Zusammenhang mit dem auferstandenen Jesus verwiesen.[37] Es ist also der Messias Jesus, der Nachkomme Davids, der als der andere „Herr" vorgestellt wird, der seinen Platz im Himmel zur Rechten Gottes einnimmt.

Damit schließt sich der Kreis. Die frühjüdische Menschensohn-Erwartung ist eminent messianisch – von Daniel über die Bilderreden des Äthiopischen Henochbuches und die Menschensohn-Vision des 4. Esrabuches bis zu ihrem Höhepunkt im Neuen Testament, wo Jesus als der Menschensohn identifiziert wird, der sich als davidischer Messias auf dem ihm gebührenden Thron zur Rechten Gottes niederlässt. Es ist sehr wahrscheinlich, dass R. Aqiva im babylonischen Talmud diese *jüdische* Traditionskette kennt und darauf Bezug nimmt (aber natürlich ohne ihre christlichen Implikationen). Und kein Wunder, dass R. Jose und mehr noch R. Eleazar b. Azarjah sogleich versuchen, in Kenntnis der christlichen Weiterungen, solche möglichen Implikationen abzuwehren, da sie Gefahr laufen, die aus ihrer Sicht gefährlichste und verabscheuenswürdigste aller Häresien heraufzubeschwören – das Christentum in seiner provokativsten Form. Teilen doch Juden und Christen den Glauben an den davidischen Messias, und wenn Aqiva seinen Messias-Menschensohn auf einem Thron neben Gott im Himmel Platz nehmen lässt, so könnten *horribile dictu*

---

[35] S. oben, S. 14f. und unten, S. 133ff.
[36] S. oben, S. 15.
[37] Vgl. Apg 2,34f.; 1 Kor 15,25; Eph 1,20; Heb 1,13.

alle gegen diese christliche Häresie errichteten rabbinischen Zäune niedergerissen werden – mit unabsehbaren Folgen für das rabbinische Judentum.

Ich möchte also argumentieren, dass wir in unserer Bavli-Passage in der Tat mit rabbinischer Polemik gegen das Christentum konfrontiert sind, und zwar das Christentum in seinem innersten Kern, nämlich gegen den mit dem jüdischen Messias konkurrierenden Messias Jesus. Entscheidend für eine *historische* Interpretation dieses Sachverhaltes ist aber aus meiner Sicht, dass diese eindeutige Überlieferung sich nur im babylonischen Talmud findet und nicht in palästinischen Quellen (und dieser Befund deckt sich mit anderen Belegen, die im nächsten Kapitel diskutiert werden). Der babylonische Talmud, dies ist meine These, reflektiert eindeutig einen Diskurs nicht nur mit einzelnen christlichen Lehren, sondern setzt die Kenntnis des Neuen Testaments als einer kanonischen Schrift voraus, während die Mekhilta (die wir oben diskutiert haben) und die meisten anderen palästinischen Quellen sich mit noch wenig spezifischen und amorphen Ideen beschäftigen, die erst dabei sind, sich herauszukristallisieren.

Man könnte einwenden, dass der Bavli seinen Diskurs als Baraitot im Munde Aqivas und seiner Zeitgenossen präsentiert, d.h. als tannaitische und damit per definitionem *palästinische* Traditionen. Doch glaube ich nicht, dass dies ein berechtigter Einwand ist. Zunächst, nicht alle im babylonischen Talmud als solche ausgewiesenen Baraitot sind originale tannaitische Baraitot. Und weiter, die Tatsache, dass eine messianische Interpretation von Dan 7,9 ausgerechnet R. Aqiva in den Mund gelegt wird, ist alles andere als überraschend – war es doch kein geringerer als R. Aqiva, von dem man annahm, dass er Bar Kokhba begeistert als Messias begrüße (und der sofort von seinem Zeitgenossen Jochanan b. Torta zurückgepfiffen wurde).[38] Unsere Bavli-Passage folgt genau diesem diskursiven Muster: Aqiva wagt sich weit vor, und ein Kollege weist ihn sofort zurück. Es ist also sehr wahrscheinlich, dass unser hoch aufgeladener messianischer Streit eine genuin babylonische Tradition wiedergibt, die einen spezifisch babylonisch-kulturellen Kontext reflektiert.[39] Zu diesem Ergebnis passt, wie wir noch sehen werden, der Befund in der sog. Hekhalot-Literatur (vor allem im 3. Henochbuch), der ebenfalls in das geistige Milieu des babylonischen und nicht so sehr des palästinischen Judentums verweist. Nicht von ungefähr besteht eine enge geistige und kulturelle Affinität zwischen gewissen Ideen, wie wir sie im Bavli und in der Hekhalot-Literatur finden, ganz besonders im 3. Henochbuch.

Anders als in den palästinischen Quellen ist es also das Christentum als eine sich etablierende Religion, die uns im babylonischen Talmud entgegentritt. Die Reihen stehen nun klarer erkennbar und geschlossener vor uns als in den palästinischen Quellen; der Gegner hat deutlichere Konturen angenommen: Es ist nicht mehr der Menschensohn von Daniel, des äthiopischen Henochbuches und des 4. Esrabuches, sondern der Menschensohn Jesus Christus, der als Sohn Gottes zu seinem himmlischen Vater zurückgekehrt ist. Dies bedeutet aber nicht, dass der Bavli ausschließlich gegen einen Gegner von außen kämpft; im Gegenteil, auch die Autoren und Redaktoren des Bavli polemisieren gleichzeitig gegen einen Gegner von innen, d. h. gegen Anhänger

---

[38] j Taanit 4,8/27, fol. 68d; dazu Schäfer, *Bar Kokhba-Aufstand,* S. 137 ff.
[39] So richtig auch Boyarin, Parables of Enoch, S. 60. Segal, *Two Powers Heaven,* S. 49, ist optimistischer, dass unsere messianische Kontroverse in die Zeit Aqivas gehören könnte.

der christlichen Häresie in ihren eigenen Reihen. Nur so macht es Sinn, dass sie die „Häresie" einem der ihren in den Mund legen (und eben nicht irgend jemandem, sondern einem so prominenten Rabbi wie R. Aqiva): Jüdische Kreise in Babylonien müssen von ihr angezogen gewesen sein, müssen die Vorstellung eines neben Gott im Himmel inthronisierten Messias attraktiv gefunden haben – *trotz* (oder vielleicht auch gerade wegen?) der so offenkundigen christlichen Implikationen.

4. Rav Idit und die Häretiker
Gott und Metatron

Das Verhältnis des einen und einzigen Gottes zu einer Vielheit von Göttern hat das rabbinische Judentum ausführlich beschäftigt. Neben polytheistischen Vorstellungen, gespeist aus der ihnen tagtäglich vor Augen geführten Fülle des griechischen und römischen Pantheons, ist es insbesondere die Möglichkeit einer dualen Gottheit, mit der sich die Rabbinen auseinandergesetzt haben. Diese letztere Möglichkeit sollte vor allem in dem sich herauskristallisierenden und langsam zu sich selbst findenden Christentum konkrete Gestalt annehmen – mit den daraus resultierenden Zweifeln, Ängsten und Abgrenzungsbemühungen des rabbinischen Judentums. Tief in der jüdischen Tradition verwurzelt, wird die Vorstellung von zwei göttlichen Mächten zum *schibbolet* zwischen „Judentum" und „Christentum", allerdings nicht in einem einmaligen und zeitlich genau zu definierenden Akt dogmatischer Abgrenzung, sondern in einem langen Prozess gegenseitiger Anziehung und Abstoßung und mit deutlichen Unterschieden in Palästina und Babylonien, den beiden wichtigsten Zentren des antiken Judentums.

Wir bleiben jetzt in Babylonien, d. h. im babylonischen Talmud. Unmittelbar nach der Auslegung der beiden „Throne" in Dan 7,9, die ich im letzten Kapitel diskutiert habe, fährt der Bavli mit einem anderen Midrasch fort, in dem es nicht mehr um den Menschensohn geht, sondern um einen Engel (genauer, um den höchsten Engel) mit dem Namen Metatron:[1]

R. Nachman sagte: Wer den Häretikern (*minim*) zu antworten versteht wie Rav Idit, möge dies tun; wer aber nicht, soll lieber seinen Mund halten.[2]

Ein gewisser Häretiker (*mina*) sagte (nämlich) zu Rav Idit: „Es steht geschrieben: ,Und zu Mose sprach er [Gott]: Steig hinauf zum Herrn (*JHWH*)' (Ex 24,1). Es sollte aber doch wohl heißen: ,Steig hinauf zu mir'?!"
Er [Rav Idit] sagte zu ihm [dem Häretiker]: „Dies ist Metatron,[3] dessen Name wie der Name seines Meisters ist, wie es heißt: ,Denn mein Name ist in ihm' (Ex 23,21)."
„Wenn dies so ist," [antwortete der Häretiker,] „dann sollten wir ihn [Metatron] (auch) verehren!"

„Es steht (aber in demselben Bibelvers) geschrieben," [antwortete Rav Idit]: „,Rebelliere nicht gegen ihn (*al tamer bo*)' (Ex 23,21), [und das bedeutet,] verwechsle mich nicht mit ihm!"[4]
„Wenn dies so ist," [antwortete der Häretiker,] „wieso heißt es dann: ,Denn er wird eure Übertretungen nicht verzeihen' (Ex 23,21)?!"
Er [Rav Idit] antwortete [dem Häretiker]: „Bei Gott,[5] dass wir ihn [Metatron] nicht einmal als Führer/Bote (*parwanqa*)[6] anerkennen,

---

[1] b Sanhedrin 38b; Parallele Schemot Rabba 32,4; dazu unten S. 113 mit Anm. 40.
[2] Wörtlich: „soll nicht antworten".
[3] Und nicht, wie Goldschmidt (*Der Babylonische Talmud*, Bd. 8, *Baba Bathra/Synhedrin* [1. Hälfte], Nachdruck Berlin: Jüdischer Verlag, 1967, S. 611) und andere vorschlagen: „Dies sagte Metatron", im Sinne von „Und zu Mose sprach er [Metatron]: Steig hinauf zum Herrn (*JHWH*)." Dies ist weder sprachlich noch sachlich wahrscheinlich: *zehu Metatron* bedeutet „dies ist Metatron" und nicht „dies sagte Metatron", und sachlich ist ja gerade die Namensgleichheit (Gott und Metatron haben denselben Namen) der entscheidende Punkt.
[4] Wörtlich: „tausche mich nicht gegen ihn aus".
[5] Wörtlich: „Glaube in ihrer Hand" (eine Eidesformel).
[6] *Parwanqa* ist ein persisches Lehnwort, von Mitteliranisch *parwānak* (Mittelpersisch *parwānag*) abgeleitet; es bedeutet „Führer, Bote, Vorläufer" (vgl. Michael Sokoloff, *A Dictionary of Jewish Babylonian*

denn es steht geschrieben: ‚Da sprach er [Mose] zu ihm [Gott]: Wenn du nicht in Person[7] mitgehst, usw. [dann bring uns nicht von dort herauf]' (Ex 33,15)!"

Um diesen ganz ungewöhnlichen Midrasch zu verstehen,[8] müssen wir uns zunächst den biblischen Kontext genauer anschauen. Die Debatte ist durch den Bibelvers Ex 24,1 ausgelöst, der in der Tat ein Problem darstellt, denn wer ist „er", der zu Mose spricht. Man sollte annehmen, Gott, der nämlich Mose (zusammen mit Aaron, Nadab, Abihu und den 70 Ältesten) einlädt, auf den Berg Sinai hinaufzusteigen und ihn dort zu verehren. Aber warum sagt Gott dann, indem er Mose in direkter Rede anredet, „Steig hinauf *zum Herrn* (*JHWH*)" und nicht „Steig hinauf *zu mir*"? Das stilistische Problem hier ist bekannt und wird auch im Zusammenhang mit anderen Bibelversen diskutiert; etwa die unbeholfen klingende Wendung in Gen 19,24, dass Gott (*JHWH*) „Schwefel und Feuer *von Gott* (*JHWH*)" – statt *von ihm* – auf Sodom und Gomorra regnen lässt.[9] Solche und ähnliche Verse könnten unterstellen, dass in Wirklichkeit zwei Götter angesprochen sind. Während in anderen Midraschim eine solche Missdeutung auf rein stilistischer Basis widerlegt wird (dies ist halt die Sprache der Bibel), macht in unserem Falle die anscheinend einfache Antwort des Rabbi das Problem nur schlimmer und öffnet eine Pandora-Büchse möglicher häretischer Implikationen. Der

---

Aramaic of the Talmudic and Geonic Periods, Ramat-Gan: Bar Ilan University Press; Baltimore: Johns Hopkins University Press, 2002, S. 929).

[7] Wörtlich: „wenn dein Angesicht nicht mitgeht".

[8] Vgl. die früheren Interpretationen von Herford, *Christianity,* S. 285 ff.; Segal, *Two Powers in Heaven,* S. 68 ff.; Nathaniel Deutsch, *Guardians of the Gate: Angelic Vice Regency in Late Antiquity,* Leiden und Boston: Brill, 1999, S. 49; Boyarin, Parables of Enoch, S. 66 ff.

[9] b Sanhedrin 38b, unmittelbar auf unseren Midrasch folgend.

„Herr" in „Steig hinauf zum Herrn (*JHWH*)", behauptet Rav Idit, bezieht sich nicht auf Gott, sondern auf seinen Engel: Gott (*JHWH*) fordert Mose auf, zum Engel (*JHWH*) hinaufzusteigen, und dieser Engel ist der Engel Metatron! Wir kennen diesen Engel aus dem vorangehenden Kapitel in Exodus (Ex 23,20 ff.), allerdings noch ohne Namen:

(23,20) Siehe, ich sende einen Engel (*mal'akh*) vor dir her, um dich auf dem Wege zu behüten und dich zu dem Ort zu bringen, den ich bereitet habe. (21) Hüte dich vor seinem Angesicht und höre auf seine Stimme. Rebelliere nicht gegen ihn (*al tamer bo*), denn er wird eure Übertretungen nicht verzeihen; denn mein Name ist in ihm (*ki schemi be-qirbo*).

Hier erfahren wir, dass Gott sein Volk Israel durch einen Engel beschützen wird, der sie auf ihrem Weg durch die Wüste begleiten wird, bis sie den Ort erreichen, den Gott ihnen bereitet hat – das Land Israel. Um auch sicher in dem versprochenen Land anzukommen, ermahnt Gott sein Volk, auf seinen Engel zu hören und nicht gegen ihn zu rebellieren, denn wenn sie ihm nicht gehorchen, wird er (der Engel) ihre Übertretungen nicht verzeihen. Der Grund für diese herausragende Stellung des Engels wird eher nebenbei durch die rätselhafte Wendung am Ende des Verses geliefert: „Denn mein [Gottes] Name ist ihn ihm". Der biblische Autor macht sich nicht die Mühe zu erklären, was genau dies bedeutet (mein Name ist in ihm), und wir können nur vermuten, dass der Engel irgendwie als Gottes Agent oder Stellvertreter handelt, der Gottes Gegenwart unter dem Volk Israel in der Wüste repräsentiert.[10] Aber da der Engel in der Bibel keinen Namen hat, wissen wir nicht, was die Wendung „mein Name ist in ihm" auf der Ebene des Bibeltextes bedeutet.

---

[10] Vgl. Ex 14,19.

Der Rabbi aber weiß es. Da Metatrons Name wie der Name Gottes ist (ähnlich dem Namen Gottes oder sogar dem Namen Gottes gleich?), argumentiert er, kann der Engel Metatron auch *JHWH* genannt werden. Ich werde gleich auf die Voraussetzungen für diese kühne Gleichsetzung eingehen, aber folgen wir zunächst dem Kern der Debatte zwischen dem Rabbi und dem Häretiker. Wenn Metatron in der Tat mit *JHWH* austauschbar ist, d. h. der Engel mit Gott und Gott mit dem Engel, dann kommt der Rabbi in Schwierigkeiten. Der Häretiker lässt sich die Gelegenheit nicht entgehen und erwidert: Nun gut, aber dann sollten wir Metatron auch verehren/anbeten, da er Gott gleich ist. Die Antwort des Rabbi auf diese sehr gefährliche Schlussfolgerung nimmt zu einem Argument Zuflucht, das typisch für die rabbinische Exegese ist. Er behauptet, dass die Wendung *al-tamer bo* nicht, wie gewöhnlich verstanden, „rebelliere nicht gegen ihn [den Engel]" bedeutet, sondern „verwechsle mich nicht mit ihm";[11] mit anderen Worten: Metatron ist nicht Gott und folglich nicht wert, verehrt zu werden. Aber der raffinierte Häretiker lässt nicht locker und verweist sogleich auf eine andere Schwäche in der Argumentation des Rabbi: Wenn Metatron nicht Gott gleich ist, warum sagt die Bibel dann ausdrücklich, dass er unsere Sünden nicht vergeben wird, wenn wir nicht auf ihn hören? Ist die Sündenvergebung nicht eine Prärogative Gottes? Statt auf das Offensichtliche hinzuweisen – nämlich dass seine Interpretation „verwechsle mich [Gott] nicht mit ihm [dem Engel]" hervorragend zu der Fortsetzung des Bibelverses passt: „denn er [der Engel] wird eure Übertretungen nicht verzeihen" (weil der Engel Sünden nicht verzeihen *kann*) –, nimmt der Rabbi zu einem anderen Bibelvers

---

[11] Vom Hif'il *le-hamir*.

Zuflucht, der weit entfernt von unserem Vers steht: „Wenn *dein* [Gottes] Angesicht (d. h. deine persönliche Gegenwart) nicht [mit uns] geht, dann bring uns nicht von dort herauf" (Ex 33,15). Mit anderen Worten, wir wollen dich, Gott, persönlich und nicht bloß einen Führer oder Boten, ganz zu schweigen von jemandem, der von sich behauptet, ein zweiter Gott zu sein.

Kein Zweifel, der Häretiker hat die stärkeren Argumente,[12] und dies wird noch deutlicher, wenn wir den Kontext des Bibelabschnittes Ex 23,20 f. berücksichtigen. Während Gott in Ex 23,20 f. von sich und seinem Engel spricht, mit klarer Unterscheidung zwischen beiden, sind die darauf folgenden Verse weniger eindeutig. V. 22 fährt fort: „Wenn du aber auf *seine* [des Engels] Stimme hörst und alles tust, was *ich* [Gott] dir sage, dann will ich deiner Feinde Feind und deiner Unterdrücker Unterdrücker sein"; und dasselbe gilt für die folgenden Verse (V. 23 ff.), die fortfahren: „Wenn nun *mein Engel* vor dir hergeht und dich zu den Amoritern, Hetitern, usw. bringt, und *ich* sie vernichte ... dann werde *ich*[13] dein Brot und dein Wasser segnen, usw." (mit zahlreichen folgenden „ich"). Wenn Ex 24,1 dann diesen Passus mit „Und zu Mose sprach er: Steig hinauf zum Herrn (*JHWH*)" abschließt, ist der Leser völlig verwirrt und weiß nicht mehr, wer spricht. Der Bibeltext unterscheidet ganz offensichtlich nicht klar und eindeutig zwischen Gott und seinem Engel oder, um die Wendung unseres Rabbi zu gebrauchen, verwechselt in der Tat den Engel mit Gott. Um diese Verwechslung zu vermeiden, argumentiert Rav Idit gegen den Wortsinn des Bibeltextes („verwechsle mich

---

[12] So auch Boyarin, Parables of Enoch, S. 67.
[13] Im Hebräischen wörtlich „er", aber das „er" bezieht sich auf den „Herrn, euren Gott".

nicht mit ihm" statt „rebelliere nicht gegen ihn"). Dies ist ein Hilfsmittel, zu dem die Rabbinen häufig und erfolgreich greifen, doch in diesem Falle hat der Häretiker nicht nur ein starkes Argument für seine Interpretation, sondern sein Argument verteidigt auch den Wortsinn des biblischen Textes gegen die Exegese des Rabbi.

Wenden wir uns nun den inhaltlichen Implikationen von Rav Idits Argument zu. Unser Rabbi folgt offensichtlich einer Tradition, wonach der Engel Metatron die Stellung des höchsten Engels im Himmel einnimmt, weil sein Name wie der seines Meisters, d. h. Gottes, ist. Was die erste dieser beiden Voraussetzungen betrifft, die Stellung Metatrons als des höchsten Engels, so beruht diese auf der Gleichsetzung des vorsintflutlichen Patriarchen Henoch mit dem Engel Metatron. Was die Bibel über Henoch zu berichten weiß, ist relativ mager. Es heißt von ihm (Gen 5,21–24):

(21) Als Henoch 65 Jahre alt war, zeugte er Methuschelach. (22) Nachdem er Methuschelach gezeugt hatte, wandelte Henoch mit Gott (*wa-jithalekh Chanokh et-ha-'elohim*) (weitere) 300 Jahre und zeugte Söhne und Töchter. (23) Alle Tage Henochs beliefen sich (somit) auf 365 Jahre. (24) Henoch wandelte mit Gott (*wa-jithalekh Chanokh et-ha-'elohim*) und ward nicht mehr (*we-'einennu*), denn Gott hatte ihn weggenommen (*ki-laqach oto elohim*).

Diese wenigen rätselhaften Sätze in der Hebräischen Bibel bilden den Ausgangspunkt für zahlreiche Spekulationen in der nachbiblischen jüdischen und (später) christlichen Literatur. Wenn die Bibel zweimal betont, dass Henoch mit Gott wandelte, dann müssen wir daraus schließen, dass er nicht nur der privilegierte Favorit Gottes unter den Patriarchen war (weil er ein außergewöhnlich vorbildliches Leben führte) – und genau dies mag der Grund dafür gewesen sein, dass Gott ihn so früh hinwegnahm –, sondern dass er auch physisch, im wörtlichen Sinne des Wortes, mit Gott wandelte. Da Gott nach der Vertreibung von Adam und Eva aus dem Paradies nicht mehr mit Menschen auf der Erde wandelt, kann, so wird weiter gefolgert, Henochs Wandeln mit Gott nur im Himmel stattgefunden haben. Henoch muss demnach in den Himmel aufgestiegen sein, um Gott zu besuchen: In dem relativ jungen Alter (jedenfalls im Vergleich zu seinen Mit-Patriarchen) von 365 Jahren blieb Henoch bei Gott im Himmel und kehrte nicht mehr auf die Erde zurück. Dies ist, was das rätselhafte „und er ward nicht mehr, denn Gott hatte ihn weggenommen" bedeutet: Henoch ist in Wirklichkeit nicht gestorben, sondern wurde von Gott in den Himmel aufgenommen und weilt dort bei ihm als höchster Engel.

Dass Henoch bei Gott im Himmel weilt, hat Konsequenzen für seine Erscheinung: Ist er noch ein menschliches Wesen oder wird er zu einem Engel oder zu einem Wesen zwischen Mensch und Engel? Ist es doch undenkbar, dass ein menschliches Wesen mit seinem vergänglichen Körper bei Gott (für immer?) im Himmel weilen kann. Dieser Schritt wird erstmals in den Bilderreden des Äthiopischen Henochbuches angedeutet, wo Henoch offenbar in einen Engel verwandelt wird,[14] der Mensch-Engel oder Engel-Mensch Henoch, der zudem noch, wie wir gesehen haben, mit dem Menschensohn von Daniel gleichgesetzt wird.[15] Erst das sog. 2. (Slavische) Henochbuch, dessen griechisches Original vermutlich aus dem ersten nachchristlichen Jahrhundert stammt, sagt ausdrücklich, dass Henoch „wie einer

---

[14] 1 Hen 71,11; oben, S. 87f. Ohne dies freilich explizit zu machen: die Bilderreden sagen nur, dass Henochs „Geist verwandelt wurde" (s. oben, S. 87), beziehen sich also vermutlich auf seine geistige Verwandlung in einen Engel (unter Beibehaltung seines menschlichen Körpers?).

[15] 1 Hen 71,14; oben, S. 88.

der Glorreichen geworden war, ohne erkennbaren Unterschied" zwischen ihm und einem Engel.[16]

So weit so gut. Aber wie wird Henoch zu dem spezifischen Engel Metatron, wie von Rav Idit im Talmud vorausgesetzt? Diese Gleichsetzung wird ausdrücklich und ausführlich nur in dem zur Hekhalot-Literatur gehörigen sog. 3. oder Hebräischen Henochbuch vollzogen,[17] das in seiner Endredaktion in eine sehr viel spätere Periode gehört, nämlich in die Zeit irgendwann zwischen dem Abschluss des babylonischen Talmud (im 6. Jh.) und dem Karäer Kirkisani (um 900 n. Chr.).[18] Dort steigt Henoch tatsächlich in den Himmel auf und wird einem Verwandlungsprozess unterzogen, der sehr ausführlich beschrieben ist: Ihm wird göttliche Weisheit eingeflößt,[19] sein Körper wird

---

[16] 2 Hen 22,10.

[17] Die einzige Ausnahme ist Targum Pseudo-Jonathan Gen 5,24. Dort heißt es: „Henoch diente in Wahrheit vor dem Herrn und siehe, er war nicht (mehr) mit den Bewohnern der Erde, weil er weggenommen wurde und auf Befehl des Herrn in den Himmel emporstieg, und er wurde Metatron genannt, der Große Schreiber (*safra rabba*)". Diese Tradition ist spät (dazu Philip Alexander, „3 [Hebrew Apocalypse of] Enoch", in *The Old Testament Pseudepigrapha,* Bd. 1, *Apocalyptic Literature and Testaments,* hrsg. von James H. Charlesworth, London: Darton, Longman and Todd, 1983, S. 229 Anm. 16), greift aber mit dem Titel des „Großen Schreibers" auf frühere Henoch-Überlieferungen zurück. Vgl. dazu das Kapitel „Enoch as the Scribe" in Andrei A. Orlov, *The Enoch-Metatron Tradition,* Tübingen: Mohr Siebeck, 2005, S. 50 ff., 97 ff. In Targum Pseudo-Jonathan Deut 34,6 erscheint Metatron, zusammen mit Jofiel, Uriel und Jefefia als einer der Engel, die Mose auf seinem Totenbett zur Ruhe legen. Diese Engel sind als „weise Schriftgelehrte" charakterisiert und reflektieren somit die späte „Rabbinisierung" älterer apokalyptischer Traditionen.

[18] Vgl. Peter Schäfer und Klaus Herrmann, *Übersetzung der Hekhalot-Literatur,* Bd. 1, *§§ 1–80,* Tübingen: Mohr Siebeck, 1995, S. LIII f.

[19] Peter Schäfer, *Synopse zur Hekhalot-Literatur,* Tübingen: Mohr Siebeck, 1981, §§ 11, 14.

zu enormen Dimensionen vergrößert, und er wird mit 72 Flügeln und 365.000 Augen ausgestattet.[20] Dann stellt Gott ihm einen Thron ähnlich seinem eigenen Thron zur Verfügung und lässt einen Herold verkünden, dass er als Gottes Knecht und Fürst sowie Herrscher über alle himmlischen Mächte eingesetzt wurde.[21] Henoch-Metatron wird also Gottes Repräsentant im Himmel, sein Stellvertreter und Vizekönig. Seine Verwandlung ist aber noch nicht abgeschlossen: Nachdem er ihn mit einem königlichen Gewand bekleidet und ihm eine königliche Krone aufgesetzt hat, nennt Gott ihn: „Kleiner Gott (*JHWH ha-qatan*) ... wie es heißt: ‚denn mein Name ist in ihm' (Ex 23,21)"[22] – der Verfasser des 3. Henochbuches bezieht sich also auf genau denselben Bibeltext (Ex 23,21), den Rav Idit in unserer Bavli-Geschichte zitiert. Dann schreibt Gott mit seinem Finger auf Metatrons Krone die Buchstaben, mit denen Himmel und Erde erschaffen wurden,[23] und alle Engel im Himmel werfen sich vor ihm nieder, als sie seine Majestät und Herrlichkeit sehen.[24] Schließlich folgt die endgültige Verwandlung:[25]

Sogleich verwandelten sich mir
mein Fleisch in (Feuer)flamme,
meine Sehnen in glühendes Feuer,
meine Knochen in Ginsterkohlen;
das Licht meiner Augen in Blitzesstrahlen,
meine Augäpfel in Feuerfackeln,
die Haare meines Hauptes in Glut und Lohe,
alle meine Glieder in Flügel brennenden Feuers,

---

[20] Ibid., § 12.
[21] Ibid., § 13.
[22] Ibid., § 15.
[23] Ibid., § 16.
[24] Ibid., §§ 17f.
[25] Ibid., § 19.

der Rumpf meines Körpers in loderndes Feuer.
Zu meiner Rechten – Spalter der feurigen Lohe,
zu meiner Linken – Fackelbrand,
und rings um mich herum wehen Wind, Braus und Sturm;
und das Dröhnen von Erdbeben über Erdbeben
(war) vor mir und hinter mir.

Damit ist Henochs menschliche Existenz völlig ausgelöscht; er ist in Metatron verwandelt, einen Engel, der im Wesentlichen aus Feuer besteht. Es ist diese oder eine ähnliche Tradition, die Rav Idit im babylonischen Talmud gekannt haben muss. Wir wissen von einem Rav Idi (Idit und Idi sind Variationen desselben Namens) bar Abin I., einem babylonischen Amoräer der vierten Generation, der um 350 n. Chr. lebte; d. h. wenn wir unsere Erzählung im Bavli in Anlehnung an diese Zuschreibung datieren wollen, gelangen wir frühestens in die Mitte des 4. Jh. (bzw., wenn wir uns lieber an seinen Namensvetter Rav Idi bar Abin II., einen babylonischen Amoräer der siebenten Generation halten wollen, kommen wir in die Mitte des 5. Jh. n. Chr.). Da es sehr unwahrscheinlich ist, dass die Komposition mit dem Titel 3. Henoch schon im 4. oder auch im 5. Jh. fest umrissene Gestalt angenommen hat, muss unser Rav Idit sich auf eine unbekannte Quelle beziehen, die später in das 3. Henochbuch inkorporiert wurde.

Wie steht es nun aber mit der zweiten Voraussetzung in der Auslegung Rav Idits, dass nämlich Metatron dieser besondere Engel ist, weil sein Name wie der Name Gottes ist – *JHWH*. Was hat der Name „Metatron" mit dem Namen „*JHWH*" zu tun? Viel Tinte wurde darüber vergossen, was der Name Metatron wohl bedeuten könnte.[26] Derjenige unter den vielen Vorschlägen, der wohl am

---

[26] Vgl. die nützliche Zusammenfassung in Orlov, *Enoch-Metatron Tradition*, S. 92–96.

meisten Unterstützung gefunden hat, leitet Metatron von Griechisch *metathronos* ab, also „derjenige, der hinter dem (göttlichen) Thron (dient)" oder „derjenige, der den Thron neben dem (göttlichen) Thron (einnimmt)". Eine leichte Modifikation dieser Deutung geht davon aus, dass *metathronos* genauer *synthronos* entspricht, also „derjenige, der zusammen mit (Gott) inthronisiert ist".[27] Eine andere Ableitung, die neuerdings Zuspruch gefunden hat, möchte das lateinische *metator* („Führer, Wegführer, Landvermesser, Bote") hinter Metatron sehen und verweist insbesondere auf den römischen Offizier, der damit beauftragt ist, den Lagerplatz für das Heer vorzubereiten; noch allgemeiner könnte *metator* für jeden verwendet werden, der einen Weg bereitet, einen Vorläufer.[28] Zugunsten dieser Ableitung kann man anführen, dass *metator* tatsächlich als Lehnwort in der rabbinischen Literatur bezeugt ist,[29] während *metathronos* nicht als reguläres Lehnwort vorkommt. Die einzige frühe palästinische Quelle, in der der Terminus Metatron erscheint, der Midrasch Sifre zu Deuteronomium, weist in diese Richtung:[30]

---

[27] Dies ist von Saul Lieberman vorgeschlagen worden („Metatron, the Meaning of his Name and his Functions", in Ithamar Gruenwald, *Apocalyptic and Merkavah Mysticism,* Leiden: Brill, 1980, S. 235–241). Ich bin dieser Etymologie in meiner Monographie *Der verborgene und offenbare Gott. Hauptthemen der frühen jüdischen Mystik,* Tübingen: Mohr Siebeck, 1991, S. 28 f., Anm. 70, gefolgt.

[28] Alexander, 3 Enoch, S. 243; id., „From Son of Adam to a Second God: Transformation of the Biblical Enoch", in *Biblical Figures Outside the Bible,* hrsg. von Michael E. Stone und Theodore A. Bergen, Harrisburg, Penn.: Trinity Press International, 1998, S. 107, Anm. 31.

[29] Alexander, 3 Enoch, S. 243.

[30] Sifre Devarim § 338, ed. Finkelstein, S. 388. Ich denke nicht, dass Orlovs Versuch erfolgreich war, in Kap. 43 der kurzen Rezension des 2. Henochbuches einen frühen Hinweis auf den Titel „governor"

[„Und der Herr sprach zu Mose an jenem Tage wie folgt: Steig hinauf auf diesen Berg Abarim, den Berg Nebo, der im Lande Moab liegt, gegenüber Jericho,] und erblicke das Land Kanaan, [das ich den Söhnen Israels zum Eigentum geben werde]" (Dtn 32,48 f.).

R. Eliezer sagt: Der Finger des Heiligen, er sei gepriesen, diente Mose als *metatron* und zeigte ihm alle Städte des Landes Israel: Bis hier (reicht) das Gebiet von Efraim, bis hier das Gebiet von Manasse.

R. Jehoschua sagt: Mose selbst sah es [das Land Kanaan]! Wie das? Er [Gott] gab den Augen des Mose die Kraft, und er sah von einem Ende der Welt zum anderen.

Hier ist der Begriff *metatron* eindeutig vom Lateinischen *metator* oder vom Griechischen *mētātōr* – „Führer, Wegführer" – abgeleitet. Aber dieser Führer hat nichts mit einem Engel zu tun; im Gegenteil, es ist der „Finger" Gottes selbst, der als Führer dient, und nicht ein Engel. Entsprechend ist auch der Streitpunkt zwischen den beiden hier erwähnten Rabbinen – Eliezer b. Hyrkanos und sein üblicher Gegner Jehoschua b. Chananja, beide Tannaiten der zweiten Generation – nicht die Beziehung zwischen Gott und seinem Engel, sondern die theologische Komplikation, die sich aus der Zuschreibung eines Fingers an Gott ergibt – d. h. das Problem des Anthropomorphismus. Da alle Handschriften in der Ausgabe Finkelsteins *metatron* lesen und nicht *metator* oder *mētātōr*, liegt die Vermutung nahe, dass der ursprüngliche Terminus *metator/mētātōr* von den späteren mittelalterlichen Schreibern durch *metatron* ersetzt wurde, wegen des wohlbekannten Namens des Engels Metatron. Ich halte daher die entgegengesetzte Vermutung für sehr unwahrscheinlich, dass nämlich der Name Metatron schon früh dem Engel des Herrn in Ex 23 beigegeben wurde,

---

(*prometaya* in Slavisch) für Henoch zu entdecken, der dazu angetan sei, die Namen Henoch und Metatron miteinander zu verbinden (Orlov, *Enoch-Metatron Tradition*, S. 176–180).

der Israel – wie ein römischer Offizier auf der Suche nach dem geeigneten Lager für seine Truppen – durch die Wüste zum Gelobten Land führte.[31] Nichts in den Aufgaben des römischen Heeres-*metator* führt uns zu der Stellung und Funktion des höchsten Engels Metatron im Himmel.[32]

Diese Interpretation wird auch durch eine andere palästinische Quelle gestützt, in der der Name Metatron in ganz ähnlicher Weise erwähnt ist. Im Midrasch Bereschit Rabba wird der Befehl Gottes in Gen 1,9 („Es sammle sich das Wasser unter dem Himmel an einem Ort, auf dass das trockene Land sichtbar werde") zu Ps 104,7 in Beziehung gesetzt („Vor deinem Schelten flohen sie [die Wasser], vor dem Schall [wörtlich: der Stimme] deines Donners eilten sie dahin"). R. Levi legt die Donnerstimme Gottes wie folgt aus:[33]

---

[31] Vgl. Alexander, From Son of Adam to a Second God, S. 107: die Bezeichnung *metator* „könnte zuerst dem Engel des Herrn [in Ex 23] gegeben worden sein, der die Israeliten durch die Wüste führte: dieser Engel verhielt sich wie ein *metator* der römischen Armee, indem er die Israeliten auf ihrem Weg führte".

[32] Wie Philip Alexander in 3 Enoch, S. 229, Anm. 17, auch noch klargestellt hat: „SifDeut 338 (ed. Finkelstein, S. 388) bezieht sich nicht auf den Erzengel Metatron". Wenn er später (From Son of Adam to a Second God, S. 107 [oben, Anm. 31]; s. auch id., „Jewish Believers in Early Rabbinic Literature [2d to 5th Centuries]", in: *Jewish Believers in Jesus: The Early Centuries,* hrsg. von Oskar Skarsaune und Reidar Hvalvik, Peabody, Mass.: Hendrickson, 2007, S. 703) die Möglichkeit erwägt, dass Henoch in der Tat als *metator* betrachtet werden könnte, da er dem Volk Israel zeigte „wie sie von der Wüste dieser Welt in das Gelobte Land des Himmels entkommen könnten", schießt er, fürchte ich, über das Ziel hinaus.

[33] Bereschit Rabba 5,4; Parallelen Midrasch Tehillim 93,5 Ende (*metator*); Pesiqta Rabbati, ed. Friedmann, Hosafa 1 Pisqa 1, S. 192b (*metartar*, wohl verderbt für *metatar/metator*); die Wilna-Ausgabe von Bereschit Rabba z. St. kombiniert den Metatron der Wasser mit dem Metatron für Mose in Sifre Devarim § 338.

Die Stimme des Heiligen, er sei gepriesen, wurde zum *metatron* über den Wassern; das ist es, was geschrieben steht: „Die Stimme des Herrn ist über den Wassern; [der Gott der Herrlichkeit donnert, der Herr über den mächtigen Wassern]" (Ps 29,3).

Hier fungiert nicht der Finger, sondern die Stimme Gottes als *metatron/metator* für die Wasser der Urflut: Sie zeigt ihnen, wo sie sich sammeln sollen, um Platz für das Festland zu machen. Mit dem Engel Metatron hat dies nichts zu tun (und anders als R. Jehoschua im Midrasch Sifre ist R. Levi auch nicht wegen anthropomorpher Aussagen über Gott besorgt).

Die aus meiner Sicht plausibelste Erklärung des Namens Metatron ist daher nach wie vor diejenige, die sich auf die Inthronisation Metatrons als der höchsten Autorität im Himmel neben Gott bezieht, d. h. auf seine Erhöhung zu einer Art Mitherrscher, wenn auch dem höchsten Gott untergeordnet. Die Tatsache, dass keine der etymologischen Ableitungen voll zufrieden stellt,[34] bedeutet nicht viel – saubere etymologische Ableitungen sind ohnehin selten, ganz besonders in der Hekhalot-Literatur. Metatrons Inthronisation – und sein daraus resultierendes Amt – spielt eine so wichtige Rolle im 3. Henochbuch und in der einzigen Parallele im babylonischen Talmud,[35] dass die Affinität zwischen seinem Namen und dem himmlischen Thron schwerlich übersehen werden kann.

Aber warum ist Metatrons Name wie der Name seines Herrn, wie der Rabbi in unserer Bavli-Passage behauptet,

---

[34] Wie schon Scholem wiederholt hervorgehoben hat; s. Gershom Scholem, *Die jüdische Mystik in ihren Hauptströmungen,* Frankfurt a. M.: Suhrkamp, 1967, S. 75; id., *Jewish Gnosticism, Merkabah Mysticism, and Talmudic Tradition,* New York: Jewish Theological Seminary, ²1965, S. 43. Vgl. auch Alexander, 3 Enoch, S. 243.

[35] b Chagiga 15a (dazu unten, S. 115 ff.).

und warum beweist Ex 23,21 („denn mein Name ist in ihm") diese Behauptung? Die von Joseph Dan vorgeschlagene etymologische Erklärung,[36] dass der Name Metatron sich auf das griechische Wort *tetra* („vier") beziehe und damit auf das *Tetra*grammaton *JHWH* anspiele – dass Gottes Name somit ganz wörtlich in Metatrons Namen enthalten sei –, ist nicht sehr überzeugend. Ich glaube nicht, dass der Name Metatron etymologisch irgendetwas mit dem Gottesnamen *JHWH* zu tun hat. Metatron ist nicht der „kleine Gott" (*JHWH ha-qatan*), weil der Name *JHWH* Teil des Namens Metatron ist. Es scheint vielmehr, dass der Bavli auf eine ältere Tradition zurückgreift, wonach ein Engel tatsächlich den Namen Gottes in seinem Namen trägt, und dies ist der Engel Iaoel oder Jaho'el. Wir begegnen diesem Engel in der Apokalypse des Abraham[37] als Abrahams himmlischem Führer und Mentor. Und dort wird der Name des Engels ausdrücklich und zutreffend als derselbe Name wie der Name Gottes identifiziert (10,3): „Iao" ist das griechische Äquivalent des hebräischen Tetragramms *JHWH*,[38] gekoppelt mit der Endung „-*el*" (wörtlich „Gott"), der üblichen theophoren Endung zahlreicher hebräischer Namen. Es wurde vorgeschlagen – wie ich denke, zutreffend –, dass der Metatron des 3. Henochbuches nicht nur ältere Henoch-Überlieferungen absorbiert hat, sondern auch Iaoel-Traditionen, und dass letzteres zu der Annahme geführt hat, dass Metatrons Name wie der Name Gottes sei.[39] Es

---

[36] Joseph Dan, *The Ancient Jewish Mysticism,* Tel Aviv: MOD Books, 1993, S. 109f.

[37] Nur in altslavischer Übersetzung erhalten, aber ursprünglich nach 70 n. Chr. in Palästina verfasst.

[38] Vgl. Schäfer, *Judeophobia,* S. 52 mit Anm. 128 (S. 232).

[39] Alexander, 3 Enoch, S. 244; Schäfer-Herrmann, *Übersetzung der Hekhalot-Literatur,* Bd. 1, S. LII.

ist sogar möglich, dass der Titel *JHWH ha-qatan* ursprünglich zu Iaoel gehörte und nicht zu Metatron. Die Antwort von Rav Idit im babylonischen Talmud setzt offensichtlich genau diese Iaoel-Überlieferung voraus, die im 3. Henochbuch zusammen mit Henoch und Metatron zu der einen Metatron-Tradition verschmolzen wurde.

Damit haben wir die Implikationen von Rav Idits Metatron-Auslegung weitgehend abgesteckt. Als eine der wichtigsten Beobachtungen bleibt festzuhalten, dass sie – wie auch die Aqiva zugeschriebene Auslegung des zweiten Thrones in Daniel 7 auf den Menschensohn-Messias David – in der klassischen rabbinischen Literatur *nur* im babylonischen Talmud belegt ist. Die einzige palästinische Parallele zu Rav Idits Midrasch[40] erwähnt Metatron nicht, sondern nur einen anonymen „Fürsten" (vermutlich Michael, Israels Schutzengel). Zu diesem Befund passt, dass mit ganz wenigen und durchweg zweifelhaften Ausnahmen[41] alle Metatron-

---

[40] Schemot Rabba 32,4; vgl. auch Jalqut Schim'oni, mischpatim § 359.

[41] Zu Targum Pseudo Jonathan Gen 5,24 und Deut 34,6 vgl. oben S. 105, Anm. 17; zu Sifre Devarim § 338 (ed. Finkelstein, S. 388) vgl. oben S. 108 f., und zu Bereschit Rabba 5,4 vgl. oben S. 110 f. In Re'ujot Jechezqel (hebräischer Text in Ithamar Gruenwald, „Re'ujot Jechezqel", *Temirin* 1, 1977, S. 128–131; deutsche Übersetzung in Goldberg, *Gesammelte Studien I*, S. 127 f.) ist Metatron als einer der Namen des „Fürsten" genannt, der im Himmel *zevul* wohnt, doch spricht hier einiges dafür, dass der ursprüngliche Name dieses Fürsten Michael war, der ebenfalls mit Metatron identifiziert wurde; so schon Scholem, *Jewish Gnosticism*, S. 46. Dasselbe dürfte für Bamidbar Rabba 12,12 gelten, wo vom „Tabernakel des Jünglings" (*mischkan ha-na'ar*) mit Namen Metatron die Rede ist, der dort die Seelen der Gerechten zum Opfer darbringt: Der himmlische Hohepriester ist sonst Michael (vgl. b Chagiga 12b), und auch hier dürfte dessen Amt zu einem sehr viel späteren Zeitpunkt – nämlich unter dem Einfluss der Hekhalot-Literatur – auf Metatron übertragen worden sein.

Traditionen sich nur im Bavli und in der Hekhalot-Literatur finden. Schauen wir uns, um das Bild abzurunden, einige dieser Traditionen genauer an.

Die bekannteste einschlägige Erzählung findet sich im Traktat Chagiga des babylonischen Talmud.[42] Sie kommentiert einen älteren palästinischen Text in der Tosefta,[43] wo von vier Rabbinen berichtet wird, die in den „Garten" (*pardes*) hinaufstiegen, vermutlich einen Bereich des Himmels. (*Pardes* kann auch „Paradies" bedeuten, das verschiedentlich im dritten der sieben Himmel lokalisiert wird; auch Paulus berichtet, dass er in das „Paradies" im dritten Himmel entrückt wurde.)[44] Die Namen der Rabbinen sind bekannt – es handelt sich um Ben Azzai, Ben Zoma, Acher und R. Aqiva –, und mit Ausnahme von R. Aqiva kommen sie alle nicht unbeschädigt aus diesem Abenteuer heraus: Ben Azzai stirbt, Ben Zoma erleidet Schaden (wahrscheinlich psychischen Schaden), und von Acher heißt es kryptisch, dass er „die jungen Triebe abhieb".[45] Acher, der Held unserer Erzählung im Bavli, ist der wohlbekannte Erz-Häretiker Elischa b. Avujah; der Beiname „Acher" bedeutet wohl „ein anderer", d. h. ein Häretiker.

In allen vier Fällen liefert die Tosefta einen biblischen Schriftbeweis, der erklären soll, was genau den vier Rabbinen zustieß. Im Falle von Acher wird der Vers Prediger 5,5 zitiert: „Lass deinen Mund dein Fleisch nicht zur Sünde verführen, [und sprich nicht vor dem Engel: Es war ein Versehen!]". Es ist unklar, was dieser Vers im Kontext der Tosefta-Erzählung

---

[42] b Chagiga 15a.
[43] t Chagiga 2,3 f.
[44] 1 Kor 12,1–5.
[45] Vgl. dazu zuletzt Peter Schäfer, *The Origins of Jewish Mysticism*, Tübingen: Mohr Siebeck, 2009, S. 196 ff.

bedeutet, und der Bavli macht sich daran zu erklären, warum er in der Tosefta auf Acher angewandt wurde:

Acher haute junge Triebe nieder. Über ihn sagt die Schrift: „Lass deinen Mund dein Fleisch nicht zur Sünde verführen" (Koh 5,5). Worauf bezieht sich dies?

Er [Acher] sah, dass Metatron die Erlaubnis gegeben wurde, sich hinzusetzen und die Verdienste Israels aufzuschreiben. Da sagte er [Acher]: „Es ist aber doch überliefert, dass es oben (*lema'la*) [im Himmel] kein Stehen[46] und kein Sitzen, keine Eifersucht[47] und keine Rivalität, keine Rückseite und keine Ermüdung gibt. Gibt es vielleicht, Gott behüte, zwei Mächte (*reschujot*) [im Himmel]!?"

[Darauf] führte man Metatron weg und geißelte ihn mit 60 Feuerschlägen. Sie sagten zu ihm [Metatron]: „Warum bist du, als du ihn [Acher] gesehen hast, nicht vor ihm aufgestanden?" [Alsdann] erteilte man ihm [Metatron] die Erlaubnis, die Verdienste Achers zu streichen.

Eine Himmelsstimme ertönte und sprach: „Kehret um, ihr abtrünnigen Söhne (Jer 3,14.22) – außer Acher!" [Da] sagte er [Acher]: „Bin ich nun aus jener Welt [der zukünftigen Welt] vertrieben worden, so will ich hingehen und diese Welt genießen". So kam es, dass Acher ausartete.[48]

Acher sieht Metatron im Himmel sitzen, vermutlich auf einem Thron, und wundert sich über diesen Anblick, da er (im rabbinischen Lehrhaus) gelernt hat, dass die Engel keine Kniegelenke haben und folglich nicht sitzen können: Den Engeln ziemt es nur, Gott im Stehen zu preisen; sie sitzen nicht auf himmlischen Thronen. Weiter hat er gelernt, dass

---

[46] „Kein Stehen" mit den meisten Handschriften (David Halperin, *The Merkabah in Rabbinic Literature,* New Haven, CT: American Oriental Society, 1980, S. 167 mit Anm. 84), obwohl dies wenig Sinn macht, da es um das Sitzen und nicht das Stehen der Engel geht.
[47] „Keine Eifersucht (*qin'a*)" mit den meisten Handschriften; s. Halperin, ibid., mit Anm. 88.
[48] b Chagiga 15a.

die Engel, da sie als vollkommene Wesen erschaffen wurden und nicht sündigen können, keine Eifersucht und Rivalität untereinander kennen; und natürlich können sie auch nicht ermüden, da sie keine menschlichen Körper haben. Dass sie keine „Rückseite" haben, bezieht sich darauf, dass sie nie einander den Rücken zuwenden: Sie sind mit vier allen vier Himmelsrichtungen zugewandten Gesichtern ausgestattet und müssen sich folglich nicht umdrehen.[49] Aus all dem kann Acher nur schließen, dass er nicht einen Engel erblickt, sondern ein göttliches Wesen, und dass somit in der Tat zwei Mächte im Himmel residieren, nicht nur der eine und einzige Gott. Das ist es, so argumentiert unser anonymer Autor im Talmud, was der Vers Koh 5,5 meint: Indem er seinen Mund öffnete und vermutete, dass es zwei Mächte im Himmel geben könne, hat Acher eine schwere Sünde begangen, die er nicht dadurch ungeschehen machen kann, dass er vorgibt, dies alles sei ein Irrtum gewesen und er habe in Wirklichkeit gewusst, dass er nur einen Engel sah. Er wird von einer Himmelsstimme bestraft, die verkündet, dass seine Sünde so schwer wiegt, dass er sie niemals wiedergutmachen kann. Deshalb ist er zu ewiger Verdammnis verurteilt.

So weit so gut. Aber in unserer Bavli-Erzählung wird – merkwürdigerweise und demonstrativ – zuerst Metatron bestraft, bevor Acher drankommt. Für den Talmud ist eindeutig Metatron der Hauptbösewicht: Er wird schwer gegeißelt, da er nicht vor Acher aufgestanden ist und ihn nicht daran gehindert hat, seinen folgenschweren Fehler zu begehen. Indem er sitzen blieb, versäumte er klarzustellen, dass er kein auf seinem Thron sitzender Gott ist, sondern nur ein Engel, der im Himmel herumsteht wie alle anderen

---

[49] Dies gilt eigentlich nur für die vier Wesen von Ez 1, nicht für alle Engel im Himmel.

Engel. Mit anderen Worten, er vermittelte Acher absichtlich den falschen Eindruck, eine zweite göttliche Macht neben Gott zu sein – und deshalb muss er bestraft und zu seiner wirklichen Stellung als einer unter vielen Engeln degradiert werden.

Diese unsere Bavli-Erzählung hat eine überraschende Parallele im 3. Henochbuch, wobei nicht die Tatsache überraschend ist, dass der Talmud und das 3. Henochbuch eine ähnliche Erzählung überliefern (dies ist im Gegenteil zu erwarten), sondern dass das 3. Henochbuch gerade diese Metatron-kritische Erzählung überliefert. Unmittelbar im Anschluss an die Beschreibung von Henochs Erhöhung zum höchsten Engel im Himmel – seine Verwandlung in Metatron, den „kleinen Gott",[50] inthronisiert auf einem Thron ähnlich dem Thron Gottes, als Aufseher und Richter über alle Engel[51] – inkorporiert das 3. Henochbuch plötzlich die Acher-Überlieferung und fährt fort:

Als aber Acher kam, die Schau der Merkava zu betrachten, und seine Augen auf mich [Metatron] richtete, da fürchtete er sich, erzitterte vor mir, und seine Seele erschrak (so sehr), dass sie ihn zu verlassen drohte, wegen der Furcht, dem Schrecken und Grauen, das er vor mir empfand, als er mich sah, wie ich auf dem Thron saß wie ein König, während die Dienstengel bei mir standen wie Knechte, und alle Fürsten der Königreiche, mit Kronen gekrönt, mich ringsum umgaben. In jener Stunde öffnete er [Acher] seinen Mund und sprach: „Ganz gewiss gibt es zwei Mächte (*reschujot*) im Himmel!"

Sogleich ging eine Himmelsstimme von vor der Schekhina aus, die da sprach: „Kehrt um, ihr abtrünnigen Söhne (Jer 3,14.22) – außer Acher!"

In jener Stunde kam Anafiel, der Herr, der geehrte, herrliche, kostbare, wunderbare, furchtbare, schreckliche Fürst, im Auftrag des

---

[50] *Synopse zur Hekhalot-Literatur,* § 15.
[51] Ibid., § 20.

Heiligen, er sei gepriesen, schlug mich [Metatron] mit 60 Feuerschlägen und stellte mich auf meine Füße.[52]

Hier wird zunächst Acher bestraft – sofort nachdem er Metatron als zweite Gottheit im Himmel zu erkennen glaubte – und danach erst Metatron; außerdem erfahren wir, wer ihn bestraft: der Engel Anafiel im Auftrag Gottes. Diese Version von Achers Vision im Himmel ist folgerichtiger aufgebaut als die Fassung im babylonischen Talmud, ohne dass ich damit eine Priorität der einen vor der anderen Fassung behaupten möchte; beide ergänzen sich und schöpfen vermutlich aus einer gemeinsamen Quelle. Bemerkenswert ist aber vor allem die Einfügung der Erzählung an genau dieser Stelle im 3. Henochbuch: Nach all den Mühen, die der Redaktor auf sich genommen hat, Metatron den höchstmöglichen Rang im Himmel zuzuerkennen, nahezu Gott ebenbürtig, straft er plötzlich sich selbst Lügen und degradiert Metatron zu einem ganz gewöhnlichen Engel (der höchste Engel im Himmel ist nun offenbar Anafiel, den wir auch sonst aus der Hekhalot-Literatur kennen). Dies konterkariert ganz eindeutig das Hauptanliegen des 3. Henochbuches. Sogar der Redaktor des 3. Henochbuches fühlt sich also genötigt – wie sein Kollege im Talmud – das Bild von Metatron, das er gerade entworfen hat, abzuschwächen und in seinen Konsequenzen herunterzuspielen. So wichtig Metatron sein mag, stellt er klar, wir sollten uns dennoch hüten, ihn zu hoch zu erheben, auf eine Ebene, die ihn so gefährlich nah an Gott heranbringt – eine Einsicht freilich, die ihn nicht daran hindert, Metatron im verbleibenden Teil seines Buches weiterhin als Gottes Vizekönig oder Mit-

---

[52] Ibid. Ich folge, mit wenigen Änderungen, der Übersetzung in Schäfer-Herrmann, *Übersetzung der Hekhalot-Literatur*, Bd. 1, S. 46–48.

regent mit nahezu unbegrenzter Macht zu behandeln. Die Acher-Episode bleibt ein Fremdkörper in einem Buch, das dem glanzvollen Aufstieg eines menschlichen Wesens zur höchsten himmlischen Macht gewidmet ist.

Schließlich kennen wir noch eine weitere Fassung der Erzählung von Achers Aufstieg in den Himmel, in der jede Kritik an einer möglichen zweiten göttlichen Macht fehlt. Sie findet sich nur in der Hekhalot-Literatur, und dort in einer Passage mit der Überschrift „Das Geheimnis Sandalfons":

Elischa ben Avujah [Acher] sagte: Als ich in den *pardes* aufstieg, sah ich Akatriel YH, den Herrn der Heerscharen, der am Eingang zum *pardes* sitzt, und 120 Myriaden Dienstengel umgeben ihn, wie es heißt: „Tausend mal Tausend dienten ihm, und Myriaden mal Myriaden [standen vor ihm]" (Dan 7,10).

Als ich sie sah, erschrak ich, schrak zurück, nahm mich zusammen und ging hinein vor den Heiligen, er sei gepriesen.

Ich sagte vor ihm: „Herr der Welt, du hast in deiner Tora geschrieben: ,Siehe, des Herrn, deines Gottes (*JHWH Elohekha*), sind die Himmel der Himmel' usw. (Dtn 10,14); und es ist geschrieben: ,[Die Himmel erzählen von der Herrlichkeit Gottes (*el*),] und das Firmament (*raqia'*) verkündigt seiner Hände Werk' (Ps 19,2) – einer allein!"

Er [Gott] sagte zu mir: „Elischa, mein Sohn, bist du etwa gekommen, um über meine Geheimnisse nachzusinnen? Hast du das Gleichnis nicht gehört, das die Menschen anwenden?"[53]

Akatriel YH, den Acher im Himmel antrifft, ist zweifellos ein Engel, sehr wahrscheinlich ein anderer Name für Metatron, den höchsten Engel (der Name Akatriel ist von Hebräisch *keter* – „Krone", abgeleitet, also entweder „der mit eine Krone gekrönt ist" oder „der Gott mit einer Krone krönt"). Wie in den anderen Versionen von der Himmels-

---

[53] *Synopse zur Hekhalot-Literatur*, § 597.

reise Achers sitzt er am Eingang zum *pardes,* hier vermutlich der siebente Himmel, und ist klar von Gott unterschieden, denn Acher setzt seine Reise zu Gott fort, nachdem er Akatriel gesehen hat. Gott thront also offensichtlich in der Mitte des siebenten Himmels, während Akatriel am Eingang sitzt. Was diese Fassung aber so ungewöhnlich macht, ist die Art und Weise, in der Akatriel/Metatron beschrieben wird: er sitzt nicht nur auf einem Thron, sondern die Tausend mal Tausend und Myriaden mal Myriaden von Engeln aus Dan 7,10 – d. h. genau die Engel, die in Daniel dem „Hochbetagten" (Gott) dienen – umgeben ihn. Der Engel Akatriel ist folglich mit all den Attributen ausgestattet, die in Daniel und auch sonst ausschließlich Gott vorbehalten sind.

Wie in der Bavli- und der 3. Henoch-Fassung vom Aufstieg Achers kann dieser aus dem Anblick Akatriels nur schließen, dass es zwei Mächte im Himmel gibt, aber anders als dort nimmt er diese Konsequenz nicht bestätigend zur Kenntnis (und wird damit zum Häretiker), sondern er begibt sich im Gegenteil mutig zu Gott und wirft diesem vor, mit Akatriels Inthronisation den irreführenden Eindruck zu erwecken, dass es zwei Mächte im Himmel gibt, nämlich Gott und Akatriel/Metatron. Irreführend und falsch ist dieser Eindruck, so argumentiert er vor Gott, weil er der von Gott persönlich geschriebenen Tora widerspricht. Steht doch in der Tora geschrieben, dass die Himmel Gott gehören und von seiner Herrlichkeit berichten – *einem* Gott und nicht mehreren Göttern. Doch Gott bestraft weder den Engel noch auch Acher, sondern weist Achers – aus der Sicht des rabbinischen Judentums mehr als berechtigten – Einwand mit dem Hinweis zurück, dass er sich gefälligst um seine eigenen Angelegenheiten kümmern solle, statt sich in Gottes Geheimnisse einzumischen. Das Gleichnis, das Gott im letzten Satz ankündigt, ist leider in keiner Handschrift überliefert;[54] unmittelbar auf unsere Episode folgt ein völlig anderer Text, nämlich das magische Handbuch *Charba de-Mosche* („Schwert des Mose").

Was wir hier vor uns haben, ist also die Vorstellung von zwei göttlichen Gestalten im Himmel (Gott und der Engel Akatriel / Metatron, der ganz eindeutig mit göttlichen Attributen ausgestattet ist), den klassisch-rabbinischen Einwand gegen eine solche häretische Idee (ausgerechnet aus dem Munde Achers, der sonst immer als Erz-Häretiker porträtiert wird) und – als völlig aus dem Rahmen fallenden Höhepunkt – Gottes implizite Bestätigung dieser häretischen Idee. Wie sehr diese Vorstellung aus dem üblichen Rahmen fällt, wird noch dadurch verstärkt, dass wir andere Texte kennen, in denen Akatriel schlicht ein Name Gottes, also mit Gott identisch ist,[55] aber diese einfache Lösung ist hier, wie wir gesehen haben, ausgeschlossen. Leider haben wir keinerlei Möglichkeit, unsere Episode genauer zu datieren: Sie ist eine an die *Ma'ase Merkava* genannte Makroform[56] angehängte, vermutlich selbständige, Mikroform, deren Entstehungszeit und -ort wir nicht kennen. Sicher ist nur ihre Zugehörigkeit zur Hekhalot-Literatur und zu den späteren Metatron-Überlieferungen, wie sie uns nur im babylonischen Talmud und in der Hekhalot-

---

[54] Der Schreiber der New Yorker Handschrift sagt lakonisch: „Ich konnte das Gleichnis nicht finden", und die Oxforder Handschrift schließt mit einem Kolophon, das diesen Teil der Handschrift auf das Jahr 1042 n. Chr. datiert.

[55] b Berakhot 7a; *Synopse zur Hekhalot-Literatur*, §§ 130, 138, 151, 309 (Hekhalot Rabbati im weitesten Sinne); 3. Henochbuch, Kap. 15B in Odebergs Edition (Alexander, 3 Enoch, S. 303 f.).

[56] *Ma'ase Merkava* gilt als relativ späte Makroform der Hekhalot-Literatur mit einer Endredaktion in gaonäischer Zeit und wohl in Babylonien; vgl. Peter Schäfer, *Übersetzung der Hekhalot-Literatur*, Bd. 3, *§§ 335–596*, Tübingen: Mohr Siebeck, 1989, S. XXXII ff.

Literatur begegnen. Sie bietet eine radikal neue Deutung der Erzählung von Achers Aufstieg in den Himmel: Während die Fassungen im Bavli und im 3. Henochbuch die Idee einer zweiten (quasi-)göttlichen Macht im Himmel zwar voraussetzen, aber scharf kritisieren, *bestätigt* diese letzte Version eine solche Vorstellung und weist die rabbinische Kritik daran zurück. Wie das 3. Henochbuch reflektiert sie also Kreise, die sich ganz offensichtlich mit der kühnen Idee eines zweiten (jüngeren?) Gottes neben dem Gott der Hebräischen Bibel sehr weit vorwagten.

Unser Überblick über die Metatron-Traditionen zeitigt ein klares Ergebnis: Die überwältigende Mehrheit der Traditionen, die sich auf einen Engel Metatron als ein potentiell göttliches oder semi-göttliches Wesen beziehen, das die einzigartige Stellung Gottes im Himmel bedrohen könnte, erscheint nur im babylonischen Talmud und in der Hekhalot-Literatur. Es mag Ansätze zu solchen Vorstellungen in palästinischen Quellen gegeben haben, aber diese bleiben vage und unklar – wenn es sich nicht überhaupt um spätere babylonische Färbungen palästinischer Traditionen handelt, die ursprünglich nichts mit dem Metatron des Talmud und der Hekhalot-Literatur zu tun haben. Trifft dies zu, so führen uns die Überlieferungen um den Engel Metatron eindeutig in das kulturelle und religiöse Klima des babylonischen Judentums. Es ist das Weltbild des babylonischen, nicht des palästinischen Judentums, das die Vorstellung eines göttlichen Vizekönigs oder Mitregenten in die Figur des Engels Henoch-Iaoel-Michael-Metatron-Akatriel kleidet, jenes außerordentlichen menschlichen Wesens, das in den Himmel emporstieg und in den „Kleinen Gott" verwandelt wurde.

Dieses Ergebnis wird durch zwei weitere Beobachtungen bekräftigt, die beide außerliterarisches Material berücksichtigen. Die erste bezieht sich auf die sog. babylonischen Zauberschalen, das sind aus Ton gebrannte Schalen mit auf der Innenseite der Schalen ringförmig angebrachten Inschriften in aramäischer Sprache. Der magisch-apotropäische Zweck der Schalen ist in den Inschriften benannt: Es geht meist um den Schutz der Familie, des Hauses oder Besitzes des Auftraggebers, die Abwehr von Dämonen, oft auch um Liebeszauber oder darum, einem Feind Schaden zuzufügen. Die Schalen wurden umgedreht, d. h. mit der Öffnung nach unten, in der Erde vergraben oder auch in die Fundamente des Hauses eingemauert – wahrscheinlich um die Dämonen und Schadensgeister einzufangen und in der Schale festzuhalten. Zahlreiche dieser Schalen wurden von Juden im sassanidischen Babylonien in Auftrag gegeben und stammen aus dem 6. bis 8. Jh. n. Chr., d. h. aus der Zeit des babylonischen Talmud. In den Inschriften der Schalen jüdischer Provenienz taucht erstaunlich häufig der Name Metatron auf,[57] meist mit dem Titel „der Große Fürst" (*śara rabba* oder *iśra rabba*),[58] manchmal auch genauer „der Große Fürst seines [Gottes] Thrones" (*iśra rabba de-kurseh*),[59] „der Große Fürst der ganzen Welt" (*isra rabba de-*

---

[57] Ich danke Shaul Shaked für eine vorläufige Liste von Metatron-Belegen auf den Zauberschalen. Auf noch unpublizierten Schalen finden wir die Titel „der Große Fürst des Firmaments / Himmels" (*śara rabba de-raqia'*) (MS 2053/252) oder „Metatron, der Fürst des [göttlichen] Angesichts" (*śar ha-panim*) (Moussaieff 1,12 f.); letzterer ist der am häufigsten belegte Titel Metatrons in der Hekhalot-Literatur.

[58] Vgl. in der Hekhalot-Literatur § 376 und die Genizafragmente G4, fol. 1a/17, 1b/1; G8, fol. 1b/15, in Peter Schäfer, *Geniza-Fragmente zur Hekhalot-Literatur*, Tübingen: Mohr Siebeck, 1984, S. 69, 101.

[59] Gordon D = Cyrus H. Gordon, „Aramaic Magical Bowls in the Istanbul and Baghdad Museums", *ArOr* 6, 1934, S. 328 f., Z. 11;

khulleh 'alma)⁶⁰ oder „der Große Fürst (*sara rabba*), der der Große Heiler (*asja rabba*) des Erbarmens genannt wird".⁶¹ In einer in Nippur gefundenen Zauberschale vom Anfang des 7. Jh. erscheint Metatron zusammen mit anderen Engeln und erhält (als einziger der Engel) das Epithet YH, d. h. das abgekürzte Tetragramm, so wie Akatriel im „Geheimnis des Sandalfon".⁶² Ohne allzu viel in das an den Namen Metatron angehängte Tetragramm hineinlesen zu wollen – nicht nur Metatron, sondern auch andere Engel erhalten in der Hekhalot-Literatur häufig das Tetragramm als Bestandteil ihres Namens –, es kann kein Zweifel daran bestehen, dass Metatron in den Zauberschalen eine herausragende Stellung einnimmt und dass die Zauberschalen in dieser Einschätzung Metatrons aus derselben Quelle schöpfen wie der babylonische Talmud und das 3. Henochbuch. Anders formuliert, die Vorstellungen über Metatron, wie sie in den Inschriften der Zauberschalen zum Ausdruck kommen, im Bavli kritisiert werden und ihren Triumph im 3. Henochbuch und im „Geheimnis Sandalfons" feiern – diese Vorstel-

---

Charles D. Isbell, *Corpus of the Aramaic Incantation Bowls,* Missoula, Mont.: Scholars Press, 1975, S. 112f. (Text 49, Z. 11).

⁶⁰ Gordon L = Gordon, „Aramaic and Mandaic Magical Bowls", *ArOr* 9, 1937, S. 94 = Isbell, *Corpus,* S. 127f. (Text 56, Z. 12f.). Auf Metatron folgt hier Rafael, der „Fürst der Heilung" (*isra de-asuta*) genannt wird. Auf einer von Mark Geller publizierten Schale („Two Incantation Bowls Inscribed in Syriac and Aramaic", *BSOAS* 39, 1976, S. 426), ist Metatron mit sechs anderen „Fürsten, die über alle [...] gesetzt sind" erwähnt (unglücklicherweise fehlt das entscheidende Wort). Eine von Shakeds unveröffentlichten Schalen (Berlin VA 2416,4–7) nennt Metatron als einen von sieben Engeln, die „Himmel und Erde, die Sterne, die Planeten, den Mond und den Ozean umstürzen".

⁶¹ Gordon, „Two Magic Bowls in Teheran: The Aramaic Bowl", *Orientalia* 20, 1951, S. 307 = Isbell, *Corpus,* S. 129 (Text 57, Z. 5).

⁶² James A. Montgomery, *Aramaic Incantation Texts from Nippur,* Philadelphia: The University Museum, 1913, S. 207, Z. 4. (Nr. 25).

lungen müssen zusammen betrachtet und beurteilt werden und gehören offensichtlich zu denselben Kreisen innerhalb des babylonischen Judentums.

Meine zweite außerliterarische Beobachtung greift auf R. Aqivas Midrasch von den beiden Thronen im Himmel zurück – einer für Gott und der andere für den Messias-Menschensohn –, die ich im letzten Kapitel diskutiert habe. 1932 wurden in Dura Europos die Reste eine Synagoge entdeckt, die rundum mit farbenprächtigen Fresken ausgemalt war – ein bis heute unerhörter und einmaliger Tatbestand. Wir kennen zwar Mosaiken in antiken Synagogen, aber keine Fresken, und schon gar nicht so früh, denn wir können die Fresken sehr genau datieren: Dura Europos war eine römische Grenzstadt am Euphrat im heutigen Syrien, an der Grenze zum sassanidischen Reich. Die Fresken entstanden zwischen 244 und 255 n. Chr.; nach 254 wurde die Synagoge mit Erde und Schutt aufgefüllt und in den Verteidigungswall der Stadt einbezogen. Diese Maßnahme rettete Dura zwar nicht vor dem Untergang – die Stadt wurde 256/57 durch den sassanidischen König Schapur I. erobert –, sollte aber die Fresken, im Schutt konserviert, für die Nachwelt bewahren.

Die wichtigste Wand der Synagoge ist die nach Jerusalem gerichtete Westwand; in ihr befindet sich der Toraschrein, komplett umgeben von in Paneelen unterteilten Fresken (Abb. 1). In den beiden Paneelen direkt über dem Toraschrein, also offensichtlich in sehr zentraler Stellung, befinden sich zwei Fresken, die leider besonders schlecht erhalten und mehrfach übermalt worden sind. Das erste Stadium der Bemalung wird durch einen beide Paneele übergreifenden Baum repräsentiert, mit zwei schwer zu identifizierenden Objekten links und rechts vom Baumstamm (Abb. 2). Dann wurden der obere und der untere

Teil des Baumes ausgemalt: oben mit einer auf einem Thron sitzenden Figur, flankiert von zwei Gestalten, mit einem Löwen darunter (Abb. 3) und später ergänzt um zwölf weitere Gestalten; unten mit einer ebenfalls sitzenden, die Leier spielenden Figur (links von dem Löwen) und mit zwei Szenen darunter: links der sterbende Jakob, der seine zwölf Söhne segnet und rechts Jakob, der in Gegenwart seines Sohnes Josef seine Enkelsöhne Efraim und Manasse segnet (Abb. 4). Später hinzugefügte Bordüren unterteilen und umrahmen die beiden Hauptteile des Freskos (Abb. 5).

Uns interessieren hier die beiden inthronisierten Gestalten. Seit der Ausgrabung der Synagoge ist viel über ihre Identifizierung gerätselt worden, und ich kann hier nicht ausführlich darauf eingehen. Am plausibelsten erscheint mir immer noch die Vermutung, dass es sich bei der oberen, inthronisierten Figur um König David handelt, und zwar nicht den historischen König David, sondern David, den Messiaskönig; und bei der Leier spielenden Figur ebenfalls um David, und zwar um einen David, der griechische Orpheus-Traditionen aufgenommen hat und ebenfalls als messianische Figur verstanden wird.[63] Diese Häufung von

---

[63] Vgl. u. a. Robert Comte du Mesnil du Buisson, *Les Peintures de la synagogue de Doura-Europos, 245–256 après J.-C.*, Rom: Pontifico Istituto Biblico, 1939, S. 48–51; Andrè Grabar, „Le Thème religieux des fresques de la Synagogue de Doura", *RHR* 123, 1941, S. 170–172; Henri Stern, „The Orpheus in the Synagogue of Dura-Europos", *JWCI* 21, 1958, S. 1–6; Erwin R. Goodenough, *Jewish Symbols in the Greco-Roman Period*, Bd. 9: *Symbolism in the Dura Synagogue: Text, i*, New York: Pantheon, 1964, S. 78–123 („The Reredos"). Paul V.M. Flesher („Rereading the Reredos: David, Orpheus, and Messianism in the Dura Europos Synagogue", in *Ancient Synagogues: Historical Analysis and Archaeological Discovery*, hrsg. von Dan Urman und Paul M. Flesher, Bd. 2, Leiden-New York-Köln: Brill, 1995, S. 346–366) hat sich emphatisch gegen jede jüdisch-messianische Deutung dieser und

Hinweisen auf den Messiaskönig David ist auffallend, ganz besonders, wenn man die Gesamtkomposition mit dem oberhalb des Toraschreines und in der Krone des Baumes thronenden David beachtet. Der Gedanke an den davidischen Messias als den letzten Spross aus der Wurzel Jesse drängt sich auf (Jes 11,1), als Gegenbild zur christlichen Darstellung Jesu als Messiaskönig in den Apsen christlicher Kirchen.[64] Der Löwe bezieht sich natürlich auf den Löwen Judas, ein weiteres prominentes messianisches Symbol, und die später hinzugefügten zwölf Gestalten dürften auf die zwölf Stämme Israels verweisen, denen das messianische Heil zuteil wird. Und was ist mit den beiden Gestalten links und rechts von dem inthronisierten David? Die meisten Forscher wollen darin für David relevante Propheten sehen, also etwa Samuel (der ihn zum König salbte) und Natan (Samuels Nachfolger).[65] Jonathan Goldstein hat dagegen vorgeschlagen, dass es sich bei dem Dura-Fresko um die erste bekannte Darstellung von Mose und Elija handelt, die den Thron des erhöhten Messiaskönigs flankieren,[66] wie

---

anderer Szenen ausgesprochen: Er verweist (mit Recht) darauf, dass wichtige christliche Theologen wie Clemens und Eusebius Orpheus mit Jesus (und im Gefolge dieser Deutung auch Orpheus mit David) identifizierten und dass die Belege für eine jüdische Gleichsetzung von Orpheus mit David sehr spärlich sind (außer dem angeblichen Dura-Beleg nur noch das Mosaik der Synagoge von Gaza aus dem 6. Jh.). Wenn er daraus aber schließt, dass die jüdisch-messianische Deutung der Szene(n) in Dura unhaltbar sei und eine „christianization' of Dura's Judaism" (S. 359) bedeute, so klingt dies verdächtig nach der Maxime, dass nicht sein kann, was nicht sein darf.

[64] Kurt Weizmann und Herbert L. Kessler, *The Frescoes of the Dura Synagogue and Christian Art,* Washington, D.C.: Dumbarton Oaks Research Library and Collection, 1990, S. 91.

[65] Ibid., S. 91 f.

[66] Jonathan Goldstein, „The Central Composition of the West

wir sie dann auch von späteren christlichen Darstellungen kennen (etwa vom Katharinenkloster am Berg Sinai und von San Apollinare in Classe, beide aus dem 6. Jh. n. Chr.). Bekanntlich erscheinen Mose und Elija zusammen mit dem verklärten Christus im Neuen Testament,[67] und dies ist zweifellos der Grund, warum sie in den christlichen Mosaiken mit dem erhöhten Christus dargestellt werden. Sollten die Juden von Dura Europos in ihrem Fresko eine ursprünglich jüdische Tradition – Mose und Elija als Begleiter des Messiaskönigs – fortsetzen, in Kenntnis dieser christlichen Konnotationen? Oder sollten sie sogar auf diese christliche Adaptation oder besser Usurpation einer jüdischen Tradition *antworten* und sagen: Wir wissen um diesen christlichen Zusammenhang, und wir reklamieren gerade deswegen unseren jüdischen Messias mit seiner Begleitung für uns zurück? Über dem Toraschrein thront der erhöhte Messias, weil die Erfüllung der Tora uns das Kommen des Messias verheißt und die endgültige Erlösung, nicht zuletzt auch die Erlösung von der christlichen Unterdrückung.

Diese programmatische Botschaft auf der Westwand der Synagoge von Dura Europos erscheint nicht von ungefähr in einer Synagoge an der äußersten Ostgrenze des römischen Reiches, unmittelbar an der Grenze zum sassanidischen Mesopotamien. Die Fresken sind voll von persischen Einflüssen, und auch David ist in persischer Kleidung abgebildet. Offensichtlich fühlten die Juden in diesem gottverlassenen Grenzposten sich nicht nur frei, ihre Synagogen mit Fresken auszumalen und persische Einflüsse in ihrer

---

Wall of the Synagogue of Dura-Europos", *JANES* 16–17, 1984–85, S. 118 ff.

[67] Mt 17,2 f.; Mk 9,4.

Kunst aufzunehmen, sie nahmen sich auch die Freiheit, sich offensiv mit dem Christentum auseinanderzusetzen, geographisch fern von den Begrenzungen des rabbinischen Judentums in Palästina und auch zeitlich noch relativ fern von den dogmatischen Festlegungen der christlichen Konzilien.

Mit den Metatron-Traditionen des babylonischen Talmud und des 3. Henochbuches dagegen sind wir im Kernland des sassanidischen Mesopotamien und zeitlich auch sehr viel später, eindeutig *nach* den dogmatischen Festlegungen von Nizäa (325), Konstantinopel (381) und Chalcedon (451). Die Juden der babylonischen Akademien des 6. oder 7. Jh. lebten unter völlig anderen Bedingungen als ihre Glaubensgenossen im römischen und byzantinischen Herrschaftsbereich. Sie waren eine Minderheit im sassanidischen Reich, aber im Vergleich zu den Christen eine eher bevorzugte Minderheit. Sie konnten es sich leisten, ohne sich den Verfolgungen christlicher Machthaber auszusetzen (verfolgt wurden unter den Sassaniden die Christen, nicht die Juden), ihren Glauben offensiv gegenüber den Christen zu vertreten, und sie haben diese Möglichkeit genutzt, wie wir auch aus anderen Quellen wissen.[68] Es spricht nichts dagegen, dass sie das Neue Testament kannten; im Gegenteil, das Neue Testament war in Mesopotamien in syrischer Sprache verbreitet (im Diatessaron, der Evangelienharmonie, und/oder in der syrischen Peschitta), und das syrische Aramäisch ist ein dem Aramäisch des babylonischen Talmud eng verwandter Dialekt.

Guy Stroumsa hat unsere Aufmerksamkeit in diesem Zusammenhang auf einen bemerkenswerten neutestament-

---

[68] Vgl. dazu Schäfer, *Jesus im Talmud,* S. 231 ff.

lichen Text gelenkt,[69] den berühmten Christushymnus im Philipperbrief, wo es von Jesus heißt:[70]

(6) obwohl er von göttlicher Gestalt war (*en morphē theou*),
hielt er aber nicht daran fest, wie Gott zu sein,
(7) sondern er entäußerte sich
und nahm die Gestalt eines Sklaven an (*morphēn doulou*),
den Menschen gleich geworden.
Und einem Menschen gleich gefunden,
(8) erniedrigte er sich und war gehorsam bis zum Tod,
bis zum Tod am Kreuz.
(9) Darum hat ihn Gott über alle erhöht (*hyperypsōsen*)
und ihm den Namen verliehen,
der größer ist als alle Namen (*to onoma to hyper pan onoma*),
(10) auf dass im Namen Jesu sich alle Knie beugen sollen
im Himmel, auf der Erde und unter der Erde,
(11) und jede Zunge bekenne,
dass Jesus Christus der Herr ist,
zur Ehre Gottes, des Vaters.

Wenn wir diesen Text im Lichte der Metatron-Traditionen im 3. Henochbuch lesen, so werden einige erstaunliche Parallelen sichtbar (und einige Unterschiede). Obwohl ursprünglich von „göttlicher Gestalt", bestand Christus nicht auf seiner Gottgleichheit, sondern nahm die „Gestalt eines Sklaven", d. h. eines menschlichen Wesens, an. Nach seinem Tod erhöhte Gott ihn, d. h. erweckte ihn von den Toten und gab ihm einen Namen, der „über allen anderen Namen" ist, woraufhin alle himmlischen und irdischen Geschöpfe ihn verehrten und als „Herrn" anerkannten. Die Bewegung geht hier von oben nach unten (von Jesu göttlicher Existenz zu seiner menschlichen Gestalt) und dann wieder von unten

---

[69] Gedalyahu G. Stroumsa, „Form(s) of God: Some Notes on Metatron and Christ", *HTR* 76, 1983, S. 282 ff.; ausführlicher dazu Schäfer, *Origins of Jewish Mysticism*, S. 324 ff.
[70] Phil 2,6–11.

nach oben (von seiner menschlichen Existenz zurück zu seiner göttlichen Gestalt). In Metatrons Fall gibt es nur eine Bewegung von unten nach oben: Er beginnt als menschliches Wesen, das aber nicht stirbt (und schon gar nicht eines so schmählichen Todes wie Jesus am Kreuz), sondern das von Gott in den Himmel erhoben wird, um dort seine nahezu göttliche Funktion als Gottes Stellvertreter und Vizekönig wahrzunehmen – in der Gestalt Gott ähnlich und mit dem Namen sowie den Attributen Gottes ausgestattet, verehrt von den Engeln. In diesem erhöhten Zustand wird er sowohl „Sklave" (*eved*) als auch „Kleiner Gott" (*JHWH ha-qatan*) genannt. Bei allen Ähnlichkeiten suggeriert die Metatron-Tradition somit eine dramatische Umkehrung der Botschaft des Neuen Testaments. Auch wir haben eine gottgleiche oder gottähnliche Figur aufzuweisen, unterstellt sie, aber diese Figur hatte ihren Ursprung nicht im Himmel und gab dann ihre Göttlichkeit auf, um Mensch zu werden; nein, dieser unser Erlöser war ganz und gar menschlich und von Gott erwählt, in ein göttliches Wesen verwandelt zu werden, um seine Aufgabe als Gottes Sklave und Richter von Engeln und Menschen zu übernehmen.

Man könnte also argumentieren, dass Metatron hier in der Tat die Rolle von Jesus Christus übernimmt, aber ohne den mythischen – und für den jüdischen Leser unannehmbaren – Beipack von Jesu göttlichem Ursprung und menschlicher Geburt. Die im Neuen Testament so prominente Erlöserqualität dieser göttlichen Figur findet sich ohne Zweifel auch in der Metatron-Überlieferung. Der Metatron des 3. Henochbuches kennt – und richtet – alle Geheimnisse in den Herzen seiner früheren Mitmenschen auf Erden;[71] und der Metatron der Häretiker des Bavli soll menschliche Über-

---

[71] *Synopse zur Hekhalot-Literatur*, § 14.

tretungen verzeihen, also Sünden vergeben. Mit anderen Worten, dies ist meine These, der Metatron gewisser Kreise im Bavli und im 3. Henochbuch, gegen den die Rabbinen des Bavli und der Endredaktor des 3. Henochbuches polemisieren, wird zu einer jüdischen Erlöserfigur – weit über die Rolle hinaus, die der traditionelle Messias in dem Szenarium von Rettung und Erlösung spielt –, und zwar als *Antwort* auf Jesu Funktion im Christentum. Wir brauchen Jesus nicht, so argumentieren diese Kreise, und wir müssen uns ganz gewiss nicht in jenes bizarre und unverständliche Netz christologischer Feinheiten verwickeln lassen, in dem ihr Christen gefangen seid. Unser Erlöser ist ein Mensch, der in ein göttliches Wesen verwandelt wurde, und als solcher richtet er nun, zusammen mit Gott (oder besser, in seinem Namen) Himmel und Erde.

Die Spannung zwischen dieser Funktion und der Aufgabe des traditionellen Messias ist im 3. Henochbuch nicht wirklich gelöst (das 3. Henochbuch bewahrt gleichzeitig viele der traditionellen messianischen Elemente), aber in gewissem Sinne könnte man durchaus die Meinung vertreten, dass dieser Metatron das traditionelle Messiaskonzept abgelöst hat – ganz ähnlich dem Neuen Testament, wo der Messias gekommen ist und dennoch zurückkehren muss. Die neue und kühne Botschaft des 3. Henochbuches wäre dann: Unser Repräsentant im Himmel wird am Ende der Zeiten zu uns Menschen zurückkehren und das Erlösungswerk vollenden. Die endgültige Erlösung wird weder durch den traditionellen Messias noch auch durch Gott selbst vollbracht werden, sondern durch einen Retter, der einer von uns ist – wahrer Mensch und neuer Gott.

5. Der leidende Messias Efraim

Das rabbinische Judentum kennt – neben dem Messias aus dem Hause Davids, der vorherrschenden messianischen Gestalt – auch einen Messias ben Josef (ben Efraim), d. h. einen Messias aus dem Hause Josefs bzw. Efraims. Josef, als einer der zwölf Söhne Jakobs, war der Stammvater eines der zwölf Stämme Israels, der später in Efraim und Manasse geteilt wurde (Jos 17,17).[1] Wir wissen weder, warum ausgerechnet Josef zu der Ehre eines eigenen Messias kam, noch, wann und warum diese Vorstellung eines Messias aus seinem Hause entstanden ist.[2] Sicher ist nur, dass irgendwann in vorrabbinischer oder auch erst in rabbinischer Zeit dem davidischen Messias aus dem Stamm Judas ein weiterer Messias aus dem Stamm Josefs/Efraims zur Seite gestellt wurde.

Die direkten Zeugnisse über diesen Messias ben Josef/Efraim sind spärlich und relativ spät. Das (schwer datierbare) Targum Pseudo-Jonathan erwähnt nur kurz, dass der Messias ben Efraim von Josua abstammt und dass er am

---

[1] Efraim war der jüngere Sohn Josefs, der von Jakob zusammen mit seinem Bruder Manasse gesegnet wurde. Gegen das Erstgeburtsrecht Manasses legte Jakob dem jüngeren Efraim die (bevorzugte) rechte Hand auf und dem älteren Manasse seine linke Hand.

[2] Vgl. dazu Charles C. Torrey, „The Messiah Son of Ephraim", *JBL* 66, 1947, S. 253–277; Joseph Heinemann, *Aggadah and its Development,* Jerusalem: Keter, 1974, S. 131–141 (Hebr.); id. „The Messiah of Ephraim and the Premature Exodus of the Tribe of Ephraim", *HTR* 8, 1975, S. 1–15; David C. Mitchell, „Messiah ben Joseph: A Sacrifice of Atonement for Israel", *Review of Rabbinic Judaism* 10, 2007, S. 77–94.

Ende der Zeiten Gog und Magog bezwingen wird.[3] Ausführlicher ist der babylonische Talmud, der in einer Diskussion über den bösen Trieb Traditionen über den Messias ben Josef in einer Weise einflicht, die vermuten lässt, dass diese Traditionen wohlbekannt waren.[4] Dort erwähnt R. Dosa, ein Tannait der vierten Generation vom Ende des 2. Jh. n. Chr., eher beiläufig, dass der Messias ben Josef getötet wird, und er belegt dies mit dem Bibelvers Sach 12,10: „Und sie werden auf den blicken, den sie durchbohrt haben; sie werden um ihn trauern, wie man um den einzigen Sohn trauert". Die Rabbanan fügen dem hinzu, dass der Messias ben David, wenn er sieht, dass der Messias ben Josef getötet wird, Gott darum bittet, nicht dasselbe Schicksal erleiden zu müssen, und dass Gott ihm diese Bitte gewährt. Wir können also annehmen, dass der Bavli eine Tradition voraussetzt, nach der der Messias ben Josef dem Messias ben David vorausgeht und in einem (endzeitlichen?) Kampf umkommen wird; der Messias ben David dagegen wird ihn überleben und sich möglicherweise als Sieger im Entscheidungskampf gegen die Völker erweisen.[5] Die Serubbabel-Apokalypse aus

---

[3] Targum Pseudo-Jonathan Ex 40,11: Interessanterweise fällt der Messias ben Efraim hier nicht im Endkampf gegen Gog, sondern besiegt ihn. Vgl. auch das Targum zum Hohenlied, Hld 4,5 und 7,4, wo der Messias ben David und der Messias ben Efraim mit Mose und Aaron verglichen werden; von einem Endkampf ist keine Rede. In der Targum Tosefta zu Sach 12,10 dagegen fällt der Messias bar Efraim im Entscheidungskampf gegen Gog vor den Toren Jerusalems (Rimon Kasher, *Targumic Tosefot to the Prophets,* Jerusalem: World Union of Jewish Studies, 1996, S. 223 f. [Hebr.]).

[4] b Sukka 52a.

[5] In Bereschit Rabba 75,6 wird, ohne sie beim Namen zu nennen, ein „Kriegsmessias" einem „König Messias" gegenübergestellt. Im Midrasch Tanchuma, Wajjigasch § 3 (ed. Buber, fol. 103a) kommt der Kriegsmessias aus dem Stamm Josef, und sein Partner ist der Messias aus dem Stamm Juda, also der davidische Messias. Midrasch Tehillim

der ersten Hälfte des 7. Jh. beschreibt diesen messianischen Endkampf genauer. Dort fällt der Messias ben Efraim/Josef im Kampf gegen Armilus, den Antichristen, der in seiner Person das römische Reich und das Christentum verkörpert; der endgültige Sieg über Armilus bleibt dem Messias ben David und seiner Mutter Chefzi-Bah vorbehalten.[6]

Von dieser Tradition einer doppelten Messiaserwartung – eines getöteten Messias ben Efraim und eines siegreichen Messias ben David – hebt sich ein Überlieferungskomplex ab, der nur einen einzigen Messias mit dem Namen Messias Efraim kennt, d. h. nicht Messias *ben* Efraim und ohne seinen Partner Messias ben David. Dieser Überlieferungskomplex ist völlig singulär und findet sich nur in dem Midrasch Pesiqta Rabbati, einem homiletischen Midrasch zu den Festen und besonderen Sabbaten, der in seiner Endredaktion auf das 6. oder 7. Jh. datiert wird (was aber noch nichts für die jeweiligen Einzeltraditionen bedeutet; ich komme darauf zurück).[7] Es sind die Homilien 34, 36 und 37 in der Pesiqta Rabbati, die den Messias Efraim erwähnen und die nicht nur deswegen eng zusammengehören, d. h. offenbar einer gemeinsamen Traditionsschicht entstammen. Arnold Goldberg hat ihnen eine eigene Monographie gewidmet.[8] Ich werde im Folgenden die Vorstellung

---

60,3 erwähnt den Messias ben Efraim als den Vorläufer des Messias ben David und lässt Nechemja ben Chuschiel (so heißt der Messias aus dem Hause Josefs/Efraims in der Serubbabel Apokalypse) vor den Toren Jerusalems sterben; vgl. auch Midrasch Tehillim 87,6.

[6] Himmelfarb, Sefer Zerubbabel, S. 75 ff.; Reeves, The Prophetic Vision of Zerubbabel ben Shealtiel, S. 55 ff.

[7] Stemberger, *Einleitung in Talmud und Midrasch,* S. 296 f.

[8] Arnold Goldberg, *Erlösung durch Leiden. Drei rabbinische Homilien über die Trauernden Zions und den leidenden Messias Efraim (PesR 34. 36. 37),* Frankfurt am Main: Selbstverlag der Gesellschaft zur Förderung Judaistischer Studien in Frankfurt am Main e.V., 1978. Vgl.

vom Messias Efraim in diesen drei Homilien und die ihr zugeordneten Motive genauer untersuchen.[9]

Pisqa 34

Pisqa 34, eine Homilie zum Haftaravers Sach 9,9, stimmt unmittelbar in das messianische Thema ein: „Juble laut, Tochter Zions, jauchze, Tochter Jerusalems! Siehe, dein König kommt zu dir. Gerecht und erlöst ist er, demütig und reitend auf einem Esel, auf dem Füllen der Eselin". Dieser Vers hat eine lange messianische Traditionsgeschichte und wird, ganz am Ende der Homilie, auf einen Messias mit Namen Efraim bezogen:

„Demütig und reitend auf einem Esel" (Sach 9,9).
Das ist der Messias.

---

schon vorher Gustav Dalman, *Der leidende und der sterbende Messias der Synagoge im ersten nachchristlichen Jahrtausend,* Berlin: Reuther, 1888; Siegmund Hurwitz, *Die Gestalt des sterbenden Messias. Religionspsychologische Aspekte der jüdischen Apokalyptik,* Zürich und Stuttgart: Rascher Verlag, 1958; und zuletzt Michael Fishbane, „Midrash and Messianism: Some Theologies of Suffering and Salvation", in *Toward the Millenium: Messianic Expectations from the Bible to Waco,* hrsg. von Peter Schäfer und Mark Cohen, Brill: Leiden, Boston, Köln, 1998, S. 57–71. Jae Hee Han schrieb 2009 seine Princetoner B.A.-Arbeit über die Pisqa 36: *„And his Name is Ephraim, My True Messiah": Christian Elements in the Pesikta Rabbati Piska 36.*

[9] Hebräischer Text in *Pesiqta Rabbati: A Synoptic Edition of Pesiqta Rabbati Based upon all Extant Manuscripts and the Editio Princeps,* Bd. 2, hrsg. von Rivka Ulmer, Lanham, ML: University Press of America, 2009, S. 816–821; 830–836; 837–845 (zitiert mit dem Kürzel PesR, gefolgt von der Nummer der Pisqa und des Paragraphen); die deutsche Übersetzung folgt (mit kleinen Änderungen) der Übersetzung mit ausführlichem Kommentar in Goldberg, *Erlösung durch Leiden.*

Und warum wird sein Name „demütig" (*'ani*) gerufen? Weil er sich demütig niederbeugte (*nit'aneh*)[10] all die Jahre im Gefängnis und die Frevler Israels über ihn lachten.
Warum auf einem Esel reitend? Wegen der Frevler. […][11]
(Doch) durch das Verdienst des Messias beschützt sie [Israel] der Heilige, er sei gepriesen, auf geradem Wege und erlöst euch, wie es heißt: „Mit Weinen werden sie kommen und mit Flehen. Ich führe sie und leite sie zu Wasserbächen, auf geradem Wege, [darauf sie nicht straucheln. Denn ich bin Israel zum Vater geworden, und Efraim, mein Erstgeborener ist er"] (Jer 31,9).
Was lehrt die Schrift, wenn sie sagt „ist er" (Jer ibid.)? (Er ist es) in den Tagen des Messias, er ist es in der zukünftigen Welt, und es ist kein anderer bei ihm".[12]

Der Messias, der lange Zeit im Gefängnis verbracht hat, offenbart sich hier als „demütig" und „auf einem Esel reitend". Seine Gegner sind die „Frevler Israels", also Juden, die ihn verspottet und offenbar auch ins Gefängnis geworfen haben. Sein Name, Efraim, wird nur indirekt aus dem zitierten Jeremiavers erschlossen: Efraim, der bevorzugte Sohn Josefs (der Zweitgeborene, der durch Jakobs Segen zum Erstgeborenen wurde), ist jetzt der Messias Efraim, Gottes Erstgeborener. Der kryptische Schluss scheint klarstellen zu wollen, dass Efraim der einzige Messias ist, dass es also keinen weiteren Messias neben ihm gibt (so wie es keinen weiteren Gott neben Gott gibt). Dies dürfte sich konkret gegen die Vorstellung der zwei Messiasse aus dem Hause Efraims und Davids richten: Die Tradition eines Messias aus dem Hause Davids spielt nicht nur keine Rolle, sie wird explizit verworfen.

Das Erlösungswerk des Messias Efraim wird nicht genauer beschrieben. Klar ist nur, dass Israels Erlösung etwas

---

[10] Ein Wortspiel mit *'ani*.
[11] Der Text ist hier unklar bzw. korrupt; vgl. Goldberg z. St.
[12] Ulmer, PesR 34, § 8; Goldberg, *Erlösung durch Leiden,* S. 73.

mit dem „Verdienst" (*zekhut*) des Messias zu tun hat. Die gut bezeugte rabbinische Vorstellung vom „Verdienst der Väter" (*zekhut avot*) – das durch die selbstlosen Taten der Erzväter (und -mütter) Israels erworbene „Verdienst", das in den nachfolgenden Generationen weiterwirkt – ist hier auf den Messias übertragen: weil Efraim demütig den Spott der Frevler Israels im Gefängnis ertragen hat, konnte er zum Messias und Retter Israels werden oder, anders formuliert, Israel wird nur erlöst, weil der Messias den Spott seiner Feinde auf sich genommen hat. An anderer Stelle sagt Gott von diesem Verdienst des Messias, dass es seinen ganzen himmlischen Hofstaat aufwiegt, d. h. es ist Gott so wichtig und lieb wie sein himmlischer Hofstaat (die Engel).[13]

Wer genau die Gegner und die Anhänger des Messias sind, wird in der Homilie weiter ausgeführt. Als seine Anhänger werden gleich zu Beginn die „Trauernden Zions" (*avele tzion*) identifiziert, ein Begriff, der uns zuerst in der Bibel begegnet (Jes 61,3). Manche Forscher nehmen an, dass es sich hier um eine konkrete, asketisch orientierte Gruppe handelt, die sich schon nach der Zerstörung des Ersten Tempels konstituierte und die bis weit in die rabbinische Zeit hineinwirkte.[14] In unserer Homilie zeichnen sich die Trauernden Zions dadurch aus, dass sie ganz besonders aktiv die messianische Erlösung erwarten und dass sie deswegen von ihren Feinden verachtet und verspottet werden; der Verspottung des Messias entspricht also direkt die Verspottung seiner Anhänger. Unmittelbar vor dem Kommen des Messias (d. h. wohl vor seiner Befreiung aus dem Gefängnis) schickt Gott Engel der Zerstörung in die Welt, die ihr

---

[13] Ulmer, PesR 34, § 7; Goldberg, *Erlösung durch Leiden*, S. 72.
[14] Vgl. Goldberg, *Erlösung durch Leiden*, S. 131 ff.; Fishbane, Midrash and Messianism, S. 61 f., mit Verweis auf die Elephantine Papyri.

Zerstörungswerk bei den Spöttern der Erlösung vollbringen, aber die Trauernden Zions verschonen. Dadurch erkennen die Frevler Israels, dass sie die Trauernden Zions und ihren Messias zu Unrecht verspottet haben.[15]

Diese Frevler Israels, die Gegner des Messias und der Trauernden Zions, sind schwerer zu bestimmen, doch wird der Kontrast deutlich, wenn wir uns den Text genauer ansehen. Unmittelbar nach der Bestrafung der Spötter wendet Gott sich an die „Gerechten der Welt":

Und der Heilige, er sei gepriesen, verkündet den Gerechten einer jeden Generation und Generation; er spricht zu ihnen:

Gerechte der Welt, obgleich die Worte der Tora mir angenehm[16] sind – dass ihr meine Tora geliebt (*chibbitem*),[17] aber nicht mein Königtum geliebt habt, (deshalb) schwöre ich: Jeder, der mein Königtum liebt,[18] den bezeuge ich selber zum Guten, wie es heißt: „Deshalb wartet (*chakku*) auf mich, Spruch des Herrn, auf den Tag, da ich als Zeuge[19] aufstehe (Zef 3,8) – für die Trauernden (Zions), die (mit mir)[20] Leid getragen haben über mein zerstörtes Haus [den Tempel] und über meine verödete Heiligtumshalle. Jetzt werde ich für sie Zeugnis ablegen, wie es heißt: „[Doch ich bin] mit dem Zerschlagenen und dem, dessen Geist erniedrigt wurde" (Jes 57,15). Lies nicht: „mit dem Zerschlagenen und dem, dessen Geist erniedrigt wurde",

---

[15] Ulmer, PesR 34, § 5; Goldberg, *Erlösung durch Leiden,* S. 70.
[16] So (*'arevim*) in Ms. Parma; der Erstdruck hat „nötig" (*tzerikhim*).
[17] So in der Handschrift Parma und im Erstdruck. Goldberg, *Erlösung durch Leiden,* S. 71 mit Anm. 30, schlägt vor, *chibbitem* in *chikkitem* zu emendieren, also „dass ihr zwar auf meine Tora, aber nicht auf mein Königtum gewartet habt", weil dies besser zum Schriftbeweis Zef 3,8 („deshalb wartet auf mich") passt. Ich möchte vermuten, dass der ursprüngliche Midrasch mit beiden Wörtern spielt: „dass ihr zwar meine Tora geliebt (*chibbitem*), aber nicht auf mein Königtum gewartet habt (*chikkitem*)".
[18] Der Erstdruck hat die wenig sinnvolle Lesart „Vergessen" (*schekhicha*).
[19] So im Sinne des Midrasch.
[20] So im Erstdruck.

sondern: „mit mir[21] ist der Zerschlagene". Das sind die Trauernden (Zions), welche ihren Geist erniedrigten und ihre Schmach gehört und doch geschwiegen haben, und es sich nicht zugute hielten.[22]

Die Gerechten jeder Generation, die Gott hier anredet, sind offensichtlich die Gerechten Israels, die sich durch besonderen Toragehorsam auszeichnen – also alles andere als eine Gruppe von bösartigen Frevlern. Und doch möchte ich annehmen, dass diese „Gerechten" die Gegner der Trauernden Zions sind: Sie sind die Frommen, die auf unbedingten Toragehorsam setzen und die Gott gleichwohl tadelt, dass sie darüber sein „Königtum" vernachlässigt haben. Toragehorsam ist absolut notwendig und ihm angenehm, so lautet Gottes Botschaft an die Gerechten, aber eben nicht auf Kosten seines Königtums. Dies ist eine geradezu paradoxe Aussage, denn was tun die Gerechten denn anderes als durch ihren Toragehorsam das „Joch der Königsherrschaft" Gottes immer wieder neu auf sich zu nehmen? Und doch tadelt Gott sie und wirft ihnen vor, dass sie über der Liebe zur Tora die Liebe zu seinem Königtum vergessen haben. Toragehorsam alleine genügt nicht; er bedarf der Ergänzung durch das aktive Warten auf das Königtum Gottes. Dies ist genau das, was Gott den Gerechten vorwirft – und womit er sie letztlich zu Frevlern stempelt –, dass sie sich mit einem unvollkommenen Toragehorsam begnügen, dem die entscheidende Komponente der messianischen Erwartung fehlt.

Mit dieser kühnen Aussage stößt der Verfasser unserer Homilie in ganz unerhörte und neue Bereiche vor. Wie sehr er sich damit über die überkommenen Wertmaßstäbe und

---

[21] Der Text in Ms. Parma (*'l*) und im Erstdruck (*oti*) ist verderbt; mit Goldberg lese ich *itti* – „mit mir".

[22] Ulmer, PesR 34, § 6; Goldberg, *Erlösung durch Leiden,* S. 71 f.

Konventionen des rabbinischen Judentums hinwegsetzt, zeigt die Fortsetzung, in der die Gerechten der Welt wegen ihres Versagens in Tränen ausbrechen und Gott ihnen versichern muss, dass ihnen der Lohn für ihren Toragehorsam gleichwohl erhalten bleibt.[23] Der Verfasser der Homilie vollführt einen schwierigen Balanceakt zwischen den Idealen des klassischen rabbinischen Judentums und der Trauernden Zions. Es geht nicht um die Ersetzung des einen Ideals (Toragehorsam) durch das andere (Erwartung des Königtums Gottes), aber doch um eine Akzentverschiebung. Das vorherrschende rabbinische Judentum, so lautet die Kritik unseres Autors, hat eine entscheidende Komponente dieses Toragehorsams vergessen, ja sogar in der aktiven Verfolgung der Trauernden Zions unterdrückt: die Erwartung der nahe bevorstehenden Erlösung. Wann und wo immer der Verfasser der Homilie genauer zu verorten ist, eines ist sicher: Er kritisiert seine Zeitgenossen bzw. die gesellschaftlich und politisch maßgebende Schicht seiner Zeitgenossen für die Vernachlässigung der messianischen Erwartung. Wenn wir uns die Geschichte des rabbinischen Judentums vergegenwärtigen, mit dem offenkundigen Niedergang akuter messianischer Hoffnungen nach dem Fehlschlag des Bar Kokhba-Aufstandes, so liegt der Verdacht nahe, dass wir es hier mit einer Gegenbewegung gegen diesen Trend zu tun haben – entweder irgendwann während der Blütezeit dieses rabbinischen Judentums, mit den Trauernden Zions als einer mysteriösen, historisch schwer greifbaren Randgruppe, oder aber am Ausgang der rabbinischen Zeit, mit dem Wiederaufleben apokalyptischer Schriften im 7. Jh. n. Chr. (ich komme darauf zurück).

---

[23] Ulmer, PesR 34, § 7; Goldberg, *Erlösung durch Leiden*, S. 73.

Pisqa 36

Diese Pisqa spricht die Spannung zwischen Toragehorsam und messianischer Erwartung gleich zu Anfang an. Der Haftaravers ist Jes 60,1 („Erhebe dich, werde Licht, denn dein Licht kommt [und die Herrlichkeit des Herrn strahlt auf über dir]"), dem Ps 36,10 gegenübergestellt wird („Denn bei dir ist die Quelle des Lebens, [in deinem Licht sehen wir Licht]". In einem ersten Schritt deutet der Ausleger Ps 36,10 auf das Licht der Tora, die eine Quelle des Lebens genannt wird, d. h. deren Erfüllung Leben bringt: Wenn wir die Tora wie vorgeschrieben erfüllen, dann wird uns auch das Licht des Messias von Jes 60,1 zuteil werden. Mit anderen Worten, Toragehorsam führt zur Erlösung. Dies ist zweifellos die traditionelle rabbinische Auslegung.

In einem nächsten Schritt nimmt die Homilie aber eine ganz andere Wendung. Nachdem er gewissermaßen der Norm Genüge getan hat, deutet der Autor unserer Homilie das Licht von Ps 36,10 auf das Licht des Messias: Es ist das Licht, von dem es in Gen 1,4 heißt „Und Gott sah das Licht, dass es gut war" und das Gott, zusammen mit dem Messias, unter dem Thron seiner Herrlichkeit im Himmel verborgen hat.[24] Der Autor nimmt hier die auch sonst bekannte Tradition auf, wonach der Messias zu den sieben Dingen gehört, die vor der Erschaffung der Welt erschaffen wurden bzw. deren Notwendigkeit von Gott schon vor

---

[24] Ulmer, PesR 36, § 1; Goldberg, *Erlösung durch Leiden,* S. 147 f. Diese Auslegung beruht auf der Unterscheidung zwischen dem „Licht" von Gen 1,4 und den „Lichtern" am Himmelsgewölbe von Gen 1,14: da Sonne, Mond und Sterne erst später im Schöpfungsbericht erwähnt werden, muss es sich bei dem Licht von Gen 1,4 um ein ganz besonderes Licht handeln.

der Erschaffung der Welt vorausgesehen wurde:[25] Er verbirgt den Messias unter seinem Thron,[26] bis die Zeit seiner Offenbarung gekommen ist. Auch dies ist geläufige rabbinische Theologie, aber mit der Zusammenstellung seiner beiden Auslegungen von Ps 36,10 zuerst auf die Tora und dann auf den Messias setzt der Autor der Homilie einen unerwarteten polemischen Akzent. Es stimmt, so sagt er, Toragehorsam führt zur messianischen Erlösung – aber das Licht des Messias wartet auch unter Gottes Thron auf seine Zeit, und diese Zeit wird von Gott bestimmt und ist letztlich unabhängig von der Toraerfüllung Israels. Man denkt hier unmittelbar an die bekannte Diskussion zwischen R. Eliezer (b. Hyrkanos) und R. Jehoschua (b. Chananja) über die Frage, ob der Termin der Erlösung von Israels Toraerfüllung abhängt (so R. Eliezer) oder aber, unabhängig von Israels Bemühungen, von Gott ein für allemal festgesetzt wurde (so R. Jehoschua).[27] Die Homilie nimmt eindeutig die Meinung von R. Jehoschua an, da sie nirgends wieder auf die Toraerfüllung zurückkommt, sondern im Gegenteil von der apokalyptischen „Jahrwoche" als dem festgesetzten

---

[25] Bereschit Rabba 1,4: genau genommen ist es der *Name* des Messias, der in Gottes Gedanken aufstieg, erschaffen zu werden.

[26] Der Text ist hier nicht ganz eindeutig und könnte auch so verstanden warden, dass Gott das Licht für den Messias (und nicht den Messias) unter seinem Thron verbirgt; vgl. Goldberg, *Erlösung durch Leiden*, S. 148. Da Gott aber anschließend mit dem Messias seine Bedingungen aushandelt, muss auch der Messias selbst (physisch) unter dem Thron verborgen sein.

[27] j Taanit 1,1/16f., fol. 63d; b Sanhedrin 97b f.; Tanchuma, bechuqqotai § 3 Ende; Tanchuma Buber, ibid. § 5 Ende; dazu vgl. Peter Schäfer, „Die messianischen Hoffnungen des rabbinischen Judentums zwischen Naherwartung und religiösem Pragmatismus", in id., *Studien zur Geschichte und Theologie des rabbinischen Judentums,* Leiden: Brill, 1978, S. 216 ff.

Termin der Erlösung ausgeht.[28] Der Messias Efraim wurde vor der Erschaffung der Welt unter Gottes Thron verborgen und wird zu dem von Gott festgesetzten Zeitpunkt erscheinen. Der Satan und die ihm hörigen „Fürsten der Völker der Welt" (das sind die Könige der Heidenvölker) versuchen zwar, sein Erscheinen zu verhindern,[29] doch nützen ihre Ränkespiele nichts: Gott hat den Messias erwählt und den Zeitpunkt seines Erscheinens in einer bestimmten Generation vorherbestimmt.[30]

Dies folgt mehr oder weniger dem traditionellen rabbinischen Drehbuch. Was aber aus dem Rahmen fällt, ist zunächst wieder der Name des Messias, den Gott direkt (d. h. ohne Bezug auf Jer 31,9 wie in Pisqa 34) zum ersten Mal den Fürsten der Völker der Welt gegenüber erwähnt: „(Der) Messias, sein Name ist Efraim, mein Messias (der Gerechtigkeit)".[31] Schon dieser Name ist, wie wir in Pisqa 34 gesehen haben, alles andere als typische rabbinische Theologie.[32]

---

[28] Ulmer, PesR 36, § 4; ibid., § 8; Goldberg, *Erlösung durch Leiden,* S. 150, 152. Wenn Fishbane, Midrash and Messianism, S. 65, argumentiert, dass „der Gehorsam vor dem Gesetz hier als das Mittel erhöht ist, durch das man an der messianischen Herrlichkeit teilhaben kann", glättet er die Spannung zwischen Toraerfüllung und messianischer Erwartung in der Homilie und ignoriert den polemischen Akzent.

[29] Ulmer, PesR 36, § 2, 5; Goldberg, *Erlösung durch Leiden,* S. 148, 151.

[30] Ulmer, PesR 36, § 5f., 9; Goldberg, *Erlösung durch Leiden,* S. 149, 152, 154f.

[31] Ulmer, PesR 36, § 3; Goldberg, *Erlösung durch Leiden,* S. 149. „der Gerechtigkeit" fehlt in Ms. Parma, und der Erstdruck hat „seiner Gerechtigkeit" (*tzidqo*), doch ist zweifellos mit Ulmer, PesR 36, § 6, *tzidqi* zu emendieren.

[32] Unabhängig vom Namen Efraim ist auch das Epithet „Messias der Gerechtigkeit" ungewöhnlich. Goldberg verweist als direkte Parallele auf den Titel „Lehrer der Gerechtigkeit" (*moreh ha-tzedeq*) in Qumran; s. Goldberg, *Erlösung durch Leiden,* S. 173.

Was der Autor der Homilie dann aber genauer über diesen Messias Efraim sagt, geht weit über das hinaus, was wir sonst aus dem rabbinischen Judentum kennen. Nachdem er ihn zum Messias erwählt hat, trifft Gott mit Efraim eine Vereinbarung bzw. genauer macht mit ihm Bedingungen aus, die er annehmen muss, wenn er wirklich der Messias Israels sein will:

Da begann (der Heilige, er sei gepriesen), mit ihm [dem Messias] Bedingungen auszumachen und sprach (zum ihm):[33]

Diese,[34] die bei dir verborgen sind, deren Sünden werden dich einst (unter)[35] ein eisernes Joch bringen und werden dich wie jenes Kalb machen, dessen Augen dunkel wurden, und sie werden deinen Geist unter dem Joch[36] würgen. Um der Sünden dieser willen wird einst deine Zunge an deinem Gaumen kleben. Hast du Gefallen daran?

Der Messias sprach vor dem Heiligen, er sei gepriesen: Wird diese Mühsal viele Jahre währen?

Da antwortete ihm der Heilige, er sei gepriesen: Bei deinem Leben und beim Leben meines Hauptes: Eine Woche (an Jahren) [eine Jahrwoche] habe ich über dich verhängt. Wenn aber deine Seele (darüber) betrübt ist, dann vertreibe ich sie sogleich (aus meiner Gegenwart).[37]

Die Vereinbarung zwischen Gott und dem Messias ist völlig singulär in der rabbinischen Literatur. Was konkret besagt sie? Zunächst, dass die Sünden derer, die mit dem Messias verborgen sind, den Messias belasten werden. Diejenigen, die mit dem Messias verborgen sind, werden nicht genauer benannt, doch bezieht sich dies offensichtlich auf die „Generation" derer, die vorher als zusammen mit dem Messias

---

[33] Ms. Parma hat *lekha* („zu dir"), was sicher in *lo* („zu ihm") zu korrigieren ist.
[34] So mit dem Erstdruck.
[35] So mit dem Erstdruck.
[36] So statt „unter seinem Joch" in Ms. Parma und im Erstdruck.
[37] Ulmer, PesR 36, § 4; Goldberg, *Erlösung durch Leiden,* S. 149 f.

unter dem Thron der Herrlichkeit verborgen erwähnt wurden.[38] Wahrscheinlich handelt es sich um die noch nicht erschaffenen Seelen derer, die unter dem Thron Gottes auf ihre Inkorporierung warten, d.h. alle zukünftigen Mitglieder des Volkes Israel von der Erschaffung der Welt bis zum Kommen des Messias in der Endzeit.[39] Mit anderen Worten, Gott bestimmt für den Messias, dass die Sünden aller Menschen aller Generationen ihm auferlegt werden wie ein eisernes Joch: Sie werden seine Augen verdunkeln wie die Augen eines Kalbes, das unter seiner Last zusammenzubrechen droht – ein Bild, das vielleicht auf Jer 31,18 anspielt („Ich höre gar wohl, wie Efraim wankend klagt: Du hast mich gezüchtigt, und ich bin gezüchtigt wie ein ungezähmter Jungstier") –, der Geist des Messias wird unter der Last der Sünden gewürgt, d. h. erstickt, und seine Zunge wird an seinem Gaumen kleben. Dieser letzte Teil spielt offenkundig auf Ps 22,16 an: „Trocken wie eine Scherbe ist meine Kraft,[40] meine Zunge klebt mir am Gaumen".[41]

Gott fragt den Messias ausdrücklich, ob er zustimmt, diese schwere Last auf sich zu nehmen, und der Messias fragt zunächst zurück – ganz im Stile einer talmudischen Diskussion –, wie lange diese Leiden denn dauern werden. Gottes Antwort: eine Woche (an Jahren). Dies ist die Maßeinheit der apokalyptischen Jahrwoche, d. h. der Dauer von sieben Jahren. Der klassische Beleg dafür, der hier vermutlich vorausgesetzt wird, ist die Baraita von den sieben Jahrwochen im babylonischen Talmud: „Die Rabbinen haben

---

[38] Ulmer, PesR 36, § 2; Goldberg, *Erlösung durch Leiden,* S. 148.

[39] Vgl. b Jevamot 62a, 63b; b Avoda Zara 5a; b Nidda 13b.

[40] „Kraft" (*kochi*) ist hier vielleicht in „Kehle" (*chikki*) zu korrigieren.

[41] Zur Parallele in der *Pugio Fidei* des Raimundus Martinus vgl. Goldberg, *Erlösung durch Leiden,* S. 181, 260 ff.

gelehrt: In der Jahrwoche, in der der Sohn Davids kommt, wird im ersten Jahr ...; im zweiten Jahr ...; im dritten Jahr ... [etc.]; im siebenten [Jahr] Kriege, und am Ausgang des siebenten [Jahres] kommt der Sohn Davids".[42]

Der Messias muss also eine Leidenszeit von sieben Jahren erdulden, sehr wahrscheinlich während seines irdischen Lebens, d. h. nachdem er als Messias inkorporiert und auf die Erde geschickt wurde. Die Dauer dieser Leidenszeit wird von Gott feierlich durch eine Schwurformel bekräftigt: Sie wird gewiss nicht länger, aber auch nicht kürzer als eine Jahrwoche sein. Und Gott lässt dem Messias ausdrücklich die Wahl: er kann diesen Bedingungen zustimmen oder auch sie ablehnen. Was passiert, wenn er sie ablehnt, ist in dem kryptischen letzten Satz nur angedeutet. Offenbar will Gott damit sagen: Wenn du nicht bereit bist, diesen Bedingungen zuzustimmen, dann werde ich sie – vermutlich die Seelen der ungeborenen Menschen unter Gottes Thron – vertreiben, d. h. ich werde dafür sorgen, dass sie niemals geboren werden. Wenn die Annahme zutrifft, dass es sich bei den ungeborenen Seelen im Himmel um alle menschlichen Generationen handelt, übermittelt Gott dem Messias nicht mehr und nicht weniger als die Drohung: Wenn du nicht bereit bist, die Sünden der Menschen auf dich zu nehmen, dann werde ich meine Entscheidung, die Menschen zu erschaffen, rückgängig machen – mit anderen Worten, die Erschaffung des Menschengeschlechtes hängt von der Zustimmung des Messias ab, die zu erwartenden Sünden dieser Menschen auf sich zu nehmen.

Dieses Ansinnen, das Gott an den Messias richtet, ist unerhört. Man denkt sofort an den umfangreichen Midraschkomplex vom Widerspruch der Engel gegen die Erschaffung

---

[42] b Sanhedrin 97a.

des Menschen und Gottes zornige Reaktion darauf: Er wirft die Engel, die ihm zu widersprechen wagen, auf die Erde[43] oder verbrennt sie,[44] denn er hat längst beschlossen, den Menschen zu erschaffen, obgleich er weiß, dass der Mensch sündigen wird. Im klassischen rabbinischen Midrasch ist der sündige Mensch möglich, weil Gott von Anfang an das Korrektiv der „Umkehr" oder „Buße" (*teschuva*) in seinen Schöpfungsplan eingebaut hat: Der Mensch kann Buße tun und damit seine Sünden und ihre Folgen korrigieren.[45] Doch dieser Weg wird hier nicht beschritten. Gott vertraut nicht auf die Bußfähigkeit der Menschen, sondern ausschließlich auf die Bereitschaft des Messias, die Sündenlast aller Menschen auf sich zu nehmen; dies allein garantiert, dass die Schöpfung bestehen bleibt und zu ihrem glücklichen Ende in der messianischen Zeit gelangt.

Arnold Goldberg hat dies völlig richtig gesehen, wenn er schreibt: „Der Messias wird [hier] auf eine einzigartige Weise in den Mittelpunkt der Schöpfung gestellt, das zukünftige Leben hängt von ihm ab".[46] Wenn er allerdings unmittelbar darauf einschränkend feststellt, dass dies denn doch so ungewöhnlich nicht sei, weil der Midrasch auch sonst das Verdienst der Väter als den Grund für die Erhaltung der Welt kenne, nimmt er unserer Homilie in harmonisierender Weise ihren eigentlichen Stachel. Wie wir in Pisqa 34 gesehen haben, kennen die Autoren der Pesiqta Rabbati-Homilien das Konzept vom Verdienst der Väter sehr genau, aber das Verdienst des Messias geht weit darüber hinaus; sein Verdienst ist nicht eines unter anderen, sondern hebt das Verdienst der Väter in gewisser Weise auf. So wie der übliche

---

[43] Bereschit Rabba 8,4f.
[44] b Sanhedrin 38b.
[45] Bereschit Rabba 1,4.
[46] Goldberg, *Erlösung durch Leiden,* S. 186.

Toragehorsam nicht mehr ausreicht und durch die messianische Erwartung ergänzt werden muss, reicht auch das Verdienst der Väter alleine nicht mehr aus und wird durch das Verdienst des Messias ergänzt bzw. letztlich ersetzt.

Der biblische Hintergrund für das stellvertretende Leiden, das der Messias hier auf sich nehmen soll, sind die Lieder vom Gottesknecht (*'eved JHWH*) bei Jesaja, vor allem das lange Lied in Jes 53:

(3) Er wurde *verachtet* (*nivzeh*) und von den Menschen gemieden,
ein Man voller Schmerzen, mit Krankheit vertraut.
Wie einer, vor dem man das Gesicht verhüllt,
war er *verachtet* (*nivzeh*), und wir schätzten ihn nicht.
(4) Aber er hat unsere Krankheit getragen
und unsere Schmerzen auf sich geladen.
Wir aber meinten, er sei von Gott geschlagen,
von ihm getroffen und gebeugt.
(5) Doch er wurde durchbohrt *wegen unserer Verbrechen,*
wegen unserer Sünden zermalmt.
Zu unserem Heil lag die Strafe auf ihm,
durch seine Wunden sind wir geheilt.
(6) Wir hatten uns alle verirrt wie Schafe,
jeder ging für sich seinen Weg.
Doch der Herr lud auf ihn
die Schuld von uns allen.
(7) Er wurde *misshandelt* und *niedergedrückt,*
aber er tat seinen Mund nicht auf.
Wie ein Lamm, das man zum Schlachten führt
und wie ein Schaf angesichts seiner Scherer,
so tat auch er seinen Mund nicht auf.
(8) Durch *Haft und Gericht* wurde er dahingerafft,
doch wen kümmerte sein Geschick?
Er wurde vom Land der Lebenden abgeschnitten
und *wegen der Verbrechen seines Volkes* zu Tode getroffen.
(9) Bei den Ruchlosen gab man ihm sein Grab,
bei den Verbrechern seine Ruhestätte,
obwohl er kein Unrecht getan hat
und kein trügerisches Wort in seinem Munde war.

(10) Doch der Herr fand Gefallen an seinem zerschlagenen (Knecht),
er rettete den, der sein Leben als *Sühnopfer* hingab. [...]
(11) Nachdem er so vieles ertrug,
erblickt er das Licht.
Er sättigt sich an Erkenntnis.
Mein Knecht, *der gerechte,*
macht die Vielen gerecht;
er lädt ihre Schuld auf sich.
(12) Deshalb gebe ich ihm seinen Anteil unter den Großen,
und mit den Mächtigen teilt er die Beute,
weil er sein Leben dem Tod preisgab
und sich unter die Verbrecher rechnen ließ.
Denn *er trug die Sünden von vielen*
und trat für die Schuldigen ein.

Wir wissen nicht, wer ursprünglich mit diesem verachteten Gottesknecht gemeint war, doch spielt dies für unseren Zusammenhang auch keine Rolle. Sicher ist, dass er auf den Messias gedeutet werden konnte und gedeutet wurde. Auffallend ist aber, dass genau dieses Gottesknechtslied in unserer Homilie *nicht* zitiert wird, obgleich sie sich in vielen Teilen wie eine Interpretation zu Jes 53 liest (ich habe einige Parallelen durch Kursive hervorgehoben, obgleich diese unter dem Vorbehalt stehen, dass der hebräische Text außerordentlich schwierig und teilweise korrupt ist): die Verachtung des Messias; sein ihm von Gott auferlegtes Leiden für die Sünden der Menschen; seine Gefangennahme; er erblickt das Licht am Ende seines Leidens; er ist gerecht und macht die Vielen gerecht, etc. Nur *ein* entscheidender Zug im Gottesknechtslied fehlt in der Homilie völlig: der Tod des Gottesknechtes, denn von einem Tod des Messias Efraim kann keine Rede sein – im Gegenteil, durch sein Leiden erwirbt er (ewiges?) Leben für sich und sein Volk Israel.

Unter den (wenigen) frühjüdischen Texten, die vom Sühneleiden einer eschatologischen Retterfigur reden und dabei wohl auf Jes 53 anspielen,[47] ragen das aramäische Testament Levis und die sog. Selbstverherrlichungshymne heraus, die beide in Fragmenten der Bibliothek von Qumran erhalten sind. Im Testament Levis heißt es von dem eschatologischen Priester:

(2) Und er wird alle Söhne seiner Generation entsühnen (*jekhapper*)
und er wird gesandt werden zu allen Söhnen (3) seines [Volkes].
Seine Rede entspricht der Rede des Himmels,
und seine Lehre entspricht dem Willen Gottes. […]
(5) Viele Worte werden sie gegen ihn sagen
und eine Menge (6) [Lügen];
Erdichtetes werden sie über ihn erdichten,
und alle Schmähungen (*genu'in*) werden sie gegen ihn sprechen.[48]

Die hier vorgestellte eschatologische Gestalt ist offensichtlich umstritten, nimmt aber für sich in Anspruch, Gott auf ihrer Seite zu haben. Von ihrem Sühne*leiden* ist zwar nicht direkt die Rede, aber sie entsühnt – vermutlich in einem kultischen Akt – die Sünden ihres Volkes.

In der in zahlreichen Fragmenten bezeugten Selbstverherrlichungshymne[49] rühmt sich eine unbekannte Gestalt,

---

[47] Ausführlich dazu Martin Hengel, „Zur Wirkungsgeschichte von Jes 53 in vorchristlicher Zeit", in id., *Judaica, Hellenistica et Christiana. Kleine Schriften II,* Tübingen: Mohr Siebeck, 1999, S. 72–114 (Erstveröffentlichung in *Der leidende Gottesknecht. Jesaja 53 und seine Wirkungsgeschichte,* hrsg. von Bernd Janowski und Peter Stuhlmacher, Tübingen: Mohr Siebeck, 1996, S. 49–91); erweiterte englische Fassung „The Effective History of Isaiah 53 in the Pre-Christian Period", in *The Suffering Servant: Isaiah 53 in Jewish and Christian Sources,* hrsg. von Bernd Janowski und Peter Stuhlmacher, Grand Rapids, MI: Eerdmans, 2004, S. 75–146.

[48] 4Q541, Fragment 9, Kol. I, in *The Dead Sea Scrolls Study Edition,* hrsg. von Florentino García Martínez und Eibert J. C. Tigchelaar, Bd. 2: *4Q274–11Q31,* Leiden, Boston, Köln: Brill, 1998, S. 1080 f.

[49] Vgl. ausführlich Esther Eshel, „4Q471B: A Self-Glorification Hymn", *RdQ* 17/65–68, 1996, S. 175–203.

auf einen Thron unter die Engel im Himmel erhoben worden zu sein. Doch diese in geradezu prahlerischen Worten vorgetragene Erhöhung ist gleichzeitig mit einer mysteriösen Erniedrigung verbunden:

(7) Ich rechne mich unter die Göttlichen (*elim*),
und meine Stätte ist in der heiligen Versammlung.
Nicht wie ein (Mensch von) Fleisch (und Blut) ist [mein] Verlan[gen],
[sondern] alles, was mir kostbar ist, ist (die) Ehre
(8) [der Götter in der] heiligen [Stä]tte.
Wer wurde gleich mir für verachtenswert gehalten (*mi la-vuz nechschav bi*)?
Und wer kann mit mir in meiner Herrlichkeit verglichen werden?
[…]
(9) Wer trä[gt alle] Leiden (*tze'arim*) wie ich?
Und wer [erlei]det Böses wie ich?[50]

Diese unter die Engel erhöhte, nahezu gottgleiche Gestalt ist also zugleich zutiefst verachtet – offenbar von den / manchen Menschen – und nimmt diese Verachtung und das damit verbundene Leiden auf sich. Für diese Verachtung wird dieselbe hebräische Wurzel (*buz*) verwendet wie im Gottesknechtslied von Jes 53 (*nivzeh*), und es liegt daher nahe, einen Einfluss von Jesaja auf die Hymne anzunehmen – obwohl nicht ausdrücklich gesagt wird, dass der Held der Hymne diese seine Leiden *stellvertretend* für die Sünden seines Volkes auf sich nimmt.

Die Meinungen darüber, wer dieser Held ist, gehen in der Forschung weit auseinander,[51] doch kann wohl kaum ein Zweifel daran bestehen, dass es sich um eine eschatologische

---

[50] 4Q491c, Fragment 1, in Martínez-Tigchelaar, *Dead Sea Scrolls Study Edition*, Bd. 2, S. 980 f.
[51] Vgl. die Zusammenfassung in Schäfer, *Origins of Jewish Mysticism*, S. 146 ff.

Rettergestalt handelt. Isaiah Knohl hat vorgeschlagen, dass wir hier nicht nur einen leidenden qumranischen Messias vor uns haben, sondern ganz konkret einen direkten Vorläufer Jesu, der seinerseits Jesus und die christliche Messiaserwartung beeinflusste.[52] Dies ist eine kühne Vermutung, aber wie auch immer die Beziehung zwischen dem Held dieser Hymne und dem Jesus des Neuen Testamentes sein mag, das Neue Testament porträtiert seinen Jesus ganz eindeutig auch unter Aufnahme der Motive von Jes 53.

Im Neuen Testament sind es vor allem die Briefe, die den leidenden Gottesknecht von Jes 53 auf Jesus von Nazareth beziehen.[53] In einer wahrscheinlich frühen Formel im Römerbrief heißt es von Jesus, dass Gott ihn dazu bestimmt hat, „Sühne zu leisten mit seinem Blut" (*hilastērion ... en tō autou haimati*),[54] und nach dem 1. Korintherbrief ist Christus ausdrücklich „gemäß der Schrift für unsere Sünden gestorben" (*apethanen hyper tōn hamartiōn hēmōn kata tas graphas*).[55] Direkt auf Jes 53,11 wird ebenfalls im Römerbrief angespielt (wieder durch Kursive hervorgehoben), wenn es heißt:

(18) Wie es also durch die Übertretung für alle Menschen zur Verurteilung kam, so wird es auch durch die gerechte Tat eines einzigen für alle Menschen zur Gerechtsprechung kommen, die Leben gibt. (19) Wie durch den Ungehorsam des einen Menschen *die Vielen* zu

---

[52] Isaiah Knohl, *The Messiah before Jesus: The Suffering Servant of the Dead Sea Scrolls,* Berkeley und Los Angeles: University of California Press, 2000, S. 42 ff., 75 ff.

[53] Vgl. Otfried Hofius, „Das vierte Gottesknechtslied in den Briefen des Neuen Testaments", in Janowski-Stuhlmacher, *Der leidende Gottesknecht,* S. 107–127; zu den Evangelien vgl. Peter Stuhlmacher, „Jes 53 in den Evangelien und in der Apostelgeschichte", ibid., S. 93–105.

[54] Röm 3,25; vgl. auch Röm 4,25: „Wegen unserer Verfehlungen wurde er hingegeben".

[55] 1 Kor 15,3.

Sündern wurden, so werden auch durch den Gehorsam des einen *die Vielen zu Gerechten* gemacht werden.[56]

Den ausführlichsten unmittelbaren Kommentar zu Jes 53 bietet der 1. Petrusbrief:

(21) Dazu seid ihr berufen worden; denn auch Christus hat für euch gelitten
und euch ein Beispiel gegeben, damit ihr seinen Spuren folgt.
(22) *Er hat keine Sünde begangen,*
und in seinem Mund war kein trügerisches Wort.
(23) *Er wurde geschmäht, schmähte aber nicht;*
er litt, drohte aber nicht,
sondern überließ seine Sache dem gerechten Richter.
(24) Er hat unsere Sünden mit seinem Leib auf das Holz des Kreuzes getragen,
damit wir tot seien für die Sünden und für die Gerechtigkeit leben.
Durch seine Wunden seid ihr geheilt.
(25) Denn ihr hattet euch *verirrt wie Schafe,*
jetzt aber seid ihr heimgekehrt zum Hirten und Bischof eurer Seelen.[57]

V. 22 zitiert hier wörtlich Jes 53,9, V. 23 spielt auf Jes 53,7 an, V. 24 zitiert Jes 53,5, und V. 25 zitiert Jes 53,6. Hier ist Jesus ganz eindeutig der leidende Gottesknecht, der, selbst sündenlos, die Sünden der Menschen auf sich nimmt und diese damit zur Gerechtigkeit und zum Leben führt.

Das rabbinische Judentum kennt zwar die Vorstellung vom leidenden Messias, doch ist sie außerordentlich selten. Die einzige Stelle, die einen direkten Zusammenhang zwischen dem Messias und Jes 53 herstellt, findet sich im

---

[56] Röm 5,18 f. Vgl. auch 2 Kor 5,21: „Er hat den, der keine Sünde kannte, für uns zur Sünde gemacht, damit wir in ihm *Gerechtigkeit* Gottes würden"; Heb 9,28: „so wurde auch Christus ein einziges Mal geopfert, um die *Sünden vieler* hinwegzunehmen".

[57] 1 Petr 2,21–25.

babylonischen Talmud in einer Diskussion über die Namen des Messias:

> Die Rabbinen sagen: „Der Aussätzige (*chiwra*) aus dem Hause Rabbis" ist sein [des Messias] Name, wie es heißt: „Aber er hat unsere Krankheit (*cholajenu* bzw. *choljenu* in mehreren Handschriften) getragen und unsere Schmerzen auf sich geladen. Wir aber meinten, er sei von Gott geschlagen, von ihm getroffen und gebeugt (Jes 53,4)".[58]

Dass der Messias „der Aussätzige" heißen soll – und dann noch „aus dem Hause Rabbis" (d. h. wohl aus dem Hause R. Jehuda ha-Nasis) – ist merkwürdig. Nach den exegetischen Spielregeln der Rabbinen sollte man erwarten, dass der Bibelvers den Namen des Messias (*chiwra*) belegen würde, aber *chiwra* und *choli* haben etymologisch nichts miteinander zu tun. Man würde vermuten, der Name des Messias wäre *chulja* („Krankheit", „Kranker") und nicht *chiwra* („Aussätziger"), und in der Tat findet sich diese Lesart in einer in der *Pugio Fidei* des Raimundus Martinus zitierten Version dieses Midrasch: „Die aus dem Hause Rabbis sagen: ‚der Kranke' (*chulja*) ist sein Name, wie es heißt: ‚Aber er hat unsere Krankheit (*cholajenu*/*choljenu*) getragen' (Jes 53,4)."[59] Hier passen Name des Messias und Schriftbeweis perfekt zusammen (wie auch die Lesart „die aus dem Hause Rabbis sagen" mehr Sinn macht als „der Aussätzige aus dem Hause Rabbis"). Abraham Epstein hat mit guten Gründen vorgeschlagen, dass dies in der Tat die ursprüngliche Version des Midrasch ist, die vom Zensor des

---

[58] b Sanhedrin 98b.
[59] Raimundus Martinus, *Pugio Fidei adversus Mauros et Judaeos*, Lipsiae: Friderici Lanckisi, 1687 (Nachdruck Farnborough: Gregg, 1967 [1968]), S. 862.

Bavli „gereinigt" wurde, weil er den stellvertretend leidenden Messias allein dem Christentum vorbehalten wollte.[60]

Als weitere Belege für den leidenden Messias im rabbinischen Judentum wird gewöhnlich auf zwei Texte ebenfalls aus dem babylonischen Talmud verwiesen. So bezieht R. Alexandrai, ein palästinischer Amoräer der zweiten Generation, den Vers Jes 11,3 auf den Messias:

> „Er [Gott] lässt ihn [den Sprössling aus der Wurzel Jesse] Gefallen finden (*haricho*) an der Furcht des Herrn" (Jes 11,3). R. Alexandrai sagte: „Dies lehrt, dass er ihn [den Messias] mit (zu erfüllenden) Geboten und Leiden wie mit Mühlsteinen beladen wird".[61]

R. Alexandrai leitet das schwierige *haricho,* das wörtlich „er lässt ihn riechen" bedeutet, von *rechajim* („Mühlsteine") ab: Der Messias ist mit der Gebotslast und den Leiden beladen wie mit Mühlsteinen. Der Akzent liegt hier wohl eher auf der Last der Gebote und den dadurch hervorgerufenen Leiden als auf den Sünden der Menschheit. Der Text ist daher nur mit Vorbehalt für die Vorstellung des stellvertretenden Sühneleidens des Messias heranzuziehen. Und dies gilt auch für den zweiten Text aus dem Bavli, den bekannten Midrasch vom Messias, der unter den Kranken und Aussätzigen vor den Toren Roms sitzt und dort auf den Zeitpunkt seines Kommens wartet.[62] Hier ist nirgendwo davon die Rede, dass die Wunden des Messias durch die Sünden Israels verursacht sind.

Dieser Befund ist dürftig. Er zeigt zwar, wie Goldberg nahelegt, dass die Vorstellung vom leidenden und auch vom

---

[60] Abraham Epstein, *„Chiwra de-be Rabbi"*, in id., *Mi-qadmoniot ha-jehudim: Mechqarim u-reschimot,* Jerusalem: Mosad ha-Rav Kook, 1956–57, S. 100–103. Ihm folgt Fishbane, Midrash and Messianism, S. 59.

[61] b Sanhedrin 93b.

[62] b Sanhedrin 98a.

stellvertretend leidenden Messias im rabbinischen Judentum *möglich* war; aber die weitergehende Schlussfolgerung Goldbergs, „dass der Darshan der PesR 36–37 damit durchaus in den Grenzen der rabbinischen Messiaslehre bleibt", schießt doch in ihrer harmonisierenden Tendenz wieder über das Ziel hinaus.[63] Mir scheint im Gegenteil alles darauf hinzudeuten, dass der Autor der Pesiqta Rabbati-Homilien weit über das hinausgeht, was innerhalb der Grenzen der rabbinischen Messiaslehre zu erwarten ist. Und dies gilt auch für die rabbinischen Belege, in denen angeblich andere Personen als der Messias als der leidende Gottesknecht verstanden werden. Goldberg möchte sie ebenfalls als Beweis dafür anführen, dass unsere Homilien sich im Bannkreis der rabbinischen Messiaslehre bewegen.[64] Man könnte aber auch das Gegenteil daraus schließen, nämlich dass die Rabbinen sich mit anderen sühneleidenden Personen wohler fühlten als ausgerechnet mit dem Messias.

Darüber hinaus sind diese Belege auch alles andere als eindeutig. Wenn etwa der Vers „Und er [Pinhas] schafft den Israeliten Sühne" (Num 25,13) so verstanden wird, dass Pinhas mit seinem Eifer für Gott nicht nur eine einmalige Sühnetat vollbrachte, sondern dass diese Sühne für alle Generationen bis zur Auferstehung der Toten weiterwirkt,[65] dann hat dies gewiss nichts mit dem leidenden Gottesknecht zu tun,[66] sondern gehört zum traditionellen Bestand der Vorstellung vom „Verdienst der Väter" (*zekhut avot*). Dasselbe gilt für den Midrasch in der Mekhilta, wo es von Mose und David heißt, dass sie „ihr Leben hingaben für Israel": Mose und David gaben ihr Leben nicht wirklich

---

[63] Goldberg, *Erlösung durch Leiden,* S. 194.
[64] Ibid.
[65] Sifre Bamidbar § 131 (ed. Horovitz, S. 173).
[66] So Goldberg, *Erlösung durch Leiden,* S. 194.

hin – und schon gar nicht als stellvertretendes Sühneleiden für Israel –, sondern Mose sieht keinen Sinn mehr darin zu leben, wenn Gott Israel nicht ihre Sünden verzeiht (d. h. er erpresst Gott gewissermaßen); und David stellt klar, dass er allein gesündigt hat und dass Gott nur ihn dafür bestrafen sollte und nicht das unschuldige Volk Israel.[67]

In der Tat, das stellvertretende Sühneleiden des Messias in den Pesiqta Rabbati-Homilien fällt aus dem Rahmen der traditionellen rabbinischen Messiaserwartung heraus, und man kann Goldberg nur zustimmen, wenn er am Ende – trotz all seiner Harmonisierungs- und Glättungsversuche – zu dem Ergebnis gelangt: „Die Überhöhung des Sühneleidens des Messias in der PesR 36–37 ist in der rabbinischen Literatur einmalig. Sie kommt hier umso stärker zum Ausdruck, weil all dies sehr autoritativ gesagt wird, so als könnte kein Zweifel daran bestehen. Nicht die Meinung eines Lehrers wird wiedergegeben, sondern ein Geschehen im Himmel, das durch keinerlei ‚als ob' oder ‚vielleicht' eingeschränkt wird."[68] So ist es – und es bleibt nur noch die entscheidende Frage, warum der leidende Messias Efraim in der Pesiqta Rabbati so aus dem Rahmen fällt. Bevor ich darauf eingehe, sind zunächst noch einige weitere Beobachtungen in den Homilien 36 und 37 festzuhalten.

Efraim nimmt (in Pisqa 36) die Bedingungen Gottes an, erklärt sich also bereit, der Messias Israels zu werden:

Er [der Messias] aber sprach vor ihm [Gott]:

Herr der Welten, mit jubelnder Seele und frohem Herzen nehme ich es auf mich, damit kein einziger aus Israel verlorengehe.

---

[67] Mekhilta de-Rabbi Jischmaʿel, Pischa 1 (ed. Horovitz-Rabin, S. 4); vgl. auch b Sota 14a.
[68] Goldberg, *Erlösung durch Leiden,* S. 195.

Und nicht nur die Lebenden sollen in meinen Tagen erlöst werden, sondern auch die Toten, die gestorben sind seit (der Zeit) des ersten Menschen bis jetzt, sollen in meinen Tagen erlöst werden.
[Und nicht nur diese, sondern auch die Fehlgeburten.
Und nicht nur diese sollen in meinen Tagen erlöst werden, sondern][69] alle, die in deinen Gedanken aufsteigen, erschaffen zu werden, und die nicht mehr erschaffen wurden.
Daran habe ich Gefallen, und dafür nehme ich es auf mich.[70]

Die Hauptsorge des Messias Efraim gilt also der Garantie Gottes, dass, wenn die Stunde seines Kommens da ist, *alle* Menschen erlöst werden: diejenigen, die zu diesem Zeitpunkt (der hier noch offen ist) am Leben sind; diejenigen, die seit den Tagen des ersten Menschen gestorben sind; alle Fehlgeburten; alle Seelen, die Gott eigentlich vorhatte zu erschaffen, deren Erschaffung aber durch das Kommen des Messias nicht mehr verwirklicht wurde – d. h. wirklich alle nur denkbaren Menschen, ob erschaffen oder nicht erschaffen, von Adam und Eva bis zum Erscheinen des Messias und darüber hinaus. Das Erlösungswerk des Messias gilt also der ganzen Menschheit, allerdings, wie der Messias unmissverständlich klarmacht, den Menschen Israels („damit kein einziger aus Israel verlorengehe"), d. h. den Juden und nicht den Heidenvölkern. Diese Möglichkeit der Erlösung *aller* Juden ist der entscheidende Grund, warum der Messias das ihm auferlegte Sühneleiden auf sich nimmt.

Mehr noch: Die Annahme des Sühneleidens *ist* die Erlösung, denn nirgendwo in der Homilie ist von einem Ereignis oder einer Tat des Messias die Rede, das oder die die Erlösung herbeiführt. Am Ende, wenn der Messias sich offenbart,

---

[69] So mit dem Erstdruck; fehlt in Ms. Parma.
[70] PesR 36, § 4; Goldberg, *Erlösung durch Leiden,* S. 150.

kommt er und stellt sich auf das Dach des Heiligtums. Er lässt Israel hören und spricht zu ihnen:

„Demütige, die Zeit eurer[71] Erlösung ist gekommen! Und wenn ihr nicht glaubt, so seht doch sein Licht an, das über euch erstrahlt, wie es heißt: ‚Erhebe dich, werde Licht, denn dein Licht kommt [und die Herrlichkeit des Herrn] strahlt auf über dir]' (Jes 60,1)".[72]

Das Licht des Messias ist das von Gott verheißene Licht, das Israel erleuchtet und den Vollzug der Erlösung sichtbar macht – aber diese Erlösung wird nicht durch das Licht bewirkt, sondern allein durch das Sühneleiden des Messias. Oder anders formuliert: Nicht Gott bewirkt die Erlösung – er hat nur ihren Termin bestimmt –, sondern der Messias. Dies ist eine in der Nomenklatur des rabbinischen Judentums unerhörte Aussage.[73]

Die unerhörte Erlösungstat des Messias findet ihre unerhörte Antwort in der Reaktion Gottes auf die Annahme seiner Bedingungen durch den Messias:

In jener Stunde bestimmte der Heilige, er sei gepriesen, vier Tiere, die den Thron der Herrlichkeit des Messias tragen.[74]

Die vier Tiere, die den Thron der Herrlichkeit des Messias tragen, sind eindeutig die vier Tiere von Ez 1, aber der Thron, den sie dort tragen, ist der Thron Gottes und nicht des Messias. Dies kann nur bedeuten, dass Gott den Messias auf seinem eigenen Thron sitzen lässt oder zumindest auf

---

[71] So mit dem Erstdruck statt „ihrer" in Ms. Parma.

[72] PesR 36, § 9; Goldberg, *Erlösung durch Leiden,* S. 154f.

[73] Goldberg, *Erlösung durch Leiden,* S. 199 („Der Messias erlöst wesentlich nicht durch eine offene befreiende Tat, sondern indem er leidend die Voraussetzung für diese Tat schafft. Es gibt hier wirklich eine erlösende Tat des Messias"), hat dies richtig erkannt, scheut sich aber wieder, daraus weitere Konsequenzen zu ziehen.

[74] PesR 36, § 4 (nur im Erstdruck und Ms. JTS 8195, nicht in der Handschrift Parma); Goldberg, *Erlösung durch Leiden,* S. 151.

einem seinem Thron gleichen Thron – eine Vermutung, die durch die Bezeichnung des Thrones als „Thron der Herrlichkeit" (*kisse ha-kavod*) bekräftigt wird. Wenn wir uns die Diskussion im babylonischen Talmud über den Plural „Throne" in Dan 7,9 in Erinnerung rufen (mit R. Aqivas Erklärung, dass einer der Throne für Gott reserviert war und einer für den Messias aus dem Hause Davids sowie R. Joses und R. Eleazar b. Azarjahs scharfe Antwort darauf),[75] wird das Ungeheuerliche dieser Aussage erst richtig klar: Gott gibt dem Messias zur Belohnung für seine Bereitschaft, das erlösende Sühneleiden auf sich zu nehmen, nicht irgendeinen Thron, sondern einen Thron, der mit seinem eigenen Thron der Herrlichkeit identisch ist. Unklar bleibt allenfalls, ob dieser Thron des Messias ein zweiter, Gottes Thron gleichender Thron *neben* Gottes Thron ist – wie in Aqivas Danielauslegung und wohl auch im 3. Henochbuch – oder ob Gott den Messias sogar auf seinem eigenen Thron sitzen lässt (den Gott kurzfristig verlässt?).[76] Was auch immer hier genau gemeint ist (wohl eher ersteres), diese Vorstellung geht weit über den Rahmen dessen hinaus, was wir vom klassischen rabbinischen Judentum erwarten können. Nur in den Bilderreden des äthiopischen Henochbuches ist von einem Thron der Herrlichkeit für den Auserwählten (= Mes-

---

[75] S. oben S. 80 ff.

[76] Der einzige (sehr viel frühere) Beleg dafür, dass Gott seinen Thron verlässt und jemand anderen darauf sitzen lässt, findet sich in der *Exagōgē* Ezechiels des Tragikers: Dort fordert Gott Mose auf, sich auf seinen Thron zu setzen. Vgl. dazu Pieter W. van der Horst, „Moses' Throne Vision in Ezekiel the Dramatist", *JJS* 34, 1983, S. 21–29; Martin Hengel, „,Setze dich zu meiner Rechten!' Die Inthronisation Christi zur Rechten Gottes und Psalm 110,1", in id., *Studien zur Christologie: Kleine Schriften IV*, hrsg. von Claus-Jürgen Thornton, Tübingen: Mohr Siebeck, 2006, S. 338 f. (Originalveröffentlichung 1993).

sias) die Rede,⁷⁷ der an einer Stelle ausdrücklich mit Gottes Thron gleichgesetzt wird.⁷⁸ Sonst wird nur noch im Neuen Testament der Thron des Messias als „Thron der Herrlichkeit" bezeichnet.⁷⁹

Gott hat seinem Messias genau eine apokalyptische Jahrwoche des Leidens für die Sünden der Menschen auferlegt,⁸⁰ und dieses Leiden mit der Reaktion des Messias darauf wird genauer beschrieben, unmittelbar bevor er sich als Messias offenbart:⁸¹

In der Jahrwoche, in der der Sohn Davids kommt, bringen sie Balken aus Eisen (*qorot schel barzel*) und legen sie auf seinen Hals, bis seine Gestalt niedergebeugt ist. Er aber schreit und weint, und seine Stimme steigt empor zur Höhe. Er spricht vor ihm [Gott]:

„Herr der Welt, [wie viel vermag meine Kraft, wie viel vermag mein Geist, wie viel vermag meine Seele],⁸² wie viel vermögen meine Glieder?! Bin ich denn nicht Fleisch und Blut?!"
Über diese Stunde hat David geweint und gesprochen: „Trocken wie eine Scherbe ist meine Kraft" (Ps 22,16).

In jener Stunde spricht der Heilige, er sei gepriesen, zu ihm:⁸³ „Efraim, mein Messias der Gerechtigkeit, du hast es bereits auf dich genommen seit den sechs Tagen der Schöpfung; jetzt wird dein Schmerz wie mein Schmerz sein. Denn seit dem Tage, da Nebukadnezzar, der Frevler, hinaufzog und mein Haus verwüstete, meine Heiligtumshalle verbrannte und meine Söhne in die Verbannung

---

⁷⁷ 1 Hen 45,3; 55,4.

⁷⁸ 1 Hen 51,3.

⁷⁹ Mt 19,28 („Wenn die Welt neu geschaffen wird und der Menschensohn sich auf den Thron seiner Herrlichkeit [*epi thronou doxēs autou*] setzt"); Mt 25,31 („Wenn der Menschensohn in seiner Herrlichkeit kommt und alle Engel mit ihm, dann wird er sich auf den Thron seiner Herrlichkeit [*epi thronou doxēs autou*] setzen").

⁸⁰ S. oben S. 145 ff.

⁸¹ PesR 36, § 6; Goldberg, *Erlösung durch Leiden,* S. 152.

⁸² So mit dem Erstdruck; fehlt in Ms. Parma.

⁸³ So („zu ihm") mit dem Erstdruck; Ms. Parma hat „zu ihnen".

führte unter die Völker der Welt, bei deinem Leben und beim Leben meines Hauptes, (seit diesem Tage) bin ich nicht (mehr) zu meinem Thron hineingegangen. Und wenn du mir nicht glaubst, so siehe den Tau, der auf meinem Haupte ist, (wie es heißt): ‚Denn mein Haupt ist voll Tau, [meine Locken sind Tropfen der Nacht]' (Hld 5,2)".

In dieser Stunde spricht er [der Messias] vor ihm [Gott]: „Herr der Welt, nun bin ich beruhigt. Genug ist es dem Knecht, dass er wie sein Herr sei".[84]

Die Einleitung („Die Jahrwoche, in der der Sohn Davids kommt") ist ein feststehender Begriff und wahrscheinlich ein Zitat aus ähnlichen apokalyptischen bzw. apokalyptisierenden Texten der rabbinischen Literatur;[85] dies erklärt wohl auch, wie schon Goldberg festgestellt hat,[86] den im Kontext der Homilie völlig unpassenden Bezug auf den Sohn Davids, d. h. den Messias aus dem Hause Davids. Der Messias Efraim ist offensichtlich inkarniert, d. h. er hat sein irdisches Wirken begonnen, aber er ist noch nicht als Messias offenbar (nicht allen Menschen, allenfalls den „Trauernden Zions" von Pisqa 34). Seine Gegner legen ihm „Balken aus Eisen" auf den Nacken – wohl das „eiserne Joch", das Gott ihm zur Bedingung gemacht hatte –, also mit Eisen überzogene Holzbalken. Diese ihm auferlegte Tortur ist singulär im rabbinischen Judentum. Der Messias, unter der Last niedergedrückt, schreit zu Gott, dass er sie nicht tragen kann – ist er doch nur ein Mensch aus Fleisch und Blut! Der Autor der Homilie verbindet die Klage des Messias zu Gott mit Ps 22, und man darf wohl annehmen, dass der zitierte Psalmvers „Trocken wie eine Scherbe ist meine Kraft" dem Messias in den Mund gelegt wird. Gold-

---

[84] Der letzte Satz ist sowohl in Ms. Parma als auch im Erstdruck verderbt; s. dazu Goldberg, *Erlösung durch Leiden,* S. 152 mit Anm. 33.
[85] Vgl. vor allem b Sanhedrin 97a.
[86] Goldberg, *Erlösung durch Leiden,* S. 212 f.

berg hat darüber hinaus wahrscheinlich gemacht, dass die ganze Klage konkret auf die entsprechenden Verse in Ps 22 anspielt, nämlich:[87]

„Er schreit und weint": „Fern von meinem Heil sind die Worte meines Stöhnens. Mein Gott, schrei ich des Tags ..." (Ps 22,2 f.);[88]
„Seine Stimme steigt empor zur Höhe": „Du aber bist heilig, thronst auf den Preisungen Israels" (Ps 22,4);
„Wieviel vermag meine Kraft": „Trocken wie eine Scherbe ist meine Kraft" (Ps 22,16);
„Wieviel vermag meine Seele": „Errette vom Schwert meine Seele" (Ps 22,21);
„Wieviel vermögen meine Glieder": „gelöst haben sich all meine Glieder" (Ps 22,15);
„Bin ich denn nicht Fleisch und Blut": „Ich aber bin ein Wurm und kein Mensch" (Ps 22,7);
„Trocken wie eine Scherbe ist meine Kraft" (Ps 22,16).

Diese impliziten Hinweise auf Ps 22 werden kaum zufällig sein, umso weniger als der Psalm eine lange Traditionsgeschichte hat – nicht zuletzt im Neuen Testament (ich komme darauf zurück).

Gott weist den Messias darauf hin, dass er dieses unerträgliche Leiden schon vor der Erschaffung der Welt akzeptiert hat (und deswegen jetzt nicht mehr kneifen kann) und tröstet ihn damit, dass er damit letztlich nur den Schmerz Gottes auf sich nimmt. Gott trauert seit der Zerstörung des (Ersten) Tempels und belegt dies mit Hld 5,2: Der „Tau" auf Gottes Haupt sind wörtlich verstanden die Tränen, die er wegen der Zerstörung seines Heiligtums vergießt. Erst damit nimmt der Messias sein Leiden endgültig an, ist er doch in diesem Leiden wie sein Gott. Wir kennen zahlreiche rabbinische Texte über Gottes Trauer und Klage wegen der

---

[87] Ibid., S. 214.
[88] Alle Übersetzungen sind wörtlich und folgen Goldberg.

Zerstörung des Tempels,[89] doch hier bekommt diese Trauer eine neue Dimension: Der Messias leidet wie Gott, aber erst durch das freiwillige Leiden *des Messias* – nicht wegen der Zerstörung des Tempels, sondern wegen der Sünden der Menschen – gewinnt dieses gemeinsame Leiden eine soteriologische Qualität oder, anders formuliert, erst durch das Leiden des Messias wird das Leiden Gottes fruchtbar für die Erlösung der Menschheit.

Mit dem Erdulden des Leidens durch den Messias ist der Zeitpunkt der Erlösung gekommen: Der Messias offenbart sich auf dem Dach des Heiligtums; Israel sieht sein Licht, die Heidenvölker verbleiben in der Finsternis, erkennen aber den Messias schließlich an und werden Israels Knechte.

Pisqa 37

Die dritte Homilie über den Messias Efraim nimmt die diskutierten Motive auf und führt sie weiter aus. Der zugrunde liegende Haftaravers ist Jes 61,10 („Von Herzen will ich mich freuen über den Herrn; meine Seele jubelt über meinen Gott. Denn er kleidet mich in Gewänder der Erlösung, in den Mantel der Gerechtigkeit hüllt er mich"), der mit Hilfe von Jer 31,13 ausgelegt wird.

Der Messias Efraim wird diesmal im Zwiegespräch mit den „Vätern der Welt" (das sind die Erzväter Abraham, Isaak und Jakob) vorgestellt, und die Szene spielt im Gefängnis des Messias, unmittelbar vor Eintritt der Erlösung. In einer offenkundigen Imitation der von Gott an den Messias

---

[89] Peter Kuhn, *Gottes Trauer und Klage in der rabbinischen Überlieferung (Talmud und Midrasch)*, Leiden: Brill, 1978, S. 128 ff.

gerichteten Bedingungen (Pisqa 36) fragen die Väter den Messias:

„Efraim, unser Messias der Gerechtigkeit, obgleich wir deine Väter sind, bist du doch größer als wir, der du die Sünden unserer Söhne getragen hast und über die schwere Weisen[90] gegangen sind, wie sie weder über die früheren noch über die späteren (Generationen) ergingen. Du bist zum Gelächter und Spott unter den Völkern der Welt geworden, Israels wegen. In Dunkelheit und Finsternis hast du gesessen,[91] und deine Augen sahen kein Licht. Deine Haut zog sich über deinem Gebein zusammen,[92] dein Leib wurde trocken [wie Holz].[93] Deine Augen wurden dunkel vom Fasten, deine Kraft wurde trocken wie Scherben.[94] All dies wegen der Sünden unserer Söhne. Ist es dein Wille, dass unsere Söhne[95] von diesem Guten genießen, das der Heilige, er sei gepriesen, Israel im Überfluss gewährt, oder hast du kein Wohlgefallen an ihnen wegen der Betrübnis (*tza'ar*),[96] mit der du dich so sehr über sie betrübt hast (*nitzta'arta*), da man dich ins Gefängnis warf?"

Und der Messias antwortet:

„Väter der Welt, alles was ich getan habe, habe ich doch allein für euch getan und für eure Söhne, zu eurer Ehre und zur Ehre eurer Söhne, damit sie von jenem Guten genießen, das der Heilige, er sei gepriesen, Israel im Überfluss gewährt".

Da sprachen die Väter der Welt zu ihm: „Efraim, unser Messias der Gerechtigkeit, möge es dir Wohlgefallen bereiten, wie du deinem Schöpfer und uns Wohlgefallen bereitet hast".[97]

---

[90] D. h. Leiden.
[91] Vgl. Micha 7,8.
[92] Vgl. Klgl 4,8.
[93] So mit dem Erstdruck.
[94] Vgl. Ps 22,16.
[95] So mit Ms. JTS 8195 statt „deine Söhne" in Ms. Parma und im Erstdruck.
[96] *Tza'ar* bedeutet auch „Leiden", aber das Wortspiel mit *nitzta'arta* kann im Deutschen nicht anders wiedergegeben werden.
[97] PesR 37, § 2; Goldberg, *Erlösung durch Leiden*, S. 268.

Hier wird das Motiv des Verdienstes der Väter (*zekhut avot*)[98] wieder aufgegriffen, und die Erzväter stellen von Anfang an klar, dass das Verdienst des Messias ihr Verdienst übersteigt, weil er nämlich die Sünden aller Menschen auf sich genommen hat; deswegen ist der Messias Efraim größer als sie. Sie führen ihm dann noch einmal seine ganze irdische Erbärmlichkeit vor Augen – mit Anspielungen auf verschiedene Bibelverse, darunter wieder Ps 22[99] – und vergewissern sich, dass er bereit ist, diese Leiden auszuhalten. Der Messias bestätigt seine Bereitschaft, und Gott belohnt ihn:

> In dieser Stunde erhöht der Heilige, er sei gepriesen, den Messias bis zu den höchsten Himmeln und breitet über ihn vom Glanz seiner Herrlichkeit.[100]

Dies bedeutet ohne Zweifel, dass der Messias zu Gott in den Himmel aufgenommen wird, komplementär zu seiner Inthronisation in Pisqa 36.[101] Weiter bereitet Gott ihm sieben Baldachine, stellt ihn den Gerechten, Frommen, Heiligen und Helden der Tora in Israel vor und lässt alle Wohlgerüche des Paradieses an ihm vorbeiziehen;[102] und schließlich bekleidet er ihn mit einem Kleid, „dessen Glanz von einem Ende der Welt zum anderen reicht".[103] Die

---

[98] S. oben, S. 138

[99] Eine weitere Schilderung der Erniedrigung des Messias im Gefängnis (PesR 37, § 4; Goldberg, *Erlösung durch Leiden,* S. 270) folgt fast ausschließlich Ps 22.

[100] PesR 37, § 3; Goldberg, *Erlösung durch Leiden,* S. 269.

[101] Und gewiss nicht, dass seine *Gestalt* vergrößert wird, wie Goldberg, *Erlösung durch Leiden,* S. 290, erwägt.

[102] PesR 37, § 5; Goldberg, *Erlösung durch Leiden,* S. 271.

[103] PesR 37, § 8; Goldberg, *Erlösung durch Leiden,* S. 274. Die „Gewänder der Erlösung" und der „Mantel der Gerechtigkeit" (Messias der Gerechtigkeit!) von Jes 61,10.

Erhöhung des Messias schließt mit einem Makarismus, den Israel über den Messias spricht:

Selig (*aschre*) die Stunde, in der er geschaffen,[104]
selig der Leib, aus dem er kam,
selig die Generation, deren Augen ihn sehen,
selig das Auge, das auf ihn gewartet![105] [...]
Selig das Auge, das seiner würdig wurde,
denn der Ausspruch seiner Zunge ist Vergebung und Verzeihung für Israel.
Sein Gebet ist wohlgefälliger Opferduft,
sein Flehen Reinheit und Heiligkeit.
Selig seine Väter, die des Guten der Welt würdig wurden,
das für immer verborgen ist.[106]

Christentum

Die zentrale Stellung, die das stellvertretende Sühneleiden des Messias Efraim für die Sünden der Menschheit einnimmt, ist in dieser Zuspitzung einmalig im rabbinischen Judentum. Wir haben gesehen, dass diese vor allem aus Jes 53 entwickelte Vorstellung in einigen (wenigen) frühjüdischen Quellen aufgegriffen wird – mit unterschiedlicher Akzentsetzung – und ihren Höhepunkt im Sühnetod des neutestamentlichen Messias Jesus Christus findet, während das rabbinische Judentum (vorsichtig formuliert) sehr zurückhaltend darauf reagiert. Die Besonderheit der drei Homilien in Pesiqta Rabbati kann also kaum überbetont werden. Ich möchte einige wesentliche Punkte noch einmal zusammenfassend hervorheben und zum Christentum in Beziehung setzen:

---

[104] So mit dem Erstdruck.
[105] So („gewartet") mit dem Erstdruck.
[106] PesR 37, § 8; Goldberg, *Erlösung durch Leiden*, S. 274.

1. Wir begegnen einem Messias, der schon während (oder sogar vor) der Erschaffung der Welt existiert. Die Homilie in Pisqa 36 sagt nicht eindeutig, wann genau er erschaffen wurde, ja es ist nicht einmal klar, ob er überhaupt erschaffen wurde und nicht präexistent ist; sie hebt nur hervor, dass Gott „den Messias und seine Taten vor der Erschaffung der Welt vorausschaute",[107] d.h. seine Notwendigkeit für den Heilsplan der Geschichte erkannte. Er ist aber physisch während der Erschaffung der Welt bei Gott im Himmel, da Gott mit ihm spricht und seine Bedingungen mit ihm aushandelt. Das rabbinische Judentum kennt die Vorstellung von der schon bei der Erschaffung der Welt sichtbar werdenden Notwendigkeit des Messias im Heilsplan Gottes,[108] die physische Präsenz aber, in der er hier porträtiert wird, ist einmalig: Der Messias ist bei Gott, als dieser die Welt erschafft. Mehr noch, Gott fragt den Messias, ob er bereit ist, die Sündenlast der Menschen auf sich zu nehmen, *bevor* er beginnt, die menschlichen Seelen unter seinem Thron zu inkorporieren, d.h. doch wohl, bevor er beginnt, den Menschen zu erschaffen. Die unmittelbarste Parallele dazu finden wir in der frühchristlichen Auslegung von Gen 1,26, in der Gott sich an seinen Sohn wendet, den präexistenten Logos.[109]

2. Es bleibt unklar, was genau der Messias in seiner prämundanen Existenz unter dem Thron der Herrlichkeit ist: ein Mensch oder ein Engel oder ein quasi-göttliches Wesen? Sicher ist nur, dass er im Gefängnis auf der Erde ein Mensch ist, wenn er zu Gott sagt: „Bin ich denn nicht Fleisch und Blut?!"[110] Doch dies bedeutet nur, dass er als

---

[107] PesR 36, § 2; Goldberg, *Erlösung durch Leiden,* S. 148.
[108] S. oben S. 142 f.
[109] S. oben S. 57 ff.
[110] PesR 36, § 6; Goldberg, *Erlösung durch Leiden,* S. 152.

Mensch inkorporiert wurde, von welchem Seinszustand, bleibt offen. Der Midrasch lässt dies in der Schwebe bzw. stellt sich die Frage in dieser Zuspitzung nicht.

3. Das stellvertretende Sühneleiden des Messias bewirkt Erlösung, d.h. Gerechtigkeit und Leben. Zwar ist die Tora der Quell des Lebens, aber sie reicht nicht aus – das Sühneleiden des Messias ist wegen der Sünden Israels heilsnotwendig. Das Neue Testament ist hier zum Greifen nahe, vor allem, wie wir gesehen haben, die Paulusbriefe und der 1. Petrusbrief. Man kann noch den Prolog des Johannesevangeliums hinzufügen: Indem er die Sünden Israels auf sich nimmt, bringt der Messias Efraim dem Volk Israel das Licht des Lebens (Pesiqta Rabbati) – das Wort, das im Anfang bei Gott war und durch das alles geworden ist, ist Leben und Licht der Menschen (Johannesprolog).[111] Goldberg hat den Zusammenhang mit dem Johannesprolog erkannt, neutralisiert ihn aber sofort wieder, wenn er fortfährt: „Werden hier die Grenzen der rabbinischen Messiaslehre überschritten? Im Prinzip gewiss nicht".[112] Doch, sie werden überschritten oder zumindest in unerhört kühner Weise ausgeweitet.

Die Vorstellung vom stellvertretenden Sühneleiden des Messias findet ihren Höhepunkt im Neuen Testament im Tod des Messias am Kreuz. Genau hier aber hört die Parallele mit dem Neuen Testament in unseren Homilien auf: Der Messias Efraim stirbt nicht – er ist nicht der Messias *ben* Josef/*ben* Efraim (der zwar stirbt, allerdings keinen Sühnetod). In diesem Punkt bleiben die Homilien vom Messias Efraim voll und ganz im Rahmen der rabbinischen Messiaserwartung. Auffallend bleibt aber hier ein Umstand.

---

[111] Joh 1,1–4; s. auch oben, S. 62.
[112] Goldberg, *Erlösung durch Leiden,* S. 210.

Christentum 171

Alle Kommentatoren haben auf die zentrale Stellung von Ps 22 in der Beschreibung des Leidens des Messias Efraim hingewiesen, aber sie ignorieren die Bedeutung genau dieses Psalmes im neutestamentlichen Bericht vom Leiden und Tod des Messias Jesus:

– Vor seiner Kreuzigung wird Jesus verhöhnt und verspottet (Mt 27,29 ff.; Mk 15,17 ff.): eine deutliche Anspielung auf Ps 22,7 f.;

– nach der Kreuzigung „warfen sie das Los und verteilten seine Kleider unter sich" (Mt 27,35; Mk 15,24; Lk 23,34): ein wörtliches Zitat von Ps 22,19;

– die vorbeikommenden Passanten verhöhnen Jesus „und schütteln den Kopf" (Mt 27,39; Mk 15,29): ein wörtliches Zitat von Ps 22,8;

– „er hat auf Gott vertraut: der soll ihn jetzt retten, wenn er an ihm Gefallen hat" (Mt 27,43): teilweise wörtliche Übernahme von Ps 22,9;

– „mein Gott, mein Gott, warum hast du mich verlassen" (Mt 27,46; Mk 15,34): wörtliches Zitat von Ps 22,2;

– unmittelbar vor seinem Tod bekommt Jesus Essig zu trinken (Mt 27,48; Mk 15,36; Lk 23,36): eine Anspielung auf Ps 22,16.

Wir haben also einen jüdischen Messias in einer rabbinischen Homilie, der zwar nicht stirbt, aber für dessen Leiden genau dieselben biblischen Bilder heraufbeschworen werden wie für das Leiden Jesu im Neuen Testament. Wenn wir die Kenntnis des Neuen Testamentes bei dem Autor/ den Autoren dieser Homilien voraussetzen (und nichts spricht dagegen, dass die Rabbinen von Pesiqta Rabbati das Neue Testament bzw. zentrale Teile daraus gekannt haben), müssen diese in der Aufnahme solcher Bilder und Assoziationen entweder sehr naiv oder sehr kühn gewesen sein.

4. Auch die Erhöhung und Inthronisation des Messias Efraim ist singulär im rabbinischen Judentum, wenn wir von R. Aqivas Auslegung im babylonischen Talmud absehen. Die engste Parallele ist die Erhöhung und Inthronisation Henoch-Metatrons im 3. Henochbuch, die ich ausführlich diskutiert habe.[113] Ansonsten bleibt – abgesehen von den wenigen frühjüdischen Zeugnissen (Bilderreden des Äthiopischen Henochbuches, Selbstverherrlichungshymne) – wieder nur das Neue Testament. Im Verhör vor dem Sanhedrin sagt Jesus in den synoptischen Evangelien zum Hohenpriester, Dan 7,13 zitierend: „Von nun an werdet ihr den Menschensohn zur Rechten der Macht sitzen und auf den Wolken des Himmels kommen sehen",[114] und nach seiner Auferstehung wird er vor den Augen seiner Jünger in den Himmel emporgehoben.[115] Der Markusschluss verbindet die Aufnahme in den Himmel ausdrücklich mit Ps 110,1: „Nachdem Jesus, der Herr, dies zu ihnen gesagt hatte, wurde er in den Himmel aufgenommen und setzte sich zur Rechten Gottes".[116] Und schließlich erwartet nach der Offenbarung des Johannes diese Inthronisation auch alle diejenigen, die dem Messias Jesus folgen: „Wer siegt, der darf mit mir auf meinem Thron sitzen, so wie auch ich gesiegt und mich mit meinem Vater auf seinen Thron gesetzt habe".[117] Es sind ganz

---

[113] S. oben S. 105 ff. Auch das Kleid, das der Messias Efraim erhält und „dessen Glanz von einem Ende der Welt zum anderen reicht", findet sich ähnlich im 3. Henochbuch (*Synopse zur Hekhalot-Literatur,* § 15). Heranzuziehen wäre allenfalls noch die Inthronisation Davids (!) in der David-Apokalypse von Hekhalot Rabbati (§§ 122–126); dazu bereitet Ulrike Hirschfelder, Berlin, eine Dissertation vor.

[114] Mt 26,64; Mk 14,62; Lk 22,69.

[115] Lk 24,51; Apg 1,9.

[116] Mk 16,19. Ps 110,1: „So spricht der Herr zu meinem Herrn: Setze dich zu meiner Rechten".

[117] OffbB 3,21.

offenkundig diese neutestamentlichen Parallelen, denen die Homilien in Pesiqta Rabbati am nächsten stehen.

5. Noch einige andere Parallelen zum Neuen Testament fallen ins Auge. Wenn der Messias Efraim in Pisqa 36 unter der Last der Leiden niedergebeugt zu Gott betet, dass dieses Leiden seine Kräfte übersteigt, fühlt man sich an das Gebet Jesu im Garten Getsemani vor seiner Gefangennahme erinnert: „Mein Vater, wenn es möglich ist, so gehe dieser Kelch an mir vorüber".[118] Und sollten die merkwürdigen mit Eisen überzogenen Holzbalken, die dem Messias Efraim auferlegt werden, ein fernes Echo des Holzkreuzes sein, das Jesus zu seiner Hinrichtung tragen musste?

Weiter ist in Pisqa 36 in kryptischer Weise von der „letzten", also der vom Messias Efraim herbeigeführten, Erlösung die Rede, die sich von der „ersten Erlösung" darin unterscheidet, dass es „nach der [ersten] Erlösung (wieder) Mühsal und Knechtschaft der Königreiche gab,[119] während es nach der letzten Erlösung für euch keine Mühsal und Knechtschaft der Königreiche mehr geben wird".[120] Was bedeutet diese seltsam zweigeteilte Erlösung? Sollte sie auf die erwartete Wiederkehr Jesu nach seiner Himmelfahrt anspielen, weil er sein Erlösungswerk noch nicht vollendet hat?

Und schließlich der Makarismus am Ende von Pisqa 37: Wir kennen solche Seligpreisungen durchaus aus der rabbinischen Literatur und nicht zuletzt auch aus der Hekhalot-Literatur,[121] aber auf den Messias bezogen sind sie einmalig.

---

[118] Mt 26,39; Mk 14,36; Lk 22,42.
[119] D.h. Unterdrückung durch die Heidenvölker.
[120] PesR 36, § 8; Goldberg, *Erlösung durch Leiden,* S. 154.
[121] Vgl. den Überblick bei Ra'anan Boustan, *From Martyr to Mystic: Rabbinic Martyrology and the Making of Merkavah Mysticism,* Tübingen: Mohr Siebeck, 2005, S. 139 ff.

Die einzige direkte Parallele ist die Seligpreisung Marias durch Elisabeth bei Lukas: „Gesegnet (*eulogēmenē*) bist du mehr als alle anderen Frauen, und gesegnet (*eulogēmenos*) ist die Frucht deines Leibes. ... Selig (*makaria*) ist die, die geglaubt hat, dass sich erfüllt, was der Herr ihr sagen ließ".[122] Besonders auffallend ist die Seligpreisung der Mutter des Messias in Pisqa 37 („Selig der Leib, aus dem er kam") und bei Lukas.

Diese Häufung von Gemeinsamkeiten – nicht nur in einzelnen Motiven, sondern in ganz zentralen Aussagen – zwischen unseren drei Homilien und dem Neuen Testament/ Christentum ist schwerlich zufällig. Wie ist sie zu erklären? Eine Beantwortung dieser Frage hängt eng damit zusammen, wie man die Homilien zeitlich und geographisch verortet.[123] Sicher ist, dass sie eine Sonderstellung in der Pesiqta Rabbati einnehmen und dass daher die mutmaßliche Endredaktion des Midrasch (die ohnehin umstritten ist) keinen Anhaltspunkt bietet. Was den zeitlichen Rahmen betrifft, so reicht die Spannbreite von der amoräischen Periode,[124] vielleicht sogar schon im 3. Jh.,[125] über die erste Hälfte des 7. Jh. (genauer zwischen 632 und 637),[126] bis

---

[122] Lk 1,42.45; vgl. auch Lk 11,27.

[123] Vgl. die Zusammenfassung bei Stemberger, *Einleitung in Talmud und Midrasch,* S. 295–297.

[124] Meir Friedmann, der erste Herausgeber der Pesiqta Rabbati, hält die Homilien 34–37 für die ältesten des Midrasch (*Pesiqta Rabbati. Midrasch für den Fest-Cyclus und die ausgezeichneten Sabbate,* Wien: Selbstverlag, 1880, Einleitung, S. 24).

[125] Arthur Marmorstein, „Eine messianische Bewegung im dritten Jahrhundert", *Jesch.* 13, 1926, S. 20; Goldberg, *Erlösung durch Leiden,* S. 142: Pisqa 34 „entstand irgendwann nach der Mitte des 3. Jahrhunderts".

[126] Bernard J. Bamberger, „A Messianic Document of the Seventh Century", *HUCA* 15, 1940, S. 427 f. William G. Braude, *Pesikta Rab-*

zur Zeit der Karäer im 9./10. Jh.¹²⁷ Für die Frühdatierung wird vor allem die Verwandtschaft mit christlichen Vorstellungen ins Feld geführt; später seien sie undenkbar.¹²⁸ Die Spätdatierung beruht auf der Annahme, dass die Trauernden Zions mit einer karäischen Gruppe gleichzusetzen seien, die in Jerusalem lebte und für ihre Askese bekannt war.¹²⁹ Hinsichtlich des Entstehungsortes schwanken die Vermutungen zwischen Griechenland,¹³⁰ Süditalien¹³¹ und Palästina.¹³²

Der einzige direkte Hinweis, der Aufschluss über die Zeit der Entstehung geben könnte, findet sich in Pisqa 36. Dort

---

bati: Discourses for Feasts, Fasts, and Special Sabbaths, New Haven: Yale University Press, 1968, Einleitung, S. 20–26, schlägt das 6.–7. Jh. vor.

¹²⁷ Leopold Zunz, *Die gottesdienstlichen Vorträge der Juden historisch entwickelt,* Frankfurt a. Main: Kauffmann, ²1892, Nachdruck Hildesheim: Olms, 1966, S. 255 f. (zweite Hälfte des 9. Jh.); Dalman, *Der leidende und der sterbende Messias,* S. 53 Anm. (Anfang 10. Jh.); Jacob Mann, *The Jews in Egypt and in Palestine under the Fāṭimid Caliphs,* Bd. 1, Oxford: Oxford University Press, 1920, S. 47–49 (1. Hälfte des 9. Jh.).

¹²⁸ Dagegen Bamberger, Messianic Document, S. 429 („Anleihen vom Christentum erfordern nicht zwingend eine freundschaftliche und herzliche Beziehung zwischen Nichtjuden und Juden").

¹²⁹ So vor allem Heinrich Graetz, *Geschichte der Juden von den ältesten Zeiten bis auf die Gegenwart,* Bd. 5, Leipzig: Oskar Leiner, ⁴1909, Nachdruck Berlin: arani-Verlag (Lizenzausgabe Wissenschaftliche Buchgesellschaft), 1998, S. 269, 507 f.; Dalman, *Der leidende und der sterbende Messias,* S. 53 Anm.

¹³⁰ Zunz, *Gottesdienstliche Vorträge,* S. 256.

¹³¹ Israel Lévi, „La Pesikta Rabbati et le 4ᵉ Ezra", *REJ* 24, 1892, S. 281–285; id., „Bari dans la Pesikta Rabbati", *REJ* 32, 1896, S. 278–282. Mann, *The Jews in Egypt,* Bd. 1, S. 48 mit Anm. 2, vermutet, dass der Redaktor der Pesiqta Rabbati-Homilien 34–37 ein italienischer Haggadist war, der sich in der ersten Hälfte des 9. Jh. in Jerusalem niederließ und sich dort den Trauernden Zions anschloss.

¹³² Bamberger, Messianic Document, S. 429 (Jerusalem); Stemberger, *Einleitung in Talmud und Midrasch,* S. 297 (mit Vorsicht; keines der Argumente für den einen oder anderen Ort ist letztlich beweiskräftig).

heißt es: „In dem Jahr, da sich der Messias offenbart, ... wird der König Persiens gegen einen König von Arabien Krieg führen, und der König Arabiens wird nach Edom gehen, um von Edom Rat zu holen. Darauf wird der König von Persien zurückkehren und die ganze Welt zerstören".[133] Bernard Bamberger sieht hier eine Anspielung auf das Machtdreieck zwischen dem byzantinischen (Edom) und dem persischen Reich sowie dem aufkommenden Islam (Arabien), konkret auf den Krieg um Palästina zwischen Byzanz und Persien (614 n. Chr. erobern die Perser Jerusalem, und 629 erobert der byzantinische Kaiser Heraklius Jerusalem zurück) und die Eroberung Palästinas durch die Araber (632 beginnen sie ihren Vormarsch und erobern 638 Jerusalem). Diese Ereignisse sind zwar keineswegs deckungsgleich mit der kurzen Bemerkung in Pisqa 36, doch ist der Hinweis auf die weltpolitischen Machtverhältnisse im Dreieck zwischen Byzanz, Persien und Arabien auffallend. Günter Stemberger meint, dass der Text sich auch auf den römischen Vasallenkönig Odenat von Palmyra (2. Hälfte des 3. Jh. n. Chr.) beziehen könne, der gegen die Perser Krieg führte.[134] Damit wären wir wieder im 3. Jh., doch passt der „König Arabiens" überhaupt nicht in dieses Bild. Ich denke, dass bei aller Unsicherheit der Datierung der Pisqa die Erwähnung des Königs von Arabien als eines prominenten Mitspielers in der Weltpolitik keine andere Datierung als die Zeit nach 632 zulässt – unabhängig davon, ob man sich der genaueren Datierung Bambergers zwischen 632 und 637 anschließt oder nicht.

---

[133] PesR 36, § 8; Goldberg, *Erlösung durch Leiden,* S. 154. Die Perser werden auch in Pisqa 37, § 3 (Goldberg, *Erlösung durch Leiden,* S. 269) erwähnt.

[134] Stemberger, *Einleitung in Talmud und Midrasch,* S. 296.

Für diese Datierung – nicht nur der Pisqa 36, sondern aller drei Homilien – in die erste Hälfte des 7. Jh. spricht schließlich noch ein anderer Umstand. Goldberg hat darauf hingewiesen, dass die Sprache der Homilien – reines, flüssiges Hebräisch ohne jedes Fremdwort – keinen Aufschluss über ihre Entstehung gibt.[135] Dies trifft sicher zu, doch ignoriert er hier (was er sonst sehr wohl bemerkt) die Tatsache, dass unsere Homilien auffallend viele Gemeinsamkeiten – sowohl stilistisch als auch inhaltlich – mit der späteren apokalyptischen Literatur des 7./8. Jh. n. Chr. aufweisen, d. h. mit Texten wie der Serubbabel-Apokalypse, den Pirqe Maschiach, etc. Es ist gewiss kein Zufall, dass gerade diese späten jüdischen Apokalypsen christliche Vorstellungen nicht nur kennen, sondern positiv rezipieren (wie etwa die Mutter des Messias in der Serubbabel-Apokalypse).[136] Die eminent christliche Färbung unserer Homilien wäre dann gewiss kein Indiz ihrer frühen Entstehung – bevor das Christentum sich dogmatisch ausdifferenzierte –, sondern deutete ganz im Gegenteil auf die (relativ späte) bewusste jüdische Rezeption oder genauer Wiederaneignung von Vorstellungen, die vom Christentum usurpiert worden waren und lange Zeit als exklusiv christlich gegolten hatten. Wir wissen nicht, wo genau die Homilien entstanden und redigiert wurden, aber wir begegnen hier demselben Phänomen, das wir auch im babylonischen Talmud und im 3. Henochbuch beobachtet haben: Der selbstbewussten

---

[135] Goldberg, *Erlösung durch Leiden,* S. 23.
[136] S. oben S. 19f. Dafür spricht auch der bemerkenswerte (und dort eher überraschende) Hinweis in der Serubbabel-Apokalypse, dass die Rabbinen den davidischen Messias Menachem Sohn des Ammiel zunächst nicht als Messias anerkennen, sondern ihn verachten, weil er armselig aussieht und in abgerissenen Kleidern auftritt; vgl. Himmelfarb, Sefer Zerubbabel, S. 77.

5. Der leidende Messias Efraim

Antwort des Judentums auf ein politisch und dogmatisch etabliertes Christentum. Es geht dabei nicht um die Frage möglicher christlicher „Einflüsse" auf das Judentum – ein solcher Blickpunkt engt die Erklärungsmöglichkeiten unnötig ein[137] –, es kann aber auch nicht darum gehen, alle Ecken und Kanten in den Homilien zu glätten und letztlich doch aus dem großen Schatz der jüdischen Tradition zu erklären, unter Umgehung des Christentums. Wenn wir „Judentum" und „Christentum" nicht als ewig statische Größen nebeneinander sehen, sondern als dynamische, lebendige Kräfte, die in ständigem Austausch miteinander standen, erübrigen sich solche Abgrenzungen und Harmonisierungen. Das schlichte Modell vom christlichen „Einfluss" auf das Judentum „lässt die jüdische theologische Überlieferung verarmen",[138] wie Michael Fishbane mit Recht feststellt, aber wir dürfen auch bei der Berufung auf die unerschöpfliche Fundgrube der jüdischen Theologie nicht vergessen, dass und wie das Judentum sich *zusammen mit dem sich entfaltenden Christentum* entwickelt und verändert hat.

---

[137] Zur Fragwürdigkeit der Kategorie des Einflusses vgl. Schäfer, *Weibliche Gottesbilder*, S. 294 ff.

[138] Fishbane, Midrash and Messianism, S. 70 Anm. 41.

Abbildungen

Abb. 1

Abbildungen

Abb. 2

Abb. 3

Abb. 4

Abbildungen 183

Abb. 5

Abbildungsnachweis

Abb. 1: Erwin R. Goodenough, *Jewish Symbols in the Greco-Roman Period,* Bd. 11: *Symbolism in the Dura Synagogue: Illustrations,* New York: Pantheon, 1964, Tafel West Wall I (mit freundlicher Genehmigung der Princeton University Press).

Abb. 2: Ibid., Abb. 76 (mit freundlicher Genehmigung der Princeton University Press).

Abb. 3: A. R. Bellinger, F. E. Brown, et al., *The Excavations at Dura Europos: Final Report VIII, Part 1,* New Haven: Yale University Press, 1956, Tafel XXXIII (mit freundlicher Genehmigung der Yale University Press).

Abb. 4: Goodenough, *Jewish Symbols,* Bd. 11, Abb. 77 (mit freundlicher Genehmigung der Princeton University Press).

Abb. 5: Ibid., Abb. 323 (mit freundlicher Genehmigung der Princeton University Press).

Bibliographie

Alexander, Philip, „3 (Hebrew Apocalypse of) Enoch", in *The Old Testament Pseudepigrapha,* Bd. 1, *Apocalyptic Literature and Testaments,* hrsg. von James H. Charlesworth, London: Darton, Longman and Todd, 1983, S. 223–315.

–, „From Son of Adam to a Second God: Transformation of the Biblical Enoch", in *Biblical Figures Outside the Bible,* hrsg. von Michael E. Stone und Theodore A. Bergen, Harrisburg, Penn.: Trinity Press International, 1998, S. 102–111.

–, „Jewish Believers in Early Rabbinic Literature (2d to 5th Centuries)", in *Jewish Believers in Jesus: The Early Centuries,* hrsg. von Oskar Skarsaune und Reidar Hvalvik, Peabody, Mass.: Hendrickson, 2007, S. 659–709.

Bamberger, Bernard J., „A Messianic Document of the Seventh Century", *HUCA* 15, 1940, S. 425–431.

Bienert, Wolfgang A., „*Sabellius und Sabellianismus als historisches Problem*", in *Logos. Festschrift für Luise Abramowski zum 8. Juli 1993,* hrsg. von Hanns Christof Brennecke, Ernst Ludwig Grasmück und Christoph Markschies, Berlin und New York: de Gruyter 1993, S. 124–139.

Boucher, Madeleine, „Some Unexplored Parallels to 1 Cor. 11:11–12 and Gal. 3:28: The New Testament and the Role of Women", *CBQ* 31, 1969, S. 50–58.

Boustan, Ra'anan, *From Martyr to Mystic: Rabbinic Martyrology and the Making of Merkavah Mysticism,* Tübingen: Mohr Siebeck, 2005.

Boyarin, Daniel, „The Gospel of the Memra: Jewish Binitarianism and the Prologue to John", *HTR* 94, 2001, S. 243–284.

–, „Two Powers in Heaven; or, The Making of a Heresy", in *The Idea of Biblical Interpretation: Essays in Honor of James L. Kugel,* hrsg.

von Hindy Najman und Judith H. Newman, Leiden: Brill, 2004, S. 331–370.

–, *Border Lines: The Partition of Judaeo-Christianity*, Philadelphia, Pa.: University of Pennsylvania Press, 2004.

–, „The Parables of Enoch and the Foundation of the Rabbinic Sect: A Hypothesis", in *„The Words of a Wise Man's Mouth are Gracious" (Qoh 10,12): Festschrift for Günter Stemberger on the Occasion of his 65th Birthday*, hrsg. von Mauro Perani, Berlin und New York: Walter de Gruyter, 2005, S. 53–72.

Braude, William G., *Pesikta Rabbati: Discourses for Feasts, Fasts, and Special Sabbaths*, New Haven: Yale University Press, 1968.

Collins, John J., *The Apocalyptic Imagination: An Introduction to Jewish Apocalyptic Literature*, Grand Rapids, MI / Cambridge: Eerdmans, ²1998.

Dalman, Gustav, *Der leidende und der sterbende Messias der Synagoge im ersten nachchristlichen Jahrtausend*, Berlin: Reuther, 1888.

Dan, Joseph, *The Ancient Jewish Mysticism*, Tel Aviv: MOD Books, 1993.

Deutsch, Nathaniel, *Guardians of the Gate: Angelic Vice Regency in Late Antiquity*, Leiden and Boston: Brill, 1999.

du Mesnil du Buisson, Robert Comte, *Les Peintures de la synagogue de Doura-Europos, 245–256 après J.-C.*, Rom: Pontifico Istituto Biblico, 1939.

Epstein, Abraham, „*Chiwra de-be Rabbi*", in id., *Mi-qadmoniot ha-jehudim: Mechqarim u-reschimot*, Jerusalem: Mosad ha-Rav Kook, 1956–57, S. 100–103 (Hebr.).

Fishbane, Michael, „Midrash and Messianism: Some Theologies of Suffering and Salvation", in *Toward the Millenium: Messianic Expectations from the Bible to Waco*, hrsg. von Peter Schäfer und Mark Cohen, Brill: Leiden, Boston, Köln, 1998, S. 57–71.

Flesher, Paul V. M., „Rereading the Reredos: David, Orpheus, and Messianism in the Dura Europos Synagogue", in *Ancient Synagogues: Historical Analysis and Archaeological Discovery*, hrsg. von Dan Urman und Paul M. Flesher, Bd. 2, Leiden-New York-Köln: Brill, 1995, S. 346–366.

Geller, Mark, „Two Incantation Bowls Inscribed in Syriac and Aramaic", *BSOAS* 39, 1976, S. 422–427.

Gnilka, Christian, *Aetas Spiritalis. Die Überwindung der natürlichen Altersstufen als Ideal frühchristlichen Lebens,* Bonn: Peter Hanstein, 1972.

Goldberg, Arnold, „Sitzend zur Rechten der Kraft. Zur Gottesbezeichnung Gebura in der frühen rabbinischen Literatur", *BZ* NF 8, 1964, S. 284–293 = id., *Mystik und Theologie des rabbinischen Judentums. Gesammelte Studien I,* hrsg. von Margarete Schlüter und Peter Schäfer, Tübingen: Mohr Siebeck, 1997, S. 188–198.

–, *Erlösung durch Leiden. Drei rabbinische Homilien über die Trauernden Zions und den leidenden Messias Efraim (PesR 34. 36. 37),* Frankfurt am Main: Selbstverlag der Gesellschaft zur Förderung Judaistischer Studien in Frankfurt am Main e.V., 1978.

Goldstein, Jonathan, „The Central Composition of the West Wall of the Synagogue of Dura-Europos", *JANES* 16–17, 1984–85, S. 99–142.

Goodenough, Erwin R., *Jewish Symbols in the Greco-Roman Period,* Bd. 9: *Symbolism in the Dura Synagogue: Text, i,* New York: Pantheon, 1964.

–, *Jewish Symbols in the Greco-Roman Period,* Bd. 11: *Symbolism in the Dura Synagogue: Illustrations,* New York: Pantheon, 1964.

Gordon, Cyrus H., „Aramaic Magical Bowls in the Istanbul and Baghdad Museums", *ArOr* 6, 1934, S. 319–334; 466–474.

–, „Aramaic and Mandaic Magical Bowls", *ArOr* 9, 1937, S. 84–106.

–, „Two Magic Bowls in Teheran: The Aramaic Bowl", *Orientalia* 20, 1951, S. 306–315.

Gottlieb, Gunther, *Ambrosius von Mailand und Kaiser Gratian,* Göttingen: Vandenhoeck & Ruprecht, 1973.

Grabar, Andrè, „Le Thème religieux des fresques de la Synagogue de Doura", *RHR* 123, 1941, S. 170–172.

Halperin, David, *The Merkabah in Rabbinic Literature,* New Haven, CT: American Oriental Society, 1980.

Hasan-Rokem, Galit, „Narratives in Dialogue: A Folk Literary Perspective on Interreligious Contacts in the Holy Land in Rabbinic Literature of Late Antiquity", in *Sharing the Sacred: Religious Contacts and Conflicts in the Holy Land – First-Fifteenth Centuries C. E.,* hrsg. von Arieh Kofsky und Guy G. Stroumsa, Jerusalem: Yad Izhak Ben Zvi, 1998, S. 109–129.

–, *Web of Life: Folklore and Midrash in Rabbinic Literature,* Stanford, Cal.: Stanford University Press, 2000.

Hauschild, Wolf-Dieter, *Gottes Geist und der Mensch: Studien zur frühchristlichen Pneumatologie,* München: Kaiser, 1972.

Heinemann, Joseph, *Aggadah and its Development,* Jerusalem: Keter, 1974 (Hebr.).

–, „The Messiah of Ephraim and the Premature Exodus of the Tribe of Ephraim", *HTR* 8, 1975, S. 1–15.

Hengel, Martin, *Die Zeloten. Untersuchungen zur jüdischen Freiheitsbewegung in der Zeit von Herodes I. bis 70 n. Chr.,* Leiden/Köln: Brill, ²1976.

–, „Zur Wirkungsgeschichte von Jes 53 in vorchristlicher Zeit", in id., *Judaica, Hellenistica et Christiana. Kleine Schriften II,* Tübingen: Mohr Siebeck, 1999, S. 72–114.

–, „The Effective History of Isaiah 53 in the Pre-Christian Period", in *The Suffering Servant: Isaiah 53 in Jewish and Christian Sources,* hrsg. von Bernd Janowski und Peter Stuhlmacher, Grand Rapids, MI: Eerdmans, 2004, S. 75–146.

–, „‚Setze dich zu meiner Rechten!' Die Inthronisation Christi zur Rechten Gottes und Psalm 110,1", in id., *Studien zur Christologie: Kleine Schriften IV,* hrsg. von Claus-Jürgen Thornton, Tübingen: Mohr Siebeck, 2006, S. 281–367.

Herford, R. Travers, *Christianity in Talmud and Midrash,* London: Williams & Norgate, 1903 (erweiterter Neudruck Jersey City, NJ: Ktav, 2006).

Himmelfarb, Martha, „Sefer Zerubbabel", in *Rabbinic Fantasies: Imaginative Narratives from Classical Hebrew Literature,* hrsg. von David Stern und Mark Jay Mirsky, Philadelphia: Jewish Publication Society, 1990, S. 67–90.

–, „The Mother of the Messiah in the Talmud Yerushalmi and Sefer Zerubbabel", in *The Talmud Yerushalmi and Graeco-Roman Culture,* Bd. 3, hrsg. von Peter Schäfer, Tübingen: Mohr Siebeck, 2002, S. 369–389.

Hofius, Otfried, „Das vierte Gottesknechtslied in den Briefen des Neuen Testaments", in *Der leidende Gottesknecht. Jesaja 53 und seine Wirkungsgeschichte,* hrsg. von Bernd Janowski und Peter Stuhlmacher, Tübingen: Mohr Siebeck, 1996, S. 107–127.

Hurwitz, Siegmund, *Die Gestalt des sterbenden Messias. Religionspsychologische Aspekte der jüdischen Apokalyptik,* Zürich und Stuttgart: Rascher Verlag, 1958.

Isbell, Charles D., *Corpus of the Aramaic Incantation Bowls,* Missoula, Mont.: Scholars Press, 1975.

Jervell, Jacob, *Imago Dei: Gen 1,26f. im Spätjudentum, in der Gnosis und in den paulinischen Briefen,* Göttingen: Vandenhoeck & Ruprecht, 1960.

Kelly, J. N. D., *Early Christian Doctrines,* London: Adam & Charles Black, [4]1968.

Kister, Menahem, „Let Us Make Man", in *Sugyot be-Mehqar ha-Talmud: Conference Marking the Fifth Anniversary of the Death of E. E. Urbach,* hrsg. von Yaakov Sussmann, Jerusalem: Israel Academy of Sciences and Humanities, 2001, S. 28–64 (Hebr.).

–, „Some Early Jewish and Christian Exegetical Problems and the Dynamics of Monotheism", *JSJ* 37, 2006, S. 548–593.

Knohl, Isaiah, *The Messiah before Jesus: The Suffering Servant of the Dead Sea Scrolls,* Berkeley und Los Angeles: University of California Press, 2000.

Kuhn, Peter, *Gottes Trauer und Klage in der rabbinischen Überlieferung (Talmud und Midrasch),* Leiden: Brill, 1978.

Laubscher, Hans Peter, *Der Reliefschmuck des Galeriusbogens in Thessaloniki,* Berlin: Mann, 1975.

Lévi, Israel, „La Pesikta Rabbati et le 4e Ezra", *REJ* 24, 1892, S. 281–285.

–, „Bari dans la Pesikta Rabbati", *REJ* 32, 1896, S. 278–282.

–, „Le ravissement du Messie à sa naissance", *REJ* 74, 1922, S. 113–126.

–, *Le ravissement du Messie à sa naissance et autre essais,* hrsg. von Evelyne Patlagean, Paris-Louvain: Peeters, 1994, S. 228–241.

Lieberman, Saul, „Metatron, the Meaning of his Name and his Functions", in Ithamar Gruenwald, *Apocalyptic and Merkavah Mysticism,* Leiden: Brill, 1980, S. 235–241.

Mann, Jacob, *The Jews in Egypt and in Palestine under the Fāṭimid Caliphs,* Bd. 1, Oxford: Oxford University Press, 1920.

Markschies, Christoph, *Alta Trinità Beata,* Tübingen: Mohr Siebeck, 2000.

–, *Origenes und sein Erbe: Gesammelte Studien,* Berlin und New York: de Gruyter, 2007.

Marmorstein, Arthur, „Eine messianische Bewegung im dritten Jahrhundert", *Jesch.* 13, 1926, S. 16–28, 171–186, 369–383.

Milik, Józef Tadeusz, *Ten Years of Discovery in the Wilderness of Judaea*, Naperville, Ill.: A. R. Allenson; London: SCM Press, 1959.

Mitchell, David C., „Messiah ben Joseph: A Sacrifice of Atonement for Israel", *Review of Rabbinic Judaism* 10, 2007, S. 77–94.

Montgomery, James A., *Aramaic Incantation Texts from Nippur*, Philadelphia: The University Museum, 1913.

Newman, Hillel, „*Ledat ha-Maschiach be-jom ha-chorban – Heʿarot historijot we-anti-historijot*", in *For Uriel: Studies in the History of Israel in Antiquity Presented to Professor Uriel Rappaport*, hrsg. von Menachem Mor et al., Jerusalem: Merkaz Zalman Shazar, 2006, S. 85–110.

Nickelsburg, George W. E., *Jewish Literature between the Bible and the Mishnah*, Philadelphia: Fortress Press, 1981.

Orlov, Andrei A., *The Enoch-Metatron Tradition*, Tübingen: Mohr Siebeck, 2005.

Pagels, Elaine, *Das Geheimnis des fünften Evangeliums*, München: Beck, ³2005.

–, und Karen L. King, *Das Evangelium des Verräters. Judas und der Kampf um das wahre Christentum*, München: Beck, 2008.

Reeves, John C., „The Prophetic Vision of Zerubbabel ben Shealtiel", in id., *Trajectories in Near Eastern Apocalyptic: A Postrabbinic Apocalypse Reader*, Atlanta, GA: Society of Biblical Literature, 2005, S. 51–66.

Runia, David T., „‚Where, Tell me, is the Jew': Basil, Philo and Isidore of Pelusium", *VigChr* 46, 1992, S. 172–189.

Schäfer, Peter, *Rivalität zwischen Engeln und Menschen. Untersuchungen zur rabbinischen Engelvorstellung*, Berlin-New York: de Gruyter, 1975.

–, „Israel und die Völker der Welt. Zur Auslegung von Mekhilta deRabbi Yishmaʿel, baḥodesh Yitro 5", *FJB* 4, 1976, S. 32–62.

–, „Die messianischen Hoffnungen des rabbinischen Judentums zwischen Naherwartung und religiösem Pragmatismus", in id., *Studien zur Geschichte und Theologie des rabbinischen Judentums*, Leiden: Brill, 1978, S. 214–243.

–, *Der Bar Kokhba-Aufstand. Studien zum zweiten jüdischen Krieg gegen Rom*, Tübingen: Mohr Siebeck, 1981.

–, *Synopse zur Hekhalot-Literatur*, Tübingen: Mohr Siebeck, 1981.

–, *Geniza-Fragmente zur Hekhalot-Literatur*, Tübingen: Mohr Siebeck, 1984.

–, *Übersetzung der Hekhalot-Literatur*, Bd. 3, §§ 335–596, Tübingen: Mohr Siebeck, 1989.

–, *Der verborgene und offenbare Gott. Hauptthemen der frühen jüdischen Mystik*, Tübingen: Mohr Siebeck, 1991.

–, *Judeophobia: Attitudes Toward the Jews in the Ancient World*, Cambridge, Mass., und London: Harvard University Press, 1997.

–, *Jesus im Talmud*, Tübingen: Mohr Siebeck, 2007.

–, *Weibliche Gottesbilder im Judentum und Christentum*, Frankfurt a. Main und Leipzig: Verlag der Weltreligionen, 2008.

–, *The Origins of Jewish Mysticism*, Tübingen: Mohr Siebeck, 2009.

–, und Klaus Herrmann, *Übersetzung der Hekhalot-Literatur*, Bd. 1, §§ 1–80, Tübingen: Mohr Siebeck, 1995.

Scholem, Gershom, *Jewish Gnosticism, Merkabah Mysticism, and Talmudic Tradition*, New York: Jewish Theological Seminary, ²1965.

–, *Die jüdische Mystik in ihren Hauptströmungen*, Frankfurt a. M.: Suhrkamp, 1967.

Schremer, Adiel, „Midrash, Theology, and History: Two Powers in Heaven Revisited", *JSJ* 39, 2008, S. 230–253.

Schwemer, Anna Maria, „Elija als Araber. Die haggadischen Motive in der Legende vom Messias Menahem ben Hiskija (j Ber 2,4 5a; EkhaR 1,16 § 51) im Vergleich mit den Elija- und Elischa-Legenden der Vitae Prophetarum", in *Die Heiden. Juden, Christen und das Problem des Fremden*, hrsg. von Reinhard Feldmeier und Ulrich Heckel, Tübingen: Mohr Siebeck, 1994, S. 108–157.

Segal, Alan F., *Two Powers in Heaven: Early Rabbinic Reports about Christianity and Gnosticism*, Leiden: Brill, 1977.

Smith, Mark S., *God in Translation: Deities in Cross-Cultural Discourse in the Biblical World*, Tübingen: Mohr Siebeck, 2008.

Stern, Henri, „The Orpheus in the Synagogue of Dura-Europos", *JWCI* 21, 1958, S. 1–6.

Stroumsa, Gedalyahu G., „Form(s) of God: Some Notes on Metatron and Christ", *HTR* 76, 1983, S. 269–288.

Stuhlmacher, Peter, „Jes 53 in den Evangelien und in der Apostelgeschichte", in *Der leidende Gottesknecht. Jesaja 53 und seine Wirkungsgeschichte*, hrsg. von Bernd Janowski und Peter Stuhlmacher, Tübingen: Mohr Siebeck, 1996, S. 93–105.

Swartz, Michael D., und Joseph Yahalom, *Avodah: Ancient Poems for Yom Kippur*, University Park, Pa.: Pennsylvania State University Press, 2005.

Torrey, Charles C., „The Messiah Son of Ephraim", *JBL* 66, 1947, S. 253–277.
Ulmer, Rivka, *Pesiqta Rabbati: A Synoptic Edition of Pesiqta Rabbati Based upon all Extant Manuscripts and the Editio Princeps,* Bd. 2, Lanham, ML: University Press of America, 2009.
Urbach, Ephraim E., *The Sages: Their Concepts and Beliefs,* Jerusalem: Magnes Press, 1975.
van der Horst, Pieter W., „Moses' Throne Vision in Ezekiel the Dramatist", *JJS* 34, 1983, S. 21–29.
Vermes, Geza, *Jesus der Jude. Ein Historiker liest die Evangelien,* Neukirchen-Vluyn: Neukirchener Verlag, 1993.
Visotzky, Burton L., „Trinitarian Testimonies," *USQR* 42, 1988, S. 73–85.
–, „Goys ,Я' n't Us," in *Heresy and Identity in Late Antiquity,* hrsg. von Eduard Iricinschi und Holger M. Zellentin, Tübingen: Mohr Siebeck, 2008, S. 299–313.
Vogt, Hermann J., „Zum Briefwechsel zwischen Basilius und Apollinaris. Übersetzung der Briefe mit Kommentar", *ThQ* 175, 1995, S. 46–60.
Weizmann, Kurt, und Herbert L. Kessler, *The Frescoes of the Dura Synagogue and Christian Art,* Washington, D.C.: Dumbarton Oaks Research Library and Collection, 1990.
Zunz, Leopold, *Die gottesdienstlichen Vorträge der Juden historisch entwickelt,* Frankfurt a. Main: Kauffmann, ²1892.

Stellenregister

1. Hebräische Bibel

Genesis		20,2	9, 65–67, 72, 75
1,1	37–38, 61–62	23	109–110
1,4	142	23,20	100, 102
1,9	110	23,21	98, 100, 102, 106, 112
1,14	142	23,22	102
1,26	38–39, 41, 47–48, 58–59, 169	23,23 ff.	102
		24,1	98–99, 102
1,26 f.	57	24,10	66, 68–70, 76
1,27	38–41, 58–59	33,15	99, 101
2,4	81	Numeri	
3,1	12	25,13	157
5,21–24	103		
16,12	10	Deuteronomium	
19,24	99	4,32	37–38
27,40	10	10,14	119
37,25–28	10	32,39	66
40,15	10	32,48 f.	109
Exodus		Josua	
13,18 ff.	68	17,17	133
14,19	100	22,22	42
15,3	66, 68, 76–77	2. Samuel	
		7,14	91

1. Könige		**Micha**	
19,19 ff.	13	5,1	15
2. Könige		5,2	23
2,11	13	7,8	166
21,1	19	**Zefanja**	
24,3 f.	16	3,8	139
Jesaja		**Sacharja**	
11,1	127	9,9	136
11,3	156	12,10	134
41,4	67	**Psalmen**	
42 ff.	90	2,7	90
44,6	67	19,2	119
46,4	66	22	163–164, 167, 171
53	149–154, 168		
53,3–9	149	22,2	171
53,4	155	22,2 f.	164
53,5	154	22,4	164
53,6	154	22,7	164
53,7	154	22,7 f.	171
53,9	154	22,9	171
53,10–12	150	22,15	164
53,11	153	22,16	146, 162, 164, 166, 171
57,15	139		
60,1	142, 160	22,19	171
61,3	138	22,21	164
61,10	165, 167	29,3	111
Jeremia		36,10	142–143
3,14	115, 117	50,1	42
3,22	115, 117	104,7	110
31,9	137, 144	110,1	92, 172
31,13	165	**Sprüche**	
31,18	146	8	62
Ezechiel		8,29 f.	60
1	160	8,30	60

Hohes Lied			86, 94, 97, 161
5,2	163–164		
		7,10	66, 68, 71, 74, 76, 79, 119–120
Klagelieder			
1,16	16		
4,8	166		
		7,13	74–77, 83–84, 86, 91–92, 172
Prediger (Kohelet)			
5,5	114–115		
		7,14	74–77, 83–84, 86
Daniel			
7	14, 89, 113	10,20f.	83
7,9	66, 68, 71, 74, 76–77, 79, 81, 83,	12,1	83

2. Apokryphen und Pseudepigraphen

Weisheit Salomos		71,8	87
7,25f.	61	71,9–17	87
		71,11	104
Jesus Sirach		71,14	104
24	62		
24,23	61	2. Buch Henoch	
		22,10	105
1. Buch Henoch		43	108
14,14 (Wächterbuch)			
	87	4. Buch Esra	
14,24f.	87	13	89
37–71 (Bilderreden)	84	13,3	89
45,3	162	13,10f.	89
46,1–5	85	13,26	89
47	86	13,32	89
51,3	162	13,38	90
55,4	162		
71	87	Apokalypse des Abraham	
71,4	87	10,3	112
71,7	87		

3. Qumran

4Q491c, Frag. 1 152

4Q541, Frag. 9, Kol. I 151

4. Neues Testament

Matthäus	
1	93
1,1	15
1,9 f.	23
1,16	15
1,18	15
2	23
2,1 ff.	24
2,2	23
2,3 ff.	24
2,6	23
19,28	162
24,30 f.	91
25,31	162
26,39	173
26,63 f.	91
26,64	92, 172
27,29 ff.	171
27,35	171
27,39	171
27,43	171
27,46	171
27,48	171

Markus	
14,36	173
14,62	91–92, 172
15,17 ff.	171
15,24	171
15,29	171
15,34	171
15,36	171
16,19	172
23,26 f.	91

Lukas	
1,42	174
1,45	174
2	23
2,8 ff.	23
11,27	174
21,27	91
22,42	173
22,67	91
22,69	92, 172
23,34	171
23,36	171
24,51	172

Johannes	
1,1–4	62, 170

Apostelgeschichte	
1,9	172
2,34 f.	93

Römerbrief	
3,25	153
4,25	153
5,18 f.	154

1. Korintherbrief	
11,2–16	40
11,11 f.	41
12,1–5	114
15,3	153

15,25	93	Hebräerbrief	
2. Korintherbrief		1,2 f.	57
5,21	154	1,13	93
12,1–4	23	9,28	154
Epheserbrief		1. Petrusbrief	
1,20	93	2,21–25	154
Philipperbrief		Offenbarung des Johannes	
2,6–11	130	3,21	173
		12,1–6	22

5. Rabbinische Literatur

Tosefta		1,4	143, 148
Chagiga 2,3 f.	114	5,4	110, 113
Avot de-Rabbi Nathan A		8,4 f.	49, 148
Kap. 28	9	75,6	134
Mekhilta de-Rabbi Jischma'el		Schemot Rabba	
ba-chodesch 5	9, 66	23,1	44
schirata 4	66	32,4	98, 113
pischa 1	158	Wajjiqra Rabba	
Mekhilta de-Rabbi Schim'on		23,8	70
b. Jochai		Bamidbar Rabba	
S. 81	68	12,12	113
Sifre Bamidbar		Schir ha-Schirim Rabba	
§ 131	157	4,8, § 1	70
Sifre Devarim		Ekha Rabba	
§ 338	108, 110	1,16, § 51	4
Sifre Zuta		Esther Rabba	
Bamidbar 10,35		1,16 (17)	9
(ed. Horovitz,		1,19	44
S. 267)	70	Pesiqta Rabbati (ed. Ulmer)	
Bereschit Rabba		Pisqa 34–37	174–175
1,1	61		

Pisqa 34	136, 144, 148, 163, 174	*Jerusalemer Talmud*	
		Berakhot 2,4/12–14	4
Pisqa 34, § 5	139	Sukka 4,3/4, fol. 54c	70
Pisqa 34, § 6	140	Taanit 1,1/16f., fol. 63d	143
Pisqa 34, § 7	138, 141	Taanit 4,8/27, fol. 68d	95
Pisqa 34, § 8	137	Chagiga 2,2/5, fol. 77d	21
Pisqa 36	142, 158, 166–167, 169, 173, 175–177	*Babylonischer Talmud*	
		Berakhot 7a	121
		Sukka 52a	134
		Chagiga 12b	113
Pisqa 36, § 1	142	Chagiga 15a	111, 114–115
Pisqa 36, § 2	144, 146, 169	Jevamot 62a	146
		Jevamot 63b	146
Pisqa 36, § 3	144	Sota 14a	158
Pisqa 36, § 4	144–145, 159–160	Qidduschin 48b	9
		Bava Batra 73b	11
Pisqa 36, § 5	144	Sanhedrin 38b	80, 98–99, 148
Pisqa 36, § 5 f.	144		
Pisqa 36, § 6	144, 162, 169	Sanhedrin 93b	156
Pisqa 36, § 8	144, 173, 176	Sanhedrin 97a	163
		Sanhedrin 97b f.	143
Pisqa 36, § 9	144, 160	Sanhedrin 98a	7, 156
Pisqa 36–37	157–158	Sanhedrin 98b	7, 16–17, 155
Pisqa 37	165, 173–174		
Pisqa 37, § 2	166	Sanhedrin 99a	17
Pisqa 37, § 3	167, 176	Avoda Zara 5a	146
Pisqa 37, § 4	167	Nidda 13b	146
Pisqa 37, § 5	167		
Pisqa 37, § 8	167–168	*Re'ujot Jechezqel* ed. Goldberg,	
Pesiqta de-Rav Kahana ed. Mandelbaum,		S. 127 f.	113
S. 223	68	*Pirqe de-Rabbi Eliezer* 48 (ed. Wilna,	
Tanchuma Buber		fol. 116a/b)	70
wajjigasch 3	134		
be-schallach 11	70	*Bereschit Rabbati* ed. Albeck,	
be-chuqqotai 3			
Ende	143	S. 131	8

Targum Pseudo-Jonathan		Targum Tosefta	
Gen 5,24	105, 113	Sach 12,10	134
Ex 40,11	134		
Deut 34,6	105, 113		

Targum Hohes Lied
4,5   134
7,4   134

6. Hekhalot-Literatur

Synopse zur Hekhalot-Literatur		§ 138	121
§ 11	105	§ 151	121
§ 12	106	§ 309	121
§ 13	106	§ 376	123
§ 14	105, 131	§ 597	119
§ 15	106, 117	Geniza-Fragmente zur Hekhalot-Literatur	
§ 16	106	G4, fol. 1a/17	123
§ 17 f.	106	G4, fol. 1b/1	123
§ 19	106	G8, fol. 1b/15	123
§ 20	117		
§ 130	121		

7. Griechische und lateinische Autoren

Appian
fr. 19   11

Basilius
Ep. 125,1   53
Ep. 361   59
Homilien, ed. Giet,
S. 516–521   57

Cicero
De Divinatione
I, 92.94   11

Gregor von Nazianz
Or. 29,2   50
Or. 31,11   50

Irenaeus
Adversus haereses,
pref. (4)   48
Adversus haereses
IV, 20,1   48
Adversus haereses
V, 1,1   48

Josephus Flavius
Bellum II, 442–448   17

Justin Martyr
Dialog mit Trypho 56,11   51
Dialog mit Trypho 62,1–4   51

Plinius d. Ä.
Historia Naturalis 25,13   11

Tertullian
Adversus Praxeas 2,4   52

Sachregister

Aaron 99, 134
Abarim 109
Abihu 69, 99
Abraham 9, 15, 112, 165
Abraham (Apokalypse) 112
Acher 114–122
Achtzehn-Bitten-Gebet 14
Adam 38–42, 50, 104, 159
Ägypten 11, 65–67, 70–72
Äthiopien 11
Aggada 80, 82, 175
Akatriel 119–122, 124
Ammiel 16, 20, 177
amon 60
Amon, Amoniter 10
Amoräer, amoräisch 3, 38, 107, 156, 174
Anafiel 117–118
Antichrist 19, 22, 135
Anthropomorphismus 109, 111
Apokalyptik, apokalyptisch 105, 141, 143, 146, 162–163, 177
Appian 11
Aquila 60
Araber 1, 4–7, 9–13, 18, 23, 25
Arabien 9, 11, 176

Arius 53
Armilus 19–20, 135
Auferstehung 91, 157, 172
Augustus 42–47, 50, 56
avele tzion s. Trauernde Zions

Babylonien, babylonisch 2–3, 95–97, 121–123, 125, 129
Baraita 80–82, 94, 146
Bar Qappara 70
Bar Kokhba 14, 26–27, 94, 141
Bar Koseba/Kosiba s. Bar Kokhba
barmherzig, Barmherzigkeit 72, 78, 81–83
Basileus 42–44, 47, 50
Basilius von Cäsarea 53, 56, 58–59
Bavli s. Talmud, babylonischer
Ben Azzai 114
Ben Zoma 114
Betlehem 4, 6–7, 15, 23–25
Bilderreden 84–87, 89, 93, 104, 161, 172
binitarisch 34, 54, 56, 74
bisellium 45
Bund, alter 27
Bund, neuer 27

Buße 148
Byzanz, byzantinisch 2, 19, 129, 176

Caesar 42–47, 50, 56
Cäsarea 38, 52, 56–57
chokhma s. Weisheit
Christologie, christologisch 54, 59, 62, 75–76, 132
Christus s. Jesus
Cicero 11
Clemens von Alexandria 127
Constantius 44

Daniel 78
David 5, 14–15, 78, 80–84, 90, 92, 126–128, 157–158
Davidischer Messias s. Messias b. David, davidischer
Dekalog 67
Demiurg 35
Demokrit 11
Diarchie 44–46, 56
Diatessaron 129
Diokletian 43–45, 56
Dualität s. binitarisch
Dura Europos 125, 127–128

Edom 176
Efraim 109, 126, 133
 s. auch Messias b. Efraim, Messias Efraim
Eleazar (Priester) 15
Elija 7, 12–14, 127–128
Elisabeth 174
Elischa 13
Elischa b. Avujah s. Acher

Elohim 36–39, 42, 44, 46–47, 57–58, 67, 81
Engel 23, 25, 48–49, 57–58, 85–88, 91, 98, 100–107, 109, 112, 115–120, 122, 124, 138, 147–148, 152, 162, 169
Erlöser, Erlösung 67, 71, 84, 88, 128, 131–132, 137–139, 141–144, 159–160, 165, 170, 173
Esau 9
Eschatologie, eschatologisch 20, 72, 91, 150, 151, 152
Esel 36, 137
Esra (4. Buch) 89, 90–91, 93, 95
Eusebius 127
Eva 38–42, 50, 104, 159
'eved JHWH s. Gottesknecht

Fußschemel 68–71, 80, 83
 s. auch Thron

Gabriel 69, 87–88
Galerius 44–45
Gaza 127
Geist 48–49
gerecht, Gerechtigkeit 80–83
Getsemani 173
Gilgal 1
Glaubensbekenntnis
– konstantinopolitanisches 54, 57
– nizänisches 54, 59
Gnosis 35, 46, 73
Gog und Magog 134

Sachregister

Gott als
- alter Mann (Greis) 68, 70–72, 76–78
- Held (*gibbor*) 66
- Hochbetagter 66, 71, 74–77, 79–81, 84–88, 120
- junger Mann 68, 72, 76–78, 84, 91, 122
- Krieger 68, 71–72, 76, 78
- *puer* 76–78
- *senex* 76–78

Gottesknecht 90, 149, 150, 152, 154, 157, 163
Gottes Sohn s. Sohn Gottes
Gott-Vater 50–54, 56–58, 76, 79, 95, 130, 172, 173
Gregor von Nazianz 50, 53
Gregor von Nyssa 53
Griechenland 175

Häresie, Häretiker 33, 36–40, 42–43, 46–47, 50–52, 54–55, 62, 67, 72–73, 75, 93–94, 96–99, 101–103, 114, 120, 121
Hagar 9
Haggada s. Aggada
Halakha 82
Haus David s. David
Heiden, Heidenvölker 22–23, 58, 73, 90, 144, 159, 165, 173
  s. auch Völker der Welt
Heiliger Geist 15, 35, 49, 50–57, 59
Hefzi-Bah 19–20, 135

Hekhalot-Literatur 95, 105, 111, 113–114, 118–119, 121–124, 173
Henoch 86–89, 103–107, 109–110, 112–113, 117, 122, 172
Henoch (3. Buch) 95, 105–107, 111–113, 117–118, 120, 122, 124, 129, 130–132, 161, 172, 177
Heraklius 176
Herculius 45
Herodes 24
Hellenismus, hellenistisch 57, 73
Hillel 16
Himmelfahrt 52, 91, 173
Himmelsstimme 115–117
Hiskija 4, 7, 16–17, 19, 23
Hochbetagter s. Gott als
Hölle 3
homoousios 53–54, 59
  s. auch Konsubstantialität
hypopodion s. Fußschemel
Hypostase 52–54, 59

Iaoel 112–113, 122
Iovius 45
Irenäus 48–49
Isaak 165
Isai s. Jesse
Islam 176
Ismael, Ismaeliten 9–10
Israel 14, 16–17, 28, 66–70, 72–73, 83–84, 86, 88–89, 91, 100, 109–110, 113, 115, 133, 143, 146, 157–160, 164–168, 170

- Feinde Israels 4, 8, 14, 20–21, 23, 30, 102
- Frevler Israels 137–139
- Gerechte Israels 86, 89, 113, 139–141, 167

Italien 175

Jaho'el 112
Jahrwoche(n) 143, 145–147, 162–163
Jakob 15, 61, 126, 133, 137, 165
Jefefia 105
Jericho 109
Jerusalem 1, 17, 125, 134–136, 175, 176
Jeruschalmi s. Talmud, Jerusalemer
Jesse 5, 18, 127, 156
Jesus (Christus) 3, 15, 23–27, 31, 40, 46, 51–54, 56–58, 78, 90–95, 127–128, 130–132, 153–154, 168, 171–173
Jesus Sirach (Buch) 60–61
JHWH 36–37, 42, 44, 47, 66–67, 81, 92, 98–101, 107, 112, 119
s. auch Tetragramm
JHWH ha-qatan 106, 112–113, 117, 122, 131
Jofiel 105
Johannesevangelium 62, 76, 170
Johannesoffenbarung 23, 172
Josef 10, 15, 133–134, 137
Josephus Flavius 17
Josua 133

Juda 4, 14–16, 127, 133–134
Judas 17
Jüngling (*na'ar*) 90, 113
Justin Martyr 51

Kabbala 63
Kanaan 109
Karäer 105, 175
Kilikien 11
Kirkisani 105
Kleiner Gott s. *JHWH ha-qatan*
Knecht s. Gottesknecht
Konstantinopel s. Konzil von Konstantinopel
Konsubstantialität 50, 52
s. auch *homoousios*
Konzil
- von Chalcedon 129
- von Konstantinopel 54–55, 129
- von Nizäa 52–53, 129

Leiden, stellvertretendes 149, 152, 156–158, 167–168, 170
s. auch Messias, leidender; Sühneleiden
Libanon 5, 18
Logos 48–49, 51–52, 61–62, 170
Lot 10
Lydda 38

Magier 11, 23–25
Makarismus 168, 173–174
Manasse 16, 19, 109, 126, 133

Maria 3, 15, 26, 174
Masada 17
Maximian 43–45
Memra 76
Menachem 3–4, 7, 16–18, 20, 177
Menschensohn 14, 74–77, 79, 83–93, 95, 97, 104, 113, 125, 162, 172
Merkava 117, 121
Messias 3–9, 12, 14–16, 18, 20, 22–31, 86, 88–91, 94–96, 125, 128, 132, 136–143, 146–147, 149–150, 153, 155–158, 161–162, 170–171, 173, 176
– b. David, davidischer 14–15, 17, 19–20, 22–23, 30, 83–84, 92–93, 113, 126–127, 133–135, 137, 147, 161–163, 177
– b. Josef (b. Efraim) 20, 30, 133–135, 137, 170
– Efraim 133, 135–138, 143–146, 148, 150, 156, 158–159, 162–173
– Gefängnis des 137–138, 165–167, 169
– leidender 133, 146–147, 149–150, 152–154, 156–158, 160, 162, 164–165, 166–167, 171, 173
s. auch Sühneleiden
– Mutter des 6, 19–20, 22–24, 26–30, 177
metathronos 108
metator 108–111

metatron 109, 111
Metatron 97–98, 100–101, 103, 105–113, 115–124, 129–132, 172
Methuschelach 103
Michael 83, 87–88, 113, 122
Midrasch, Midraschim 1–2, 10, 37, 44, 46–47, 58, 65, 67, 69–79, 81, 97, 99, 147–148, 155, 157, 170, 174
minim s. Häresie, Häretiker
Mischna 1–2
Moab, Moabiter 10, 109
Monarchianer 51–52
Monotheismus 33–34, 58
Mose 61, 78, 98–100, 102, 105, 109, 127–128, 134, 157–158, 161

Nadab 69, 99
Natan (Prophet) 90, 127
Nebo 109
Nebukadnezzar 162
Neues Testament 14, 16, 22, 24–25, 28, 91, 93–94, 128–129, 131–132, 153, 162, 164, 170–174
neuplatonisch 35
Nizäa s. Konzil

Odenat von Palmyra 176
Omen 6, 12, 23
Origenes von Cäsarea 52, 56
Orpheus 126–127

Palästina, palästinisch 1–3, 44, 94, 97, 112, 129, 175–176
Palästinischer Talmud s. Talmud, Jerusalemer Talmud
Pantheismus 47
pardes 114, 119, 120
  s. auch Paradies
Paradies 23, 104, 114, 167
  s. auch *pardes*
Paulus 23, 40–42, 114, 170
Penuel 87–88
Persien, persisch 2, 11, 19, 98, 128, 176
  s. auch Sassaniden
Peschitta 129
Pharao 68
Philo 49, 61
Philostratus 11–12
Phrygien 11
Pinhas 157
Pisidien 11
Plinius d. Ä. 11
Polytheismus, polytheistisch 51, 57–58, 97
puer s. Gott als
Pythagoras 11

Qumran 14, 85, 144, 151, 153

R. Aibo 3–4
R. Alexandrai 156
R. Aqiva 80–84, 93–96, 113–114, 125, 161, 172
R. Bun 5–6, 18
R. Dosa 134
R. Eleazar b. Azarjah 80, 82–83, 93, 161
R. Eliezer (b. Hyrkanos) 109, 143
Rav Idi b. Abin I. 107
Rav Idi b. Abin II. 107
Rav Idit (Idi) 97–98, 100–103, 105–107, 111, 113
R. Jehoschua (b. Chananja) 109, 111, 143
R. Jehoschua b. Levi 7
R. Jehuda ha-Nasi 72, 155
R. Jochanan b. Nappacha 38
R. Jochanan b. Torta 95
R. Jose 80–82, 93, 161
R. Judan 3–4
R. Levi 110–111
R. Levi b. Sisi 70
R. Nachman 98
R. Natan 67, 72–73
R. Simlai 33, 37–47, 49–51, 54–56, 59, 62, 65, 72
Rabbinen, rabbinisch 1–2, 8, 10–11, 14, 16, 20, 27, 34–38, 43, 44, 46, 48–49, 55, 59, 60–62, 65, 76, 79, 80, 92, 94, 97, 103, 108, 113–115, 120–122, 129, 132–134, 138, 141–146, 154–158, 160–161, 163, 168–173, 177
Rafael 87–88, 124
Raimundus Martinus 146, 155
Rom, Römer, römisch 1–3, 7–9, 11, 14, 17, 23, 34, 43–46, 56, 74, 78, 97, 108,

110, 125, 128–129, 135, 156, 176
Romulus 19

Sabellius, Sabellianismus 52
Salomo 68
Samuel 127
Sandalfon 119, 124
Sanhedrin 172
Saphir-Ziegel 66, 68–71
Sara 9
Sassaniden 2, 123, 125, 128–129
  s. auch Persien
Satan 19, 144
Schapur I. 125
Schekhina 38–39, 80, 117
Selbstverherrlichungshymne 151, 172
Seligpreisung s. Makarismus
senex s. Gott als
Sepphoris 38
Septuaginta 37, 60, 92
Serubbabel (Buch) 16, 19–20, 134, 177
Set 50
Sinai 66, 68, 71–73, 99, 128
Sirach s. Jesus Sirach
Sodom und Gomorra 99
Sohn Gottes 34, 48–50, 52–54, 56–58, 76, 79, 91, 95
sophia s. Weisheit
Sprüche (Buch) 60–61
subordinatianisch 52–53
Sühneleiden 150–151, 153, 156–161, 168, 170
  s. auch Leiden, stellvertretendes; Messias, leidender
Sühnetod 168, 170–171
Sünde(n) 146–154, 156, 158, 162, 165–167, 169–170
synthronos 108
  s. auch Metatron

Talmud 2, 8
– Babylonischer Talmud (Bavli) 2–3, 7, 16, 77, 80, 83, 93–95, 97, 105–107, 111–118, 120–124, 129, 131–132, 134, 146, 155–156, 161, 172, 177
– Jerusalemer Talmud (Jeruschalmi) 2–4, 8, 20, 22–24, 26, 28, 37, 55
Tannaiten, tannaitisch 70, 72, 80, 94, 109, 134
Targum 13, 69, 76
Taufe 52
Tempel 5, 14, 16–18, 87, 160, 165
– Zerstörung 1, 4, 12, 20, 27–29, 91, 138–139, 162, 164–165
Tertullian 52
Testament des Levi 151
Tetragramm 36, 112, 124
  s. auch *JHWH*
Tetrarchie 43–44, 46, 56
Thron, Throne 22–23, 45, 66, 69, 71, 79–84, 86–87, 93, 97, 106, 108, 111, 113, 115–117, 120, 125–126, 143–144, 147, 152, 161–163, 169, 172

- Thron der Herrlichkeit
  142, 146, 160–162, 169
  s. auch Fußschemel
- Tiberias 38
- Tora 9–10, 61–62, 119–120, 128, 139–144, 149, 167, 170
- Toraschrein 125, 127–128
- Tosefta 114–115
- Trauernde Zions 138–141, 163, 175
- Trinität, trinitarisch 34, 47–56, 59, 74

- Umbrien 11
- Umkehr (*teschuva*) s. Buße
- Uriel 105

- Valens 45
- Valentinian I. 45
- Verdienst
  - des Messias 137–138, 148–149, 167
  - der Väter 138, 148–149, 157, 167
- Vier Wesen/Tiere 116, 160
  s. auch Engel
- Völker der Welt 66, 72–73, 78, 90, 144, 163
  s. auch Heidenvölker

- Wächterbuch 87
- Weisheit 48–49, 51, 60–63
- Weisheit Salomos (Buch) 60
- Wirbelwind 5, 13, 21, 25
- Wort s. Logos

- Zauberschalen 123–124
- Zeloten 17–18
- Zion 136
  s. auch Trauernde Zions
- Zwei Mächte 66–67, 72, 74, 79, 97, 115–117, 119–122

Tria Corda

Jenaer Vorlesungen zu Judentum,
Antike und Christentum

Herausgegeben von Walter Ameling,
Karl-Wilhelm Niebuhr und Meinolf Vielberg

Die Vorlesungsreihe „Tria Corda. Jenaer Vorlesungen zu Judentum, Antike und Christentum" wird gemeinsam von den Lehrstühlen für Altes und Neues Testament der Theologischen Fakultät und vom Institut für Altertumswissenschaften der Philosophischen Fakultät der Friedrich-Schiller-Universität in Jena veranstaltet. Die kleinformatigen Bände bieten zahlreiche Quellenzitate, in der Regel sowohl in der Originalsprache als auch in moderner Übersetzung. Auf diese Weise werden die Leser in wesentliche Probleme und Fragestellungen der gegenwärtigen Forschung zur hellenistisch-römischen Antike, zum antiken Judentum, und zum frühen Christentum eingeführt und zugleich zur eigenen Begegnung mit wichtigen Quellentexten aus diesen kulturellen Bereichen angeregt.

Bisher erschienene Bände:

1 *Kaiser, Otto:* Des Menschen Glück und Gottes Gerechtigkeit. Studien zur biblischen Überlieferung im Kontext hellenistischer Philosophie. 2007. XVI, 269 Seiten. Fadengeheftete Broschur.

2 *Eck, Werner:* Rom und Judaea. Fünf Vorträge zur römischen Herrschaft in Palaestina. 2007. XIX, 263 Seiten. Fadengeheftete Broschur.

3 *Klein, Richard:* Zum Verhältnis von Staat und Kirche in der Spätantike. Studien zu politischen, sozialen und wirtschaftlichen Fragen. XI, 177 Seiten. Fadengeheftete Broschur.

Tria Corda – Jenaer Vorlesungen zu Judentum, Antike und Christentum

4 *Klauck, Hans-Josef:* Die apokryphe Bibel. Ein anderer Zugang zum frühen Christentum. 2008. X, 393 Seiten. Fadengeheftete Broschur.

5 *Barnes, Timothy D.:* Early Christian Hagiography and Roman History. 2010. XX, 437 Seiten. Fadengeheftete Broschur.

6 *Schäfer, Peter:* Die Geburt des Judentums aus dem Geist des Christentums. Fünf Vorlesungen zur Entstehung des rabbinischen Judentums. 2010. XVII, 210 Seiten. Fadengeheftete Broschur.

*Einen Gesamtkatalog erhalten Sie gerne vom Verlag
Mohr Siebeck • Postfach 2040 • D–72010 Tübingen
Neueste Informationen im Internet unter www.mohr.de*